Barberina, die Geliebte Friedrichs des Großen

Eine Kurtisane aus galanter Zeit

Historischer Roman

von

Willy Norbert

Voltmedia

ISBN 3-937229-07-8

© Voltmedia GmbH, Paderborn

Das Werk einschließlich aller seiner Teile ist urheberrechtlich geschützt. Jede Verwertung außerhalb der engen Grenzen des Urheberrechtsgesetzes ist ohne Zustimmung des Verlages unzulässig und strafbar. Das gilt insbesondere für Vervielfältigungen, Übersetzungen, Mikroverfilmungen und die Einspeicherung und Verarbeitung in elektronischen Systemen.

Gesamtherstellung: Oldenbourg Taschenbuch GmbH, Kirchheim

Einbandgestaltung: agilmedien, Köln

Erstes Kapitel

Von der Insel San Giorgio her wehte sanft die Abendbrise. Glühend, leuchtend war die Sonne hinter dem Häusermeer Venedigs verschwunden. Ihr goldener Glanz lag noch auf der Kuppel von Santa Maria della Salute. Dann senkte sich langsam die Dämmerung auf die Stadt. Und während die Dächer der Paläste noch den Schimmer des rötlichen Himmels trugen, dunkelte es mehr und mehr in den Kanälen.

Nur auf dem Canale Grande hielt sich das Licht des warmen Vorfrühlingsabends. Trotzdem glänzten die unzähligen Gondeln, die auf dem breiten Wasser dieser Hauptstraße schwärmten, schon im Anschein bunter Lampions. Große Barken mit Sängern und Musikern lagen hier und dort, um die sich die meisten Gondeln scharten. Durch die Musik, deren Klänge sich an den hohen Palästen brachen und getragen von dem leise bewegten Wasser weiterschwebten, scholl Lachen und Stimmengewirr. Blumen flogen von einer Gondel zur andern, bunte Papierschlangen schwirrten durch die Luft, Konfetti schneien auf die Insassen. Dazwischen ein Schrei des Gondoliers, ein kurzer Streit mit dem Lenker seiner Nachbargondel, und das Gurgeln, Plätschern des Wassers, wenn das lange Ruder zu scharfer Biegung ausholte. Phantastische Gestalten ruhten auf den weichen Lederkissen der schlanken, schwarzen Gefährte, schöne Damen in hellen, flatternden Kleidern, den kostbaren Spitzenschal lose über dem Haar, mit oder ohne Seidenmaske über der Nase. Und die Kavaliere neben ihnen, als Pierrots, Türken, Chinesen, Neger, Stierkämpfer, im Domino, in mittelalterlichen oder antiken Gewändern.

Fröhlichkeit überall. Scherzen und Necken herüber und hinüber. Neugierige oder Verliebte, sehnsüchtige Blicke von Gondel zu Gondel. Oft ein Schwanken des Bootes, wenn ein kühner Eroberer hinüberstieg, der stummen Einladung eines dunklen, zärtlichen Augenpaares zu folgen.

Allmählich ging die Dämmerung in Nacht über. Der Wind hatte sich gelegt. Rein und klar, mit tausend glitzernden Sternen bestickt, wölbte sich der Himmel über der Stadt der Stille.

Das Treiben des Karnevals wuchs von Stunde zu Stunde. Aus all den kleinen Kanälen kamen immer neue Gondeln, in wiegendem Rhythmus eilten sie den Stellen zu, wo die meisten bunten Lichter lockten; deren Widerschein flackerte und schimmerte auf dem Wasser.

Die Paläste leuchteten auf, einer nach dem anderen. Durch die hohen Fenster sah man in ihr Inneres, in dem Kerzen aufflammten. Altane, Balkone und Loggien, von denen Teppiche und Decken hingen, schmückten unsichtbare Hände mit Lampions, wie die Gondeln sie trugen.

Über dieses ganze Bild leuchtender, flackernder, verschwindender und auftauchender farbiger Lichter, hellglänzender Fenster und widerspiegelnden, bewegten

Wassers goß der Mond eine Flut weißen Silbers, daß die Metallschnäbel der Gondeln blitzten, die Wassertropfen wie Diamanten sprühten, die Dächer der Paläste wie Schnee glänzten, und ihre zierlichen Bögen, Säulen und Skulpturen weiß aus dem Dunkel traten. -

Unter dem hohen Bogen der Rialtobrücke, über die sich die Menge der Masken drängte, glitt schnell eine Gondel, getrieben von zwei kräftigen Rudern, hinein in das Gewühl auf dem Kanal. Geschickt wandte sie sich durch die zahllosen, unruhigen Fahrzeuge. Doch nur stockend und oft ausbiegend konnte sie sich ihren Weg bahnen. Bis sie endlich mit lautem, melodischen Ruf ihres Lenkers in einen kleinen Kanal zur Linken einbog.

Diese Gondel trug ihr schwarzes, gewölbtes Dach mit seinen kleinen Fenstern. Als sie in der Stille des schmalen Kanals dahinflog, daß feine Wellen hart an die engen Häuserreihen schlugen und auf den Marmortreppen plätscherten, trat plötzlich ein Mann unter dem Verdeck hervor.

In schlechtem Italienisch fragte er den Gondolier, wieviel Zeit er noch brauche, ans Ziel zu kommen.

"Wohl eine Stunde noch, Signore", war die Antwort.

Ungeduldig kehrte der Mann zu seinem Sitz zurück.

"Noch eine Stunde", sagte er seufzend zu seinem Begleiter. "Wird diese Fahrt denn nie ein Ende nehmen?"

"Geduld, Beß, Geduld! Was ist dir eine Stunde! Denke nur an unsere lange Reise! An all die Strapazen der schlechten Wege, der hohen Berge. Wie oft batest du mich um Geduld, wenn ich verzweifelte an den Widerwärtigkeiten der endlosen Fahrt. Bald erfüllt sich deine Sehnsucht - und ich werde endlich die Ruhe haben, nach der ich in diesen schrecklichen Wochen verlange wie ein Verdurstender nach einem Trunk Wasser!"

"Ruhe! Ich werde sie nicht finden! Glaubst du, ich könnte ruhen, bevor ich Babby wiedergesehen? Das schlagen meines Herzens nähme mir den Schlaf. Und meine Gedanken würden wachen. Nur bei ihr weilen sie. Für sie fürchte ich, für sie schmiede ich Pläne, nur ihr Bild sehen meine Augen, wohin ich blicke … Du kennst die Liebe nicht, ihr Glück nicht - und auch nicht ihr Weh! - Das Leben gleitet an mir vorüber, die Menschen huschen wie Schatten dahin, alles ist grau und erstorben, wenn sie weit von mir ist. Wie glücklich und zufrieden war ich zuvor! So heiter schaute mich alles an; wie ein Sommertag war mein ganzes Dasein … Und jetzt! Mir ist es, als ob die Welt verwandelt wäre und ihr ganzes Glück, ihre ganze Freude in sie gegossen hätte, die ich lieben muß, wie meine Heimat, meine Mutter. Was wäre jetzt noch ein Leben ohne sie! - Ich mag nicht daran denken. Du kennst Babby nicht, Walter! Aber wenn du sie erst gesehen und den Zauber ihrer braunen Augen, ihrer weichen Stimme verspürt hast, dann wirst du mich begreifen!"

"Ich glaube dir, Beß. Alle Welt schwärmt ja von ihr, die Männer liegen zu ihren Füßen. Aber darum ist sie doch noch nicht deiner Liebe wert! - Laß! - Unterbrich mich nicht. Ich schwieg so lange, mochte dir nicht sagen, was ich gehört habe über sie, die in deinen Augen ein Engel ist. Ich weiß, was du mir sagen willst. Sie sei eine Künstlerin, also vogelfrei für Klatsch und Verleumdung. Aus Neid, meinst du, habe man jene Geschichten erfunden, die sich ganz Paris erzählt. Armer Junge! Wie ein Blinder folgst du ihr, die - dein Freund darf, muß offen zu dir sprechen - die dich nicht so liebt, wie du glaubst. Dies Geschöpf kann ja gar nicht lieben; Ehrgeiz, Ruhmsucht und Luxus stehen ihr viel höher, als die Gefühle des Herzens. - Gewiß, ich kenne sie noch nicht selbst, aber nach allem, was ich von dir und anderen über sie gehört habe, steht ihr Bild schon so klar und deutlich vor meinen Augen, ihr Charakter, ihr Empfinden ist mir so bekannt, als ob ich sie wie dein Onkel schon sechs Monate …"

"Schweig Walter!" Erregt erhob sich der junge Mann. "Nie, nie, sage ich dir, hat mein Onkel den Arm je um ihren Nacken gelegt. Du weißt, Lord Arundell lügt nicht, und ich habe ihn gefragt."

Lächelnd legte ihm der Freund die Hand auf die Schulter.

"Setz dich, Beß", sagte er beschwichtigend. "Du weißt doch, wie gern ich deine Meinung teilen möchte. Es mag ja sein, daß die Pariser übertreiben, daß sich manch Abgewiesener rächt durch Klatschgeschichten, die er über Babby erfindet. Ich will ja auch nichts weiter, als dich davon überzeugen, daß sie nicht die Unschuld ist, als welche sie sich dir gibt. Deiner Liebe trete ich nicht zu nahe. Liebe Babby, soviel du magst. Sie ist schön und begehrenswert, sogar geistreich, wie man mir erzählte. Hat also alles, was ein Mann sich nur erträumen kann für seine Geliebte. Aber - ich fürchte, du wirst in deiner Liebe zu weit gehen, weiter, als du gehen darfst. Und dafür bist du mir zuviel wert und sie - zu wenig!"

"Du willst damit sagen, daß du Furcht hast, ich würde sie heiraten?"

"Ja, Beß."

"Nun, du weißt, ich bin ein Mann von Ehre. Und kenne meine Pflichten als solcher. Keinen Augenblick würde ich mich besinnen, ihr meinen Namen zu geben, und wehe, wer dann Lady Stuart Mackenzie beschimpfen wollte!"

"Und denkst du auch an deine Familie, Beß? An deine Mutter? An den Schmerz der alten Frau? Sieh, Freund, du bist jung und kennst das Leben kaum, das dir seine Enttäuschungen und Bitterkeiten bisher noch ersparte. Du nimmst die Menschen, wie sie scheinen, nicht wie sie sind. Weil du zu ihnen kamst als ein Fremder. Aus den Armen der Mutter liefst du in die Welt. Nun kennst du die Menschen nicht, ahnst nicht, was sich verbirgt hinter ihren glatten Stirnen, unter ihrem freundlichen Lächeln. Du rissest ihnen noch nicht die Maske vom Gesicht, die sie alle tragen, denn ihr Leben ist ein Karneval. Da sucht sich ein jeder die Verkleidung, die ihm am sichersten erlaubt, den andern zu narren, zu betrügen. Vertraue mir, Beß, als einem, der dein Freund ist und die Menschen kennengelernt hat. Der ihr wahres Antlitz sah, wenn ihre Maske fiel, der ihnen ins Innerste schaute, das sie verbergen wie eine heimliche Waffe. Ich möchte dich bewahren vor ihrer Bosheit und dich schützen, wie ich es einst deiner Mutter versprach … damals, vor acht Jahren, da du noch ein Knabe warst. - Du wirst dich nicht mehr jenes Abends entsinnen, als wir - deine Mutter, du und ich - von dem alten Schloß Mary Stuarts den Weg nach Edinburgh hinanschritten ... Deine Mutter sprach von deiner Ahnfrau, und wir beide lauschten ihrer Geschichte ... Und als wir oben auf der Höhe standen und hinunterschauten auf das Tal und du uns jubelnd die Sonne zeigtest, die ihr Gold über das Meer rollte bis zu unseren Füßen, da sah ich eine Träne in dem Auge der lieben Frau, als sie dich zärtlich anblickte und seufzend sagte: 'Auch in ihm fließt das alte Blut jenes unglücklichen Geschlechts - möge Gott ihn schützen!' ... Und dann ergriff sie meine Hand und nahm mir das Wort ab, zu wachen über dich, den sie liebt, wie nur eine Mutter lieben kann!"

Sanft fuhr die Gondel mit den beiden Freunden weiter von Kanal zu Kanal. Nur der singende Ruf des Gondoliers unterbrach die Stille, wenn er das Gefährt um eine Ecke lenkte. Selbst auf den kleinen Brücken kein Laut, kein eilender Schritt. Ab und zu das einsame Licht eines Lämpchens vor einem heiligen Bild. Von der Ferne herüber ertönte verschallende Musik.

Die beiden jungen Leute schwiegen. Jeder ging den Weg der eigenen Gedanken. Auf dem blassen Gesicht des jungen Lords, das ein trübes Lämpchen mit schwachem Strahl beleuchtete, zuckte es wie von Kampf und Entschluß. Mit weiten Augen sah er in die Nacht hinaus. Die Worte seines Freundes hatten ein Echo gefunden. Er dachte an seine Mutter, aber vor seinen Augen stand das Bild der Geliebten. Und das strahlte so, daß die Gedanken nicht mehr bleiben wollten, wohin sie der Freund geführt hatte. Immer brennender wurde sein Wunsch, die wiederzusehen, in deren Augen er das Glück gefunden zu haben wähnte.

"Ich kann nicht, ich kann nicht", flüsterte er wider Willen, und es schien, als ob dieses Geständnis über die unbewegten Lippen geflohen war, wie eine starke Stimme aus der Tiefe seiner Brust, der Macht des Willens entschlüpft.

Und wieder legte ihm der Freund den Arm um die Schulter und drückte ihn an sich, wie ein älterer Bruder den jungen, schwächeren.

Leise sprach er zu ihm, wie zu einem Kranken. Und als er sah, daß der andere sich schwach nur wehrte, da trat es wie ein jähes Entschließen in sein Gesicht, als müsse er die Stunde benutzen, als müsse er jetzt den letzten Schlag führen, um sein Ziel zu erreichen, dem er so nahe zu stehen glaubte.

"Alles sollst du wissen, Beß", sagte er, "ich darf dir nichts verbergen, will ich mein Wort halten. Selbst auf die Gefahr hin, deine Freundschaft zu verlieren. ... Ich hab es verbürgt, aus sicherer Quelle, was ich dir jetzt erzählen muß ... Höre! ... Vor vier Jahren besaß eine schöne Dame ein großes Haus in der Rue Vivienne in Paris. Der Prinz von Carignan, aus dem Hause Savoyen, hatte es ihr geschenkt. Und dazu Karossen, Pferde und Diener. Alles was er verlangte war, die schöne Dame von Zeit zu Zeit besuchen zu dürfen. Sie mußte ihm einen Schlüssel zum Haus geben. Und als er eines Tages statt von der Straße aus durch die Hintertür kam, da fand er sie in den Armen eines anderen ... Und weißt du, wer dieser andere war? ...

Dein Onkel, der Lord Arundell! ... Da stieß der Prinz seine Schöne auf die Straße, nahm ihr fort, was er ihr gegeben ... Aber dein Onkel tröstete sie. Viel Gold gab er ihr, denn er ist reich und alt, und die Treulose ist jung und hübsch und liebt den Schimmer roten Goldes ... Er gab ihr ein anderes Haus. Doch auch dieses hatte zwei Eingänge. Der alte Mann machte es wie der Prinz. Auch er überraschte sie, auch er fand sie auf dem Schoß eines anderen, eines - Bischofs ... Der hatte ihr wohl kaum die Beichte abgenommen ... Ich weiß noch mehr von der schönen Dame, denn der Polizeipräfekt von Paris ist mein Freund, und hat mir die dicken Akten gezeigt, in denen diese Geschichten stehen, eine nach der andern, in sorgfältiger Schönschrift ... Und nun will ich dir den Namen verraten, der auf dem Umschlag steht ..."

Hier stockte der Freund, als er den harten Druck der Hand des andern spürte. Aber plötzlich zog er den heißen Kopf des jungen Mannes ganz dicht zu sich herüber und flüsternd kam es von zögernden Lippen:

"Ja, Beß, du hast es geahnt ... Da stand:

Barberina Campanini!"

Hoch und ernst, auf seinem Damm von mächtigen Quadern, ragte der majestätische Palast des Marchese Francesco Vendramin da Santa Fosca aus dem schwarzen Wasser des Kanals.

Durch die gewölbten Fenster leuchtete es in die Nacht. Der Eingang mit seinen weißen Marmorstufen in den Kanal hinein war erhellt vom flackernden Schein großer Fackeln, die in eisernen Ringen staken.

Vor den Nachbarhäusern oder an den schlanken, schrägen Pfählen lagen Scharen von Gondeln, deren kleine Lampen unruhig schaukelten. Noch fuhren einzelne, verspätete Gondeln vor; Damen und Herren in Domino und Maske stiegen aus und traten in das geräumige Atrium. Rings an den Mauern hingen die Siegestrophäen aus alter Glanzzeit: eroberte Schilde und Lanzen, Schwerter, Hellebarden, Banner und die großen Laternen der stolzen Galeeren. Von hier aus führte die breite Treppe zum ersten Stock, in dem die Festräume lagen.

In dem weiten Saal, dessen Wände mit gewirkten Tapeten aus kostbaren Stoffen bespannt waren, und dessen Plafond reiche Stuckverzierungen in reinstem Barock trugen, schwirrten, hüpften, tanzten in wiegendem Rhythmus die Paare. In ihren bunten, reichen Kostümen gaben sie ein farbenfrohes Bild, das die großen Spiegel aus Murano weit in sich aufnahmen und zurückstrahlten im Glanz der mächtigen Kronen, in deren kunstvollen Prismen und farbigen Gläsern das Licht tausendfältig sprühte.

Der Ball ging seinem Ende zu. Eine nach der andern ließen die Damen die Maske sinken; Freunde hatten einander gefunden, neue Bekanntschaften waren endgültig geschlossen, und es gab kein Suchen mehr und Spähen.

Allmählich sank die Tanzlust. Die Mitte des Saales wurde leerer. An seinen Seiten, in den anstoßenden Salons, saß man an kleinen Tischen bei Wein und Eisgetränken.

Die Damen in ihren weitbauschigen Röcken aus Atlas oder Damast, mit den hohen gepuderten Perücken der Mode von 1743, ruhten auf bequemen Bergères und

Chaiselongues. Zierlich bewegten sie die kleinen Fächer; Wolken von Duft wohlriechender Essenzen strömten von ihnen aus, die sich mischten mit dem Geruch der Wachskerzen.

Oder man promenierte von Saal zu Saal, plaudernd, scherzend. Alle Sprachen konnte man hören, denn noch zog das alte Venedig und besonders sein Karneval die Fremden an.

In der Ecke des großen Saals drängten sich die Herren um eine Gruppe von Damen. In ihrer Mitte, auf einem hohen Fauteuil, den kleinen Fuß auf ein weiches Kissen gestreckt, saß eine junge Dame. An ihren vollen, roten Lippen hingen bewundernde Blicke der Männer, neidische, abschätzende der Frauen. Und lächelte sie, schienen die Grübchen ihrer Wangen und ihres Kinnes so verführerisch und ansteckend fröhlich, daß alles miteinstimmte.

Wenn sie sprach, und sie sprach oft und viel, als ob sie sich selbst gern hörte, dann zog sie die Brauen in die Höhe, daß sie sich wie Bogen wölbten über ihren großen, dunklen Augen, die im tiefen Schatten langer, schwarzer Wimpern lagen. Ihr kleines Köpfchen in feinem Oval, das sie fast beständig zur Seite neigte, ruhte auf schlankem Hals, um den sich eine Kette weißer Perlen schlang. Auch ihre zarten Ohren hatten die Last tropfenförmiger Perlen zu tragen. Ihr Haar war entgegen der Mode nicht gepudert. In schweren, dunkelbraunen Locken mit goldenen Reflexen fiel es auf den Nacken. Ein Sträußchen Vergißmeinnicht hatte sie da hineingesteckt, und in den Farben der Blumen war auch ihr Kleid. Die hellblaue Seide umspannte eng das schlanke Mieder mit seinem tiefen, von weißen Spitzen eingefaßten Dekolleté.

Neben dieser Dame stand der Hausherr, der alte Marchese. Sein braunes Gesicht unter der weißen Perücke strahlte vor Freude an dem schönen Anblick des jungen Weibes. Er schien sein Alter vergessen zu haben. Wie einst vor fünfzig Jahren beugte er tief den Rücken, den jetzt die Last des Alters schon krümmte, wenn er seinem Gast galant die Hand küßte und ihm ein Schmeichelwort zusteckte.

"Bitten wir alle die teure Signorina", rief er mit süßgespitzten Lippen, "unsere Stadt nicht so bald wieder zu verlassen!"

Und als von allen Seiten rasche, laute Zustimmung kam: "Und vereinigen wir unsern Wunsch, der schönen Signorina göttliche Kunst genießen und bewundern zu dürfen, vor der die ganze Welt, ja selbst Könige und Prinzen begeistert knieten, die Dichter hinriß zu glühenden Perlen, die den Neid von Venus selbst …"

Doch da sprang das silberne Lachen der Signorina in seinen schwungvollen Satz.

"Aber caro Marchese", rief sie mit heller Stimme, "geben Sie es auf. Ihre schönen Worte rühren mich doch nicht. Ich halte, was ich versprach. Sie werden mich nicht tanzen sehen, es sei denn - auf meiner Hochzeit!"

Doch wenn sie geglaubt hatte, die ungestümen Bitten der Herren damit endgültig abgeschlagen zu haben, irrte sie sich gründlich. Und der kleine Zusatz, den sie wohl als vagen Trost gegeben hatte, wurde nur ein Anlaß zu erneuten Fragen und Bitten.

"Wer ist der Glückliche, der uns unsere Terpsichore rauben will?" Der alte Marchese sprach es fast angstvoll; auch auf den Mienen der andern lag Spannung und schlecht verhehlte Furcht.

"Das werden Sie jetzt noch nicht erfahren. Auch eine Frau kann ein Geheimnis wohl hüten", war die wenig befriedigende Antwort der Dame.

"Wie glücklich darf ich mich preisen, unsere schönste Künstlerin in Covent Garden gesehen zu haben, an jenem Abend, da das Theater lärmte von donnerndem Applaus, und Seine Königliche Hoheit, mein gnädiger Herr, der Prinz von Wales, jenes kostbare Rubinherz der Signorina zu Füßen legte, das dort auf ihrem Mieder funkelt!"

"Ja, Mylord, das können Sie", sagte ein wohlbeleibter Herr in goldstrotzendem Rock. "Ich war nicht so glücklich, kam leider jedesmal an, wenn Signorina Campanini schon die Stadt verlassen hatte. So ging es mir auch in Paris. Aber Seine Majestät höchstselbst erzählten mir von der hinreißenden Kunst unserer Allverehrten." Und dabei verneigte er sich trotz seines Umfangs graziös vor der lächelnden Dame. "Seine Majestät entsannen sich noch recht gut jener Pantomime, welche die Signorina mit der Comédie-Francaise im Schloß Fontainebleau spielte. Unseres Molières 'Preziösen' war ihr Tanz gefolgt, und wenn ich nicht irre, war Signor Fossano damals ihr würdiger Partner."

"O, Herr Ambassadeur", errötend schlug die junge Tänzerin die Augen nieder, "zuviel der Ehre! Nie werde ich die Huld Ihres gnädigen Königs vergessen. Die Perlen an meinem Hals bleiben mir ein ewiges Gedenken an Frankreichs gütigen Herrscher."

"Der König tat gut, solche Perlen um Ihren Hals zu schlingen, Signorina. Denn da fanden sie ihren Meister. Vergeblich ist ihr Leuchten, nie werden sie das Weiß des schneeigen Halses übertreffen."

Eine ältere Dame hatte das gesagt.

"Unsere große Malerin wird es schwer haben mit ihrem Werk", lächelte der Marchese dieser Dame verbindlich zu. "Meinen ganz ergebenen Respekt vor Signorina Carrieras Kunst, aber eine schwere Aufgabe harrt ihrer. Möge das Porträt der Signorina Campanini ebenso gut ausfallen, wie die unserer Venetianerinnen, der schönen fascinatrice Sirene!"

"Es bleibt dabei, liebste Signorina; morgen schon werde ich in Ihrem Studio sein und so oft wiederkommen, wie Sie es verlangen. Wie stolz muß ich sein, Ihnen sitzen zu dürfen! Denn Ihr geschickter Stift ist weitbekannt und gerühmt. Nie sah ich so zarte Pastelle, wie die von Ihrer sicheren Meisterhand."

Dabei hatte die Tänzerin sich erhoben und ihren Arm auf den Rosalba Carrieras gelegt. "Kommen Sie, liebste Freundin", sagte sie zu ihr, "ich höre Gesang vom Kanal. Das sind lang entbehrte Heimatklänge."

Die beiden Frauen schritten langsam der großen Loggia zu, die sie Arm in Arm betraten. Die meisten Herren waren ihnen gefolgt. Dienstfertig und besorgt legte einer von ihnen der Ballerina einen Pelzumhang um die entblößten Schultern.

"Ich danke Ihnen, Mylord", sie schlug die Augen zu ihm auf. Und während der alte Lord sorgsam den Kragen des Umhangs schloß, flüsterte er ihr ins Ohr:

"Soll ich alle Hoffnung aufgeben, mich wieder wie einst den ergebensten Diener der schönsten Frau nennen zu dürfen? ... Wie glücklich war ich, daß ich Sie wiedersehen konnte! Geben Sie mir zurück die Stunden, die ich nicht vergessen kann! ... Lassen Sie uns fort, kommen Sie mit mir! ... Ich flehe Sie an! ... Alles soll Ihnen gehören ... mein Name selbst ..."

"Lassen Sie mich, Lord Arundell", unterbrach ihn flüsternd die Angeredete, "schweigen Sie, man wird aufmerksam!"

Der Lord folgte dem hastigen, energischen Befehl. Zum Glück war die Loggia nur schwach beleuchtet, so daß niemand in der Gesellschaft den erregten Ausdruck seines Gesichts bemerkte, und vom Kanal schollen Stimmen und Gesänge, die seine leisen Worte verschlungen hatten.

Aber diese kurze Szene war doch nicht ganz ungesehen geblieben. Hinter einer der Eingangssäulen des Balkons, um die sich dichte Blumen- und Blättergewinde schlangen, standen zwei Männer in blauem und schwarzem Domino. Der eine von ihnen hatte Mühe, den andern zurückzuhalten, der zornbebend der Gestalt Lord Arundells nachblickte.

"Willst du alles verderben, Beß?" stieß der ältere unmutig durch die zusammengepreßten Zähne. Und dabei packte er mit eisernem Griff die Hände des jüngeren und zog ihn in den Schatten der Säule zurück.

"Mein Onkel hier! - Sahst du, wie er auf sie einsprach, und wie sie sich von ihm wandte? ... Verräter! Lügner! ... Seine grauen Haare sollen mich nicht abhalten, ihn niederzustoßen, wie es ein feiger Heuchler verdient!"

"Ruhe, Freund! Beherrsche dich! Wir sind nicht allein! Du weißt nicht, was er sprach. Deine Eifersucht darf dich nicht so weit hinreißen! Wenn ich dich nicht zurückgehalten hätte! ... Du bist in einem fremden Land. Und dein Onkel ist ein Vertreter deines Volkes. Er ist unverletzlich und allmächtig."

"Nicht vor meinem guten Degen", kam es leidenschaftlich zurück. "Ich werde ihn finden; allein mit mir, Aug' in Aug' soll er mir Rechenschaft geben!"

Ein leiser Südwind hatte sich erhoben. Weich floß er in die flatternden Spitzen und Bänder der Damen auf der Loggia, umspielte erfrischend die erhitzten Köpfe der Herren.

Unter Gesang und Gitarrenklängen zogen Gondeln vorüber, heimwärts, nach beendetem Fest.

Noch stand der Mond hoch genug am Himmel. Aber schon hellte es matt am Horizont, östlich über dem Häusermeer, und verkündete den dämmernden Morgen.

Die junge Tänzerin auf dem Balkon fröstelte. Stumm hatte sie auf den Kanal und die Paläste, deren Spiegelbild er trug, geblickt. Nur leise hatte sie wohlbekannte Melodien mitgesummt, die von den Gondeln heraufklangen. Jetzt hing in ihrem Auge eine Träne. Stunde auf Stunde war verronnen, aber der, auf den sie gewartet mit all der Sehnsucht ihres Herzens, war nicht unter den vielen

Männern gewesen, die sich huldigend um sie gedrängt hatten.

Sie konnte ihn nicht vergessen. Alle diese Menschen erschienen ihr fade, unwahr, wie die Kulissen der Theater, und auch so flach und künstlich wie jene. Wie gründlich haßte sie diese Welt, die nur nach ihr verlangte, um sich zu unterhalten, die sie betrachtete, wie ein schönes Bild, aber nicht fragte nach dem Sehnen ihrer Seele, die leer bleiben mußte.

Ein Ekel erfaßte sie vor den Männern, die ihre Hände ausstreckten nach ihrem Besitz. Die wollten nur den Körper und kümmerten sich nicht um das zuckende Herz. O, könnte sie fort, weit fort in Einsamkeiten fliehen, wo sie nur ihm zu leben brauchte, der nichts gemein hatte mit jener verdorbenen, oberflächlichen Gesellschaft, der rein war wie ein Kind, dessen Auge frei in ihres blicken konnte, dessen Worte kein Schmeicheln, kein Lügen kannten!

Was war ihr Leben, bevor er auf ihren Weg trat! Sie glaubte, es wäre ein glückliches gewesen, bis sie ihn und mit ihm die Liebe kennenlernte. Erfolg und Gold, Bewunderung, Verehrung - was war das alles gegen das Wort: "Ich liebe dich!" aus seinem Mund! Gegen das selige Pochen des Herzens, wenn sie ihm begegnete! ... Da wußte sie erst, was Glück bedeutet. Und gegen dieses große, stille Glück sank alles andere in nichts zurück, wie ein trügerisches Gebilde aus unwahren Stoffen.

Aber mit dem höchsten Glück hatte sie auch den tiefsten Schmerz kennen gelernt. - Entsagen! Entsagen, weil das Leben es grausam gebot. Und die Menschen es forderten. Zuerst die, der sie das Leben verdankte: ihre Mutter! Hatte die sie nicht gezwungen, sich selbst zu verkaufen, da sie die Gier nach dem Gold erfaßt hatte, als sie, eine arme Schustersfrau, in die reiche, glänzende Stadt gekommen?

Ein halbes Kind war sie selbst noch gewesen und fremd dem Leben und den Menschen, als die Mutter sie verschacherte an die großen Herren. Immer in dem Wahn wurde sie gehalten, der armen Familie helfen zu können, und mit dem unsauberen Gold den Hunger der vielen kleinen, zerlumpten Geschwister in der Heimat zu stillen.

Und langsam war in ihr dabei der Stolz erwacht, auf ihre Kunst und ihre Schönheit. Und zu dem Stolz kam der Ehrgeiz und schließlich die Liebe zur Kunst. Als ihr der Verstand gekommen und es kein Zurück mehr gab - die Mutter war ja immer da -, hatte sie sich geflüchtet in ihre Kunst, sich berauscht an lärmenden Erfolgen. So hatte sie das Gewissen, das oft arg schlug, zu Tode geschwiegen. Und Beifall und Ruhm, Luxus und Reichtum waren ihr zur Gewohnheit geworden, von der sie nicht mehr lassen mochte und konnte. -

Bis er vor sie hintrat, sie anschaute mit großen, fragenden Kinderaugen, in denen stumme Bewunderung an ihrer Schönheit lag. Seit sie in diese Augen gesehen, war sie eine andere geworden. Was sonst glänzte, kam ihr fahl vor und tot. Die Blicke der anderen Männer schienen wie verschleiert trübe, wenn sie an die strahlende Klarheit zurückdachte, die aus jenem Augenpaar geleuchtet.

Und als diese Augen sie eines Tages feucht von Tränen

ansahen, las sie in ihnen das Geständnis der Liebe. Aber zugleich fühlte sie, daß auch sie zu gestehen hatte, daß auch sie liebte. Und diese Liebe machte ihr erst klar, was ihr Leben vorher gewesen, welche Gefühle ihr Herz gehabt, da sie in den Armen der Männer gelegen. War das Liebe? Nein, jetzt erst wußte sie den echten Sinn jenes Wortes, jetzt erst empfand sie den geheimnisvollen Zauber der tiefsten menschlichen Empfindung, die höchstes Erdenglück bedeutet.

Als sie erfuhr, daß er der Neffe war jenes Mannes, dessen Gold sie mit vollen Händen ausstreute, packte sie die Angst, den Geliebten zu verlieren, bevor er noch ihr eigen geworden. Heimlich nur durfte sie ihn sehen, des eifersüchtigen Onkels und der strengen Mutter wegen. Denn der Mutter durfte sie nichts sagen von der Not des Herzens, wie es glücklichere Töchter tun dürfen. Der junge Lord Stuart hatte zwar einen klangvollen Namen, aber er war ebenso arm wie der Name alt. Und die Mutter gab nichts mehr auf solche Namen, wenn sie nicht auf goldenem Grund standen; Paris hatte sie klug gemacht!

Dem Onkel sich offenbaren? Hoffnungslos der Versuch! Denn der liebte sie mit der zähen Kraft der späten Leidenschaft. Er durfte es nicht wissen, sonst hätte er den jungen Neffen ganz aus ihrer Nähe verbannt.

Durfte sie Beß die Wahrheit sagen? Hätte er sich nicht von ihr zurückgezogen, die er rein glaubte, wie es nur einer konnte, der selbst rein war?

So mußte es bei den heimlichen Zusammenkünften bleiben. Niemand als die Schwester war ihre Vertraute bisher. Jene seligen, flüchtigen Stunden, wenn sie Hand in Hand nebeneinander saßen oder er vor ihr kniete, den heißen Kopf in ihre Hände gepreßt! Und ihre lieben, dummen Träume der Zukunft und Schlösser der Luft, wenn er davon sprach, sie einst sein geliebtes Weib nennen zu dürfen und allein mit ihr und dem Glück zu hausen, da, wo es keine neidischen Menschen, keine harten Mütter gab! So weit schien das alles zurückzuliegen und doch war es erst vor wenigen Wochen, als es endete mit einem harten Schlag. Als die Entdeckung kam, die Wut des Betrogenen, der schmerzliche Abschied, die Flucht hierher, wohin der Geliebte folgen wollte nach einem Versuch, den Onkel zu gewinnen. In seiner Liebe wähnte er, bei ihm Hilfe zu finden, die Geliebte zu seiner Frau machen zu können.

Seit jener Zeit lebte sie in beständiger Furcht vor dem Verlust dessen, ohne den sie nicht mehr leben konnte. So verworren war das alles, kein Lichtblick, kein Hoffnungsstrahl, wohin sie sich wandte in ihrer Herzensangst.

Da hatte sie aus Verzweiflung den Entschluß gefaßt, selbst den alten Mann zu bitten, sich zu seinen Füßen zu werfen, der sie nur als stolz und hochmütig kannte. Würde er dem Flehen widerstehen können von ihr, die er so liebte, daß er ihr trotz Untreue und Betrug bis hierher gefolgt war?

Und dann dachte sie noch an die Kämpfe, die ihr mit der Mutter bevorstanden!

Tiefer hatte sie sich auf die Brüstung der Loggia geneigt und durch Tränen starrte sie in die dunklen, trägen Fluten. - Da spürte sie plötzlich die leise Berührung einer

Hand auf ihrer Schulter. Erschrocken wandte sie sich um. Lächelnd mit blassen Lippen stand vor ihr der, dem all das Bangen, Fürchten und Hoffen dieser trüben Minuten gegolten.

"Beß!"

"Babby!"

Und da lagen sie einander schon in den Armen, beide keines anderen Wortes fähig, als des geliebten Namens. Um sie versank die Gegenwart mit Menschen, Sorgen und Nöten. -

Erst der sanfte Druck einer Frauenhand weckte die beiden. Rosalba Carriera stand neben ihnen und an ihrer Seite Beß' Freund.

Freundlich lächelnd zog die Künstlerin Barberina an ihre Brust.

"Still, Kind", sagte sie, "ich weiß nun alles, was ich mir vorher nicht enträtseln konnte, da wir alle uns leise von Ihnen schlichen, als sie feuchten Auges hinunterstarrten in die Nacht und ihre schwarzen Wasser. Ich sah Ihren Schmerz und mochte ihn nicht stören. Aber nun, da ich auch Ihr Glück sah, will ich bleiben, denn solche Glücklichen werden leicht unvorsichtig. Und die brauchen dann einen guten Freund, der just im richtigen Moment für sie einspringen muß, so wie ich es eben tat."

Langsam, wie ein Kind, das aus tiefen Träumen erwacht, schlug die junge Tänzerin die Augen auf.

"Dank, Liebste!" flüsterte sie Rosalba zu, während sie zärtlich und wie verwundert an dem Anblick des Geliebten hing.

"Aber nun müssen die Herren fort, nur dem Zufall verdankt die Signorina das Glück, nicht überrascht worden zu sein, denn mich", fügte die Malerin schelmisch lächelnd hinzu, "rechne ich schon zu den Vertrauten."

"Wann werde ich dich sehen, Geliebte?" Hastig flüsterte es der junge Lord Barberina zu, während sein Freund ihn schon von der Loggia ins Innere zog.

"Seien Sie übermorgen nachmittag zur Dreiuhrmesse in der Kirche San Giovanni e Paolo!" antwortete statt ihrer Rosalba Carriera.

Bald hatte auch die letzte Gondel den Palast des Marchese Vendramin da Santa Fosca verlassen. Die Lichter waren erloschen. Durch die Dunkelheit dämmerte langsam und zaghaft der junge Tag. Aber noch lagen tiefe Schatten auf den Kanälen.

Die Stadt schlief. Schlief fest nach dem Lachen und Singen des Karnevals. In feierlicher Ruhe lagen die Paläste, an denen die trägen Wasser vorüberrauschten. Nichts als ihr leises Plätschern unterbrach die endlose Stille. Ab und zu nur schien es, als ob ein Steinchen sich bröckelnd löste von den uralten stolzen Bauten und versank in der Tiefe des Meeres.

Etwas ging von Palast zu Palast. Brach wie mit unsichtbarer Hand hier ein Eckchen des alten Steins, dort ein Stückchen verwitterten Marmors.

Und dann zog es ein in die Häuser. Suchte zuerst herum nach den schwächsten Stellen. Stuck fiel herunter, von den Mauern sprang es, im Holz knarrte und tickte es. Die Stoffe an den Wänden raschelten und zogen feine

Risse. Und durch Fenster und Ritzen fiel als Staub, was sich da drinnen gelöst hatte, und versank in den Wassern.

Diese halfen mit. Sie spülten und höhlten und fraßen den wuchtigen Quaderstein und unterwuschen die Paläste, daß sie sich langsam, langsam, unmerklich senken mußten.

Geheimnisvoll ist dies Leben in der allerstillsten Stadt, dies nächtliche, heimliche Treiben unbekannter, unfaßbarer Kräfte.

Die Behrenstraße zu Berlin
zur Zeit des Romans

Zweites Kapitel

Wie einst das stolze Tyrus der Phönizier nach langen Zeiten der Macht in den Staub gesunken war, daß nur die Erinnerung blieb, so zerfiel auch langsam die Herrschaft des übermächtigen Venedig. Sein Banner mit dem Löwen von San Marco verschwand von der Adria. Drei Jahrhunderte lang kämpfte es gegen den Verfall seiner Kräfte. Aber vergeblich war das zähe Auflehnen gegen sein Schicksal, das es niederzwang tiefer und tiefer, bis es, seiner Kolonien und Länder beraubt, die Waffen streckte. Müde des langen Streites, zog es sich zurück auf seine Lagunen, von denen es einst über die beherrschten Meere geblickt hatte.

Nur Feinde kannten die alte Republik noch. Isoliert stand sie da, eingeschlossen von mächtigen Nationen auf allen Seiten, die ihr nach und nach nahmen, was die Früchte fast jahrtausendlanger Kämpfe gewesen.

Mit Mühe hatte Venedig sich am Ende des siebzehnten Jahrhunderts der Türken erwehrt, die seine erbittertsten und verschlagensten Feinde waren. Unter Verlusten hatte es endlich im Jahre 1718 den Passarowitzer Frieden erlangt, denn den Armen der Patrizier war das Schwert eine Last geworden. Sie wollten nur Ruhe. In den Adern dieses Volkes floß nicht mehr das heiße Blut seiner Vorfahren, das sie zu Taten gedrängt, das ihnen den Mut und die Kraft gegeben hatte, die Welt zu erobern, ihren Fuß ihr auf den Nacken zu setzen.

Es war, als ob das alte Volk müde war von seiner langen Herrschaft. Mit dem Alter seiner Paläste, erbaut in der Blüte seiner Macht, kam auch sein eigenes. Als sie ihr Schicksal erkannten, als sie einsahen, daß ihre Rolle in der Weltgeschichte dem Ende nahte, kam es wie eine große und edle Resignation über die Venetianer, die ihnen den Wunsch gebar, in Frieden und Schönheit ihre Geschichte ausklingen zu lassen.

Und Venedig streckte sich unter seine verwelkten Lorbeeren, seine verstaubten Siegeszeichen zu köstlicher Ruhe. Die Künste, die es schon immer geliebt, die ihm in den Tagen seiner Größe Glanz und Schimmer gewesen, wurden jetzt sein Trost und seine Freude.

Die Kämpfe mit den Türken waren seine letzten. Es horchte nicht mehr über das Meer hin auf den Lärm der Zeit, nicht mehr auf Herausforderung und Beleidigung der alten Widersacher. Tat nur alles, gab alles hin, den Frieden und die wohlige Ruhe zu sichern.

Die anderen Völker aber begannen langsam, die sterbende Königin der Adria zu den Toten zu zählen und sie gaben es auf, die einst so Stolze zu fragen. Unbehindert zogen sie durch die venetianischen Lande, traten nieder, was noch stand, nahmen für sich und ihre Soldaten, was sie fanden, und lachten nur, wenn sie zahlen sollten.

Im Senat saßen schwache, weiche Männer, denen ihre Eitelkeit, nicht Ehrgeiz, den Platz gegeben. Sie fürchteten ihn zu verlieren, und mit ihm den Glanz vor den anderen, der ihnen doch alles war. So gaben sie mit vollen Händen von den Gütern der Väter ohne Schmerz, ohne Gewissen, was der Feind verlangte.

Still war es in der Stadt geworden. In ihrem Hafen drängten sich nicht mehr die Schiffe, die Schätze gebracht hatten von fernen Küsten. Auf ihren Kais kein Getümmel mehr fleißiger Menschen, nur herumlungerndes Pack, das sich wärmte in der Sonne, die den Stein des Palazzo Ducale gebräunt, seine Farben gebleicht hatte.

Wie ein Phantom lag die Stadt in dieser geisterhaften Stille ihrer endlichen, unaufhaltsamen Dekadenz; selbst das Wasser ihrer Kanäle schien zu schlafen. Unbewegt lag darin das Spiegelbild Venedigs, und man wußte es nicht: Welches ist die Stadt? Welches ihr Schatten?

So sah es aus in der Lagunenstadt zu Anfang des achtzehnten Jahrhunderts. Der Verfall, der dreihundert Jahre lang künstlich, vergeblich aufgehalten war, lag jetzt klar zutage, bewußt der Welt und den Venetianern.

Das Regime jener Zeit hat harte Urteile und schwere Vorwürfe erfahren. Aber die, welche so sprachen, vergaßen, daß sie damit auch die Väter und Vorväter der Schuldigen trafen. Denn die Weltgeschichte lehrt, daß die Völker und ihre Häupter noch stets zu leiden hatten an den Sünden und Fehlern vorangegangener Generationen, deren Zeit selbst eine starke und glückliche gewesen.

Venedigs Geschichte ist unergründlich und rätselhaft geblieben, trotz vieler Mühen tätiger Forscher.

Die verblüffenden Erfolge des kleinen Volkes, das sich

einen weiten Teil der Erde unterjochte, sind in ihrer Genialität unerreicht. Unerklärlich werden sie, wenn man sieht, wie die Haltung der venetianischen Regierung fast immer im geraden Gegensatz stand zu den Forderungen und Gesetzen, die ihr die Natur mit der Lage und Eigentümlichkeit ihres Gebietes bestimmt hatte.

Ein Volk, das armen Flüchtlingen entstammte, die sich auf die kleinen unkultivierten Inseln einst gerettet hatten vor den Verfolgern, durfte, als es erstarkt war, kaum daran denken, die Welt zu erobern; dazu war es zu klein. Aber die Venezianer bauten ihre Schiffe nicht nur zum Handel, sondern auch zum Kampf, zu Eroberungen. Wie alle Inselvölker waren sie besonders unternehmend und beweglich. Als sie Schätze auf Schätze gesammelt und die Völker unterworfen hatten, deren Länder ihnen die nächsten waren, zogen sie nach jenen Küsten, deren Reichtum sie einst geblendet hatte auf ihren Handelsfahrten. Und die alten Sklaven benutzten sie dazu, neue zu machen. Volk auf Volk bis zu den fernsten Zonen diente dem Löwen von San Marco, zahlte ihm Tribut und blieb ihm treu.

Besaßen die Venetianer denn das Geheimnis, eroberte fremde Nationen miteinander zu verschmelzen, aus vielen in Sprache und Art verschiedenen Völkern eines zu machen? So, daß die Unterworfenen gleich wurden den Siegern und ihre Empfindungen und Interessen mit denen der mächtigen Metropole verquickten?

Nein! Denn Venedigs Verfassung kannte nicht Gleichheit des Rechts und des Ranges zwischen Herren und Besiegten. Sklaven blieben Sklaven. Unbändig war der venetianischen Patrizier Stolz, nie hätten sie den Fremden neben sich geduldet, auch wenn sie ihn achten mußten und er ihnen unentbehrlich war.

Wie war es also möglich, jahrhundertelang die eroberten Länder im festgefügten Staatengebild zu erhalten? Und - ein Häuflein nur - die Herrschaft zu behaupten?

Hier liegt die ganze Größe, das wunderbare Genie dieses einzigen Volkes!

Wäre Venedig eine Monarchie gewesen, so konnten all die Griechen, Italiener, Dalmatiner, die ihm erlegen waren, unter der neuen Regierung das wiederfinden, was sie in ihrem eigenen Land besessen hatten: Bürgerrecht, Gleichberechtigung in allem. Die höchsten Stellen im Staat wären ihnen ebenso zugänglich gewesen wie den Siegern. Denn Monarchien adoptieren, wenn sie erobern.

Und hätte Venedig eine republikanische Konstitution gehabt, wie etwa Rom sie besaß, auch dann wäre die Möglichkeit geboten worden, jene verschiedenen Rassen fest zu einen in Interessengemeinschaft und dem Gefühl der Zusammengehörigkeit auf dem Boden ähnlicher Gleichberechtigung.

Aber Venedig war weder das eine noch viel weniger das andere. Es kannte nur eine Aristokratie - die seine, nur Herren, in denen ungemischt Blut von seinem Blut floß. Autorität gab es nur seinen Söhnen, nur ihnen die Ämter, die Würden. Es wahrte streng die Kluft zwischen sich und denen, die zwar unter seiner Führung kämpfen und seine Flagge tragen durften, aber Fremdlinge waren und bleiben sollten.

Die Dalmatier, Griechen, Italiener und Insulaner hatten nur ein Band, das sie miteinander verknüpfte: Das war, Untertanen zu sein von vier- oder fünfhundert Familien in Venedig, die es verstanden, die Eifersucht und den Ehrgeiz dieser so verschiedenen Völker zu erhalten, daß sie sich nicht einten, auflehnten gegen die Herrscherin.

Die Venetianer waren Kaufleute und Handwerker, die Bewohner des Festlandes Bauern, die Slavonier Soldaten und die Griechen Matrosen. Und so waren die einen den andern fremd nicht nur in Sprache und Rasse.

Aber die Dalmatier oder Albanesen, die geborenen Landsknechte, wurden Wächter über die anderen, das Schwert in der Faust, das Venedig geschmiedet. Die Griechen mußten auf den Schiffen dienen. Und die Italiener - immer noch die nächsten - hatten die Garde zu bilden um die Beamten und Verwalter der venetianischen Kolonien.

So war ihnen allen, voneinander getrennt, klug zuerteilt, was ihrer Natur und ihren Fähigkeiten entsprach. Und daß sie blieben und ihre Pflicht erfüllten, dafür sorgte das gute Gold, das ihnen die Herren gaben für gute Dienste.

Und trotzdem - wie konnte Venedig spielend verfügen über das Schicksal hunderttausender? Und mehr noch, mit fremden Waffen bestehen und wachsen durch Jahrhunderte? Die Beantwortung dieser Frage birgt Venedigs ehrendste Eigenschaft: seine hohe, den Zeiten immer weit voranschreitende Bildung der Intelligenz und des Willens.

Lange bevor seine Nachbarländer eine Verfassung, eine Staatsordnung kannten, hatte es sich selbst eiserne Disziplin auferlegt, sich gehärtet durch strenge Gesetze.

Seine Regierung war ehrgeizig, unerbittlich hart, drohend und weise. Vor allem aber - sparsam. Und damit nicht zuletzt bahnte sich die Stadt den Weg zur Macht; Kaufleute wußten es: Gold ist Kraft! Mit Gold kauften sie die Völker, mit Gold belohnten sie ihre Treue. Da wurde das Joch gern getragen. So sprachen die Venetianer zu ihnen:

"Arm seid ihr und elend. Eure Tyrannen nahmen euch das letzte. Zerrissen und feind einer dem anderen, lebt ihr beständig in Not und Zwiespalt. Kommt zu uns, dienet uns, und wir werden euch geben, was ihr vergebens verlangt von euren harten Herren!"

Und die Völker drängten sich unter San Marcos Banner, das ihnen Schutz gab vor Verfolgung, Reichtum schenkte und - verglichen mit ihrer früheren Lage - auch Freiheit. Sie nahmen teil an Eroberung und Beute, an Sieg und Ruhm und priesen sich glücklich. So blieben sie treu den Führern, bis deren altes Geschlecht erlahmte, bis das Herz, die Wurzel des Staates verdorrte. Da fielen sie ab, wie die trockenen Äste des sterbenden Baumes. -

Das alles lehren die alten Steine der Lagunenstadt, murmeln die toten Wasser, ihre Feinde.

Wie ein Vineta, durch Zauber erhoben vom Grund des Meeres, spricht die Stadt von ihrer Vergangenheit.

Noch hallen Glockenklänge von ihren Türmen, aber ihr Ton ist nicht mehr hell und jubelnd wie einst, sondern dumpf, wie von gesprungenem Erz. Und die Türme haben Risse und stehen schief. Auch sie wollen sich legen. Wie die Paläste. Wollen sich betten zu den goldenen Ringen, die Venedig warf auf den Grund des Meeres zu seiner Vereinigung mit der Adria.

Meer und Stadt! Mutter und Tochter! Das Meer schien diese glänzende Märchenstadt geboren zu haben, an den Sand gespült zu haben wie eine schimmernde Perle. Und nun, da die Perle den Glanz verloren, da muß sie zurück in das Element, dem sie entstammt.

Gierig lecken die Wellen an den Fundamenten der Stadt, jahraus, jahrein, unaufhörlich, unermüdlich. Von ferne kommen sie gezogen, rollen mit weißen, erregten Häuptern gegen die Gestade und ziehen sich zurück, aber nicht ohne mitzunehmen von der morschen Stadt, was sie greifen können mit weichen, nimmermüden Händen ...

Die alten Steine und die toten Wasser wissen aufmerksamen, feinen Ohren noch mehr zu erzählen. Vom Schicksal der Menschen, die sie trugen, ihren Hoffnungen und Schmerzen, ihrer Liebe, ihrem Haß. Bilder längst Vergessener, Verschollener lassen sie auferstehen vor den Augen derer, die mehr in ihnen sehen als die Ruhe des Todes.

Am Tage sind sie stumm, die hohen Paläste und tiefen Kanäle. Da wärmen sie sich in der goldenen Sonne des Südens, schlummern und träumen von vergangenen, glücklicheren Zeiten. Aber wenn die Sonne versunken ist hinter den weiten, öden Lagunen, dann erwachen sie. Dann ist ihre Stunde gekommen.

Und die Steine beginnen zu leuchten im fahlen Licht, die Wasser schwellen an und flüstern ...

Und wir lauschen weiter diesen Stimmen der Nacht ...

Drittes Kapitel

Durch die bunten Spitzbogenfenster der Kirche San Giovanni e Paolo brachen die Strahlen der Frühlingssonne. In allen Farben fielen sie ein und trieben fröhliches Spiel auf den alten Mauern, den starren Heiligen und den dunklen Bildern. Das große Fenster über dem Haupteingang glänzte inmitten der Dunkelheit der hohen Halle, und in seinem Licht tanzten, schimmerten unzählige Sonnenstäubchen.

Um den Altar flackerten Kerzen. All die heiligen Geräte, die geschliffenen Gläser, die Edelsteine am Kleid der Madonna blitzten in ihrem Schein.

In der Kirche knieten die Gläubigen, meist Frauen. Ihre besten Gewänder hatten sie angelegt, denn die Messe, zu der sie kamen, war eine hohe.

"Gloria in excelsis deo!" - Andächtig lauschten sie den bald weichen, bald wuchtigen Klängen der Orgel, den hellen Stimmen des Chors, die sich vereinten, Palestrinas Meisterwerk würdig ertönen zu lassen.

Jetzt erscholl das "Credo", und tiefer noch neigten sich die Frommen. Die Wellen dieser eindringlichen und beredten, aber doch unendlich sanften und harmonischen Musik lief über ihre gebückten Häupter wie der Atem der Gottheit. Der Töne Sprache redete zu ihnen wie mit

Engelszungen, und sie verstanden sie besser als jene fremden, undeutlichen Worte, die der Priester murmelte, die ihnen nur geheimnisvoll waren und sich nur an ihre Sinne wandten, nicht aber an ihre Herzen.

Ewig alte Macht der Musik! Segenbringend in der Hand des Erlösenden, des Schaffenden, verderblich und schlimmer noch denn Gift in der Gewalt des Bösen! Aber immer gewaltig, ursprünglich und unmittelbar.

"Hosianna!" - Wie Jubel klang es auf. -

In das Brausen der Orgel, die jauchzenden Stimmen des Chors tönten die Glocken. Durch die Hallen der Kirche schwebten alle diese Klänge, hin- und hergetragen auf unsichtbaren Flügeln, tauchend und steigend, kommend und gehend, ein bewegtes, brandendes und wieder verhallendes Meer von Melodien.

Über dieses Meer mit seinen nach Weihrauch und Kerzen duftenden Wogen huschten die Sonnenstrahlen dahin, die der Frühling hineinschickte.

"Agnus dei ...", sanft schwollen die lauten Klänge ab, aus dem Jubel ward Mitleid und sehnende Scheu ...

Auch die beiden Freunde dicht am großen Portal fühlten die Macht der Töne. Und waren doch nicht gekommen als fromme Beter! Aber trotzdem die Gedanken des jungen Lords nicht der heiligen Handlung gehörten, sondern bei der Geliebten weilten, die er hier erwarten sollte, stand sein Empfinden unter dem Einfluß der herrlichen Musik. Ein Echo der Hoffnung klang in seinem Herzen auf, ließ ihn die Not der Stunde vergessen und an eine glückliche Zukunft glauben.

Seine Seele, die an der großen Liebe krankte, trafen die trostreichen und glaubensstarken Harmonien wie heilender Balsam. Wie ein jeder in dieser Halle sein Päckchen Leiden vor die Gottheit legte, so war auch er auf die Knie gefallen und betete mit Inbrunst für das Glück der Geliebten, das auch seines war.

Und sein Freund! Der stand unter dem Bann dessen, was er sah und hörte, als der doppelt empfängliche Künstler. Welche Zauberstadt, dieses Venedig! Immer wieder wird es ihn hierher zurücktreiben, wo seine Kunst den stärksten Eindruck gefunden. Hier war alles Schönheit, nicht nur der Farbe und der Linie, sondern auch des Schalles. Auf den kleinen, unfruchtbar-kahlen Inseln war diese gewaltige Schöpfung der Kunst entstanden, fast ohne Hilfe der Natur, die nur das Licht und den Reflex spendete. Venedig war für ihn der höchste Ausdruck der Kunst. Oft schienen ihm seine künstlerischen Erlebnisse in dieser Stadt wie ein Traum.

So unwirklich, so phantastisch wirkte hier alles, was er schon in den kurzen Stunden gesehen hatte. Er verstand, wie dieser Ort Künstler hervorbringen konnte, deren Meisterschaft unerreicht geblieben war.

Welche Menschen mußten die Schöpfer dieses Wunders Venedig gewesen sein, die in naiver Genialität ihre herrlichen Paläste und Kirchen hart an die Wasser setzten, daß des Himmels Licht sie doppelt vergolden mußte, doppelt ihr Anblick wurde in schimmerndem Bewegen! In diesen Menschen mußte die Kunst gewohnt haben als natürliches Gemeingut, als ein Sinn, ein Trieb, der ihn allen eigen war. Denn alles, was sie schufen, vom Dogenpalast herab bis zum schlichten Pfeiler im Kanal, alles war Form, war Farbe. Welches Material ihre Zauberhände auch berührten - Stein, Eisen oder Holz -, alles wurde zum Kunstwerk. Und dabei verband sie alle der Geist der Harmonie, der Proportion, denn der Arbeit von Tausenden erwuchs die eine Schöpfung; ungeschriebene Gesetze, sich forterbend auf die Nachkommen, hatten jene tausende geeint.

So entstand Venedig.

Auf seinen Kanälen zogen Gefährte dahin, deren Silhouetten eine Linie zeigte, wie sie die Florentiner Berge nicht edler lehren konnten. War sie nicht ein Meisterwerk für sich, die venetianische Gondel? Wer hatte sie erdacht? Schlank war ihr Körper, ihr Hals hatte den Schwung des Schwanenhalses. Schwarz mußte sie sein. So gab sie den Kontrast im Bild der Stadt. Die Venetianer sahen in der Gondel das Wesen, das der Stadt mit seiner wiegenden Bewegung Leben geben sollte. Langsam treibt sie vor den im Sonnenlicht hell strahlenden Häusern, deren zarte Farben sie durch ihr Dunkel noch stärker betont.

Und in einer Stadt, in der alles zu ruhen scheint, war die Gondel das einzig Bewegte. Das Auge fiel zuerst auf sie. Darum mußte ihre Linie besonders gefällig sein.

So entstand Form und Farbe der Gondel. -

Fast hatte Walter von Kalenberg über diese Gedanken die Wirklichkeit vergessen. Leise hatte die Musik sein Sinnen begleitet. Seine Augen, die bisher trunken, fast geblendet in den Schimmer der Kerzen, die bunten

Sonnenstrahlen geblickt und an dem ganzen Bild dieses von knienden Betern und festlich geschmückten Priestern erfüllten Raumes gehangen hatten, begannen, von Pfeiler zu Pfeiler zu wandern, zu tauchen in das Dunkel der Seitenaltäre. Überall entdeckte er mit dem scharfen Blick des Malers ein Schnitzwerk, ein Gemälde, das dem Licht fast entzogen aus dem Halbdunkel leuchtete.

Da hing dicht neben ihm ein Bild, welches die Kreuzigung darstellte. Als er es längere Zeit prüfend betrachtet hatte, wußte er: Das war ein Werk Tintorettos! Keiner wie der Meister konnte die Töne der Farbe so modulieren, Halbtöne so fortführen ins Unendliche wie er. Wie wunderbar war es, daß die Masse der menschlichen Körper auf dem Bild nicht schwerfällig wurde! Vergebens suchte er nach einer Erklärung. Er wollte das Geheimnis des Meisters ergründen. Da sah er, wie zu den Seiten dieser Menschenkörper unmerklich die Zweige eines Baumes in sie hineinwuchsen, daß alles Schwere und Gedrängte von ihnen fiel. Und er entsann sich der Skulpturen an den Ecken des Dogenpalastes, in denen auch den Zweigen und Blättern eines Baumstammes solche Rolle gegeben war. Und das Geheimnis venetianischer Meisterschaft schien ihm offenbart: Es war ein Weiterschaffen an ererbtem Werk, das mehr als traditionell war, das sich fortpflanzte von Geschlecht zu Geschlecht, wie etwas Körperliches, und das der Jungen Kraft da einsetzen ließ, wo die Alten erlahmt waren. So war die Kunst in dieser Stadt durch die Jahrhunderte jugendfrisch geblieben, rastlos aufwärtsschreitend, immer kraftvoll und bewußt des Weges. -

Die Bewegung, welche eben durch die Menschen vor ihm, durch die ganze Kirche drang, weckte den Maler auf aus seinen Betrachtungen. Durch die Halle baten singende Töne: "Dona nobis pacem!"

Längst waren die letzten, starken Akkorde verhallt, als Walter von Kalenberg sich erstaunt umsah, wie erwachend aus einem Traum.

Die Menge strömte langsam dem Ausgang zu.

Ein paar Schritte weiter stand sein Freund, im Gespräch mit einer tief verschleierten Dame.

Jetzt winkte er ihm zu.

Walter trat näher, verbeugte sich vor der Dame.

"Signorina Carriera bittet uns, ihr zu folgen", sagte Stuart.

"Lord Arundell läßt Signorina Campanini überwachen", flüsterte die Malerin. "Darum fuhr sie mit ihrer Schwester voraus nach meinem Haus. Ich hoffe, man hat sie unter dem dichten Schleier nicht erkannt ... Kommen Sie, meine Gondel wartet auf uns."

Alle drei schritten aus dem hohen gotischen Portal über den kleinen Platz, der die Kirche vom Kanal trennte. Vorbei an Coleonis Reiterdenkmal führte Rosalba die beiden Freunde. Dann stiegen sie in die offene Gondel, die sofort mit kräftigen Ruderstößen in einen kleinen Kanal zur Linken einbog.

Wie ein Labyrinth erschienen dem Lord und seinem Freund diese zahllosen, oft ganz schmalen Kanäle, die sie bald kreuzten, bald ihrem Lauf folgten.

Geheimnisvolle Häuser rechts und links, manche mit

vergitterten Fenstern und schweren, eisenbeschlagenen Türen. Was mochten sie bergen? Wie ausgestorben lagen ganze Kanäle da, eng, dunkel und schweigend.

Walter von Kalenberg atmete auf, wie von einem dumpfen Druck befreit, als die Gondel ganz plötzlich in einen schönen breiten Kanal einbog, und freudig begrüßte er wieder die Frühlingssonne. Das Glitzern und Schimmern des Wassers schmerzte fast seinen Augen.

Schweigend war bisher die Fahrt verlaufen. Rosalba Carriera hatte angestrengt in die Stille der Kanäle gelauscht. Als ob sie auf die Ruderschläge eines Verfolgers hörte. Aber nichts hatte die totenähnliche Ruhe dieses Teiles der Stadt unterbrochen.

Jetzt wandte sie sich an den jungen Lord. "Die Signorina erwartet sie mit Ungeduld", sagte sie. "Als sie gestern bei mir war, erzählte sie mir so viel Gutes von Ihnen, von Ihrer Liebe zu Ihnen, daß ich nur noch einen Wunsch kenne: Ihnen beiden zu helfen, soviel ich vermag."

"Wie kann ich Ihnen danken, Signorina, daß Sie uns Fremden Ihre Hand bieten?"

"Wer sollte Ihnen Hilfe versagen, der Sie beide verfolgt sieht von so hartem Geschick? ... Ich verehre die Signorina, seit ich die glänzende aber doch so trübe Geschichte ihres Lebens kenne, die sie mir anvertraute, und ich weiß, daß der, dem sie ihre Liebe schenkte, auch meiner Hilfe wert sein muß."

Statt einer Antwort drückte Stuart innig die Hand der Künstlerin.

"Ihr Freund verriet mir, daß Sie Maler sind", sagte diese zu Walter von Kalenberg. "Unsere Stadt hat unerschöpfliche Kunstschätze, die Ihnen tausend Anregungen geben werden. Ich selbst bin als Kind Venedigs stolz auf meine Vaterstadt, die ich so liebe, daß ich mich nie lange von ihr trennen konnte … Glauben Sie mir, nur hier kann ich arbeiten, aber auch hier wird mir täglich bewußt, wie gering das ist, was ich schaffe. So wenig erscheint es mir, wenn ich die Werke unserer alten Meister sehe!"

"Sie unterschätzen Ihre Bilder, Signorina", antwortete Kalenberg. "In Paris und Wien sah ich einige Ihrer Pastelle. Und ich teile den Geschmack der Kenner, die das sammetweiche Kolorit und die zarte Linie Ihrer Porträts loben. Wie glücklich bin ich, Ihre Werkstatt sehen zu dürfen!"

"Ich kenne den wirklichen Wert meines Könnens und gebe mich keinen Illusionen hin. Denn die Zeit ist vorüber, da ich noch in dem schönen Wahn lebte, mich auf die Höhen unserer Alten schwingen zu können. Ich fühlte es bald, wie meine Kraft erlahmte. Und daß ich da meine Kunst nicht aufgab, wie es meine Pflicht war als ehrlicher Mensch, daran trägt meine Liebe zur Schönheit die Schuld, und Venedig auch, das täglich mir seine Wunder zeigte, mir den Stift in die Hand zwang. Ich fürchte, daß ich schweres Unrecht beging, denn jetzt scheint eine höhere Macht mir gewaltsam Einhalt zu gebieten. Meine Augen werden schwächer von Tag zu Tag. Oft ist es mir, als ob ich durch einen grauen Schleier blicke … Noch sehe ich klar genug, aber wie bald - und ich werde erblinden … Das ist mein Schicksal!"

"Kann Ihnen kein Arzt helfen?"

"Es war alles vergebens ... Die Ärzte haben keine Mittel gegen das langsame Absterben der Sehnerven. Der Gedanke an das, was mir bevorsteht, hat meinen Mut gebrochen ... Seit ich die schreckliche Gewißheit habe, daß der Tag kommen wird, da mich ewige Finsternis umgibt, habe ich nur noch den Wunsch, bis dahin etwas zu schaffen, das meinen Schönheitsdurst stillen soll bis ans Ende meines Lebens ... Und als ob das grausame Schicksal Mitleid mit mir hätte und mir diesen letzten Wunsch erfüllen wollte, so führte es die Signorina Campanini auf meinen Weg ... Ihre Schönheit packte mich von dem Augenblick an, da ich sie sah. Sie machte mich glücklich, als sie mir erlaubte, sie zu malen ... Meine ganze Kraft, meine ganze Sehnsucht will ich in dieses Porträt legen, das vielleicht mein letztes sein wird!"

Die Malerin hatte die Augen geschlossen. Schmerzlich zuckte es um ihre Lippen. Da ergriff der junge Lord wieder ihre Hand. "Wenn wirklich das kommen sollte", sagte er, "was Sie befürchten, liebe Signorina, dann vergessen Sie nicht, daß Sie Freunde haben, die Ihnen die dunklen Tage erhellen werden. Und nicht nur aus Dankbarkeit gegen die hilfreiche Freundin, sondern auch aus Verehrung für Sie, aus Ehrfurcht vor Ihrem Schmerz!"

"Ich danke Ihnen, mein lieber junger Freund ... aber wenn jener finstere Teil meines Lebens gekommen ist, dann will ich einsam sein. Nur die Musik soll meine Klagen hören. In ihr finde ich Trost, Mut, Erhebung. Schon jetzt suche ich sie auf, die mir einst alles sein soll!" -

Die Gondel hielt vor einem zierlichen, kleinen Palazzo. Zwischen seinen Fenstern und Säulen gab es Mosaikbilder von seltener Farbenschönheit. Rechts und links stießen winzige Gärten an das Haus, das sie mit ihrem kaum ersproßten Grün belebten.

Hohe Palmen säumten die Treppe, welche Rosalba mit den beiden Freunden hinanschritt.

Musik und Gesang scholl ihnen entgegen. Leise betraten sie einen hellen, geräumigen Saal, dessen Wände mit Gemälden und Skizzen bedeckt waren. Ein Klavizimbel stand in der Mitte, und an ihm saß eine junge Frau und begleitete selbst das Lied, welches sie mit ausdrucksvoller Stimme in dem weichen Dialekt der Venetianer sang:

Ach, Liebster, laß uns allein,
Kurz ist die Zeit!
Es schadet das Verweilen
Uns beiderseit!
Ach, auch der Schönheit Gaben
Fliehn, Fuß für Fuß,
Daß alles, was wir haben,
Verderben muß.
Der Wangen Zier verbleichet,
Das Haar wird greis,
Der Augen Feuer weichet,
Die Brunst wird Eis.
Das Mündlein von Korallen
Wird umgestalt,
Die Händ' als Schnee verfallen,

Auch du wirst alt!
Drum laß uns jetzt genießen
Der Jugend Frucht,
Eh', als wir folgen müssen
Der Jahre Flucht.
Wo du dich selber liebest -
So liebe mich!
Gib mir, daß, wann du gibest,
Verlier auch ich!

Erst als sie geendet hatte, bemerkte sie die Eintretenden, die auf der Schwelle geblieben waren.

"Bravissimo!" rief die Malerin ihr zu. "Sie haben die Sprache der Heimat nicht vergessen!"

Stuart eilte auf die Sängerin zu und schloß sie in seine Arme. In diesem Augenblick trat aus dem Nebenzimmer, das durch einen dunkelroten Damastvorhang von dem Saal getrennt war, ein junges Mädchen. Freudig reichte es dem Lord die Hand. Dann begrüßte es auch Kalenberg, den Rosalba den beiden Damen vorstellte. - Es war Marianna, die Schwester Barberinas.

Nur wenig sah sie dieser ähnlich. Sie hatte nicht der Schwester dunkles Haar, war blond, aber ihre Augen waren ebenso feurig und strahlend, wie die Barberinas. Trotzdem sie um zwei Jahre jünger war als diese, machte sie einen älteren Eindruck; ihre Figur hatte nicht die biegsame Schlankheit der Schwester.

Die Herrin des Hauses führte Walter von Kalenberg auf dessen Bitte vor das begonnene Porträt Barberinas.

In leichten, aber deutlichen Pastellstrichen hatte sie Kopf und Oberkörper der Tänzerin skizziert. Zierlich und graziös war die Haltung des lächelnden Köpfchens, des entblößtem Halses auf dem Bild.

Kalenberg gefiel die Auffassung der Malerin. Eine Tänzerin darf nicht traurig erscheinen, heiter wie ihre Kunst muß auch ihr Ausdruck sein.

Aber hatte sich in ihr Lächeln nicht ein wenig Schwermut geschlichen? Merkwürdig schien dieses Bild! Bei seinem ersten Anblick glaubte man Barberina fröhlich zu sehen, doch blickte man es länger an, dann sah man in ihren dunklen, mandelförmigen Augen tiefe Melancholie! Als er sich diesen Kontrast erklären wollte, fiel ihm ein, was die Malerin auf dem Weg hierher von ihrer Kunst, ihrem Schicksal erzählt hatte, und da glaubte er, den inneren Zusammenhang zwischen der Künstlerin und ihrem Werk gefunden zu haben

Langsam trat er von der Staffelei zurück und wandte sich den zahlreichen Porträts und Gemälden zu, mit denen die Wände des Saales bedeckt waren.

Rosalba nannte ihm die Namen der Frauen und Männer, deren Bildnisse sie meist in Pastell gemalt hatte.

Neben dem Porträt der Kaiserin Elisabeth hingen da die der Prinzessin von Modena, der Kaiserin Amalie, der Fürstin von Moncenigo, ein Brustbild Ludwig XV. als Kronprinz. Dazwischen waren allegorische Gemälde, die Jahreszeiten darstellend, die Gerechtigkeit, die Wahrheit, die Weisheit und die Liebe.

Alle diese Bilder waren unendlich zart in ihren Farben.

Matt wie Perlenglanz schimmerte ihr Weiß; in ihrem sanft leuchtenden Rot, dem strahlenden Blau lag es wie ein Abglanz der Farbenschönheit der alten venetianischen Meister. Diese Gemälde waren gewiß schön zu nennen, aber Walter von Kalenberg konnte den Gedanken nicht von sich weisen, daß sie weit, weit zurückblieben hinter einem Porträt der alten Schule Venedigs, und er mußte in seinem Innern Rosalba recht geben in der Klage über ihre Kraft. Auch sie gehörte wohl zu jenen Venetianern, die noch einen Teil des alten Erbes in sich trugen, deren Geist und Kraft aber ermüdet waren. Auch sie zeigte den Verfall dieses Volkes. In ihren Werken lag noch ein Schimmer früherer Größe, ein Abglanz des glühenden Lichts, in dem einst Venedig gestrahlt und seine Künstler geschaffen hatten.

Aber es war auch nur ein Abglanz, kein wärmender Sonnenstrahl, der aus den Bildern fiel. War wie der matte Schein, der auf den Lagunen blieb, wenn die Sonne mit ihrem Glanz verschwunden war hinter Meer und Stadt. Die Dämmerung war hereingebrochen. Rosalba Carriera hatte sich an das Klavizimbel gesetzt. Leise präludierend war sie allmählich übergegangen zu Melodien alter venetianischer Volkslieder, deren Worte sie mit halblauter Stimme sang.

Meist waren es schwermütige Weisen, selten klang aus ihnen ein froher Ton. Ihr Rhythmus hatte etwas vom Gleiten der Gondel, ihr Takt von der Bewegung des Ruders.

Barberina und Stuart saßen in der einen Ecke des Saales, da, wo unter Palmen ein weicher Diwan stand.

Der junge Lord hielt der Geliebten Hand in der seinen.

Beide hatten bisher wenig miteinander gesprochen. Die Freude des Wiedersehens war zu heftig in ihnen gewesen, als daß sie viel Worte gefunden hätten.

"Wie erinnern mich diese Lieder an meine Kindheit!" flüsterte die Tänzerin, in dem sie sich eng an Stuart schmiegte. "Sie lassen jene Zeit aufleben, da ich noch ein ganz armes, kleines Mädchen war, das mit nackten Füßen auf dem Platz spielte, an dem mein Vater seine Werkstatt hatte ... Im Takt seines Hammers, mit dem er auf die Sohlen der Stiefel schlug, die er für die vornehmen Herren und Damen arbeitete, sang ich und hüpfte froh und glücklich auf den schmutzigen Steinen herum ... Wie weit, wie weit liegt das zurück! ... Damals wußte ich noch nichts von Reichtum und Ruhm, Sehnsucht und Liebe, aber ich war glücklicher als jetzt!"

"So macht dich meine Liebe nicht glücklich?" fragte Stuart und blickte zärtlich in die Augen der jungen Frau.

"Doch, Beß. Du weißt, daß deine Liebe mir höchstes Glück ist. Aber ist sie nicht auch ein unruhiges Glück, unsere Liebe, ein Besitz, dessen ich nie sicher bin? ... Nicht das ich an dir zweifle! ... Aber die Menschen neiden das Glück der andern, sie ruhen nicht eher, als bis sie es zertreten haben!"

"So folge mir dahin, wo wir ihnen fern sein werden, ihrem Neid und ihrem Haß ... Gib mir diesen Beweis deiner Liebe ... Komm mit mir in mein Land, zu meiner alten Mutter. Sie wird zu dir sein, wie zu ihrer Tochter, wenn sie sieht, wie sehr ich dich liebe!"

"Ich kenne dein Land. Nie war ich unglücklicher als in

dem nebligen, grauen England! … Wie sehnte ich mich nach meinem warmen Süden, seiner Sonne! … In dem schrecklichen Norden könnte ich nicht leben, auch nicht mit deiner Liebe! Die Sehnsucht nach meiner Heimat, nach Licht und Wärme würde an mir zehren wie eine unheilbare Krankheit … Nein, Beß, glaub' nicht, daß meine Liebe nicht stark genug ist; gern würde ich in Armut mit dir leben, aber nicht in deinem finsteren, kalten Land."

"Aber du weißt, Geliebte, daß ich nicht reich bin, daß ich nur in meinem Haus, bei meiner Mutter, dir einen Herd, ein Dach geben kann!"

"Ich könnte dir nicht folgen! … Und bist du denn sicher, daß deine Mutter mich einlassen würde? Mich nicht verstoßen würde, wenn sie erfährt, wie mein Leben gewesen?"

"Meine Liebe zu dir wird auch sie dich lieben lassen!"

"So glaubst du. Aber du weißt nicht, daß eine Mutter, die ihr Kind liebt, den haßt, der ihr das Herz des Kindes nahm … Auch deine Mutter muß so empfinden … Wie furchtbar für mich, zwischen sie und dich zu treten! … Nein, Beß, denke nicht mehr daran. Wir würden das Glück in ihrem Haus nicht finden … Mich würde die Sehnsucht quälen, dich der Gedanke, daß ich mich unglücklich fühle; und dazu deine Mutter, die dich zärtlich liebt und mit Recht mir die Schuld an der Trauer, dem Ungemach geben würde, das mit mir in ihr Haus zog!"

"Dann laß uns zurück nach Paris. Dort will ich mit ganzer Kraft für dich arbeiten … In Paris habe ich Verwandte. Sie werden mir helfen, einen Beruf zu finden.

Von dem, was ich verdiene, werden wir leben ... O, wie will ich für dich arbeiten! ... Und wie glücklich wird mich diese Arbeit machen! ... Wie schnell wird mir der Tag vergehen mit seinen Mühen, wenn ich an den Abend denke, an dich, die mich erwartet in unserem kleinen Heim! Wie glücklich werden wir da sein! O, meine Babby, sag' ja, sag' schnell, daß dir mein Plan gefällt!"

"Nach Paris zurückkehren hieße uns trennen für immer! ... Noch erzählte ich dir nicht, daß ich mit Herrn von Chambrier, dem Gesandten des Königs von Preußen einen Vertrag abschloß, der mich zwingt, im Mai nach Berlin zu gehen ... Als ich damals meinen Namen unter das glänzende Engagement setzte, kannte ich dich noch nicht ... Da kannte ich nur Ehrgeiz und Ruhmsucht. War stolz, vor dem jungen Preußenkönig meine Kunst zeigen zu können, vor ihm, dessen Lob und Ruhm alle Welt sang, bewundert zu werden, wie von König Ludwig und dem Prinzen von Wales. - Jetzt denke ich anders. Aus Liebe zu dir gab ich dir das Versprechen, nicht mehr aufzutreten. Es war ein schweres Opfer, das ich dir damit brachte, aber ich tat es gern, denn du bist mir mehr als meine Kunst. Deine zärtlichen Worte machen mich seliger denn der laute Beifall der Welt und Lobesworte selbst aus dem Mund eines Königs!"

"Wie glücklich machst du mich, Geliebte!" flüsterte der junge Mann und zog Barberinas Hand an seine Lippen.

"In Paris", fuhr die Tänzerin fort, würde man mich zwingen, meine Verpflichtungen einzuhalten. Ich müßte fort, mit Gewalt würden sie mich nach Berlin schleppen!

Du siehst, Liebster, nach Paris darf ich nicht zurück. Hier wird man mir nichts anhaben können. Selbst wenn meine Spur verfolgt würde und man mich hier findet - der Senat der stolzen Republik wird ein Kind seines Landes nicht ausliefern ... Aber trotzdem laß uns vorsichtig sein. Ich hörte, daß der König von Preußen auf sein Recht nicht verzichten wird, wenn der Tag gekommen ist, an dem ich in Berlin erwartet werde. Es soll ein gar eigensinniger Herr sein. Seinen Willen durchzusetzen, soll er nichts scheuen. Und nach den großen Eroberungen ist sein Land, seine Macht gewachsen. Den Franzosen ist viel an seiner Freundschaft gelegen, da könnte ich nicht auf ihre Hilfe rechnen, so sehr sie mich verehren - die Politik steht ihnen schließlich höher als das Schicksal einer eigensinnigen Tänzerin ... So meine ich, bin ich hier in der Republik am sichersten geborgen."

"Ich denke, es gibt noch ein besseres Mittel, Geliebte. Eine heimliche Trauung! Als mein Weib hat keine Macht der Welt Gewalt über dich! Warum sollten wir uns jetzt nicht, wenigstens heimlich, trauen lassen? Wo du doch eines Tages meine geliebte, süße Frau sein wirst?"

Barberina war nachdenklich geworden. Sollte sie gegen das Verbot der gefürchteten Mutter, von deren Macht sie sich vergebens freizumachen versucht hatte, den Geliebten zum Mann nehmen? Sie dachte nach. Ihr Herz sprach ein freudiges "Ja", stimmte zu, voller Ungeduld nach heißer- sehntem Besitz. Die Mutter würde es nicht erfahren; in zwei Wochen wurde sie erst zurückerwartet von den Ver- wandten auf dem Festland. Als Beß' Weib brauchte sie nicht mehr zu fürchten, sich von ihm trennen zu müssen, ihn vielleicht für immer zu verlieren. - Schon wollte sie dem jungen Mann, der sie mit bittenden Augen ansah, in denen es wie Furcht vor der Entscheidung lag, die Einwilligung zu seinem Vorschlag geben, die sie und ihn glücklich gemacht hätte, als sich plötzlich vor ihr Denken das Bild der Zukunft stellte, die sie dann erwartete. Ein Leben voller Entsagungen stand ihr bevor, ihr, die an Reichtum und Luxus gewöhnt war. Würde sie, ihre Liebe, stark genug dazu sein? Würde ihr nicht später die Reue kommen? Jetzt, meinte sie, in dem Besitz des Geliebten das höchste Glück zu sehen. Aber würde dieses Glück dauern? Und würde nicht später mit der Ernüchterung und der Reue noch die Sehnsucht kommen nach ihrer Kunst, die ihr bisher alles gewesen, dem schimmernden Glanz der Bühne, dem rauschenden Beifall der Welt?

Noch fühlte sie kein Bedauern über ihr Entsagen. Gern hatte sie die Kunst der Liebe geopfert. Aber sie hatte gelernt, über die Gegenwart hinaus mit der Zukunft zu rechnen. Sie hatte auch gelernt, sich selbst zu beobachten, zu kontrollieren, war ja schon als Kind in die Welt getreten, wo sie allein mit sich und ihrem Schicksal fertig zu werden hatte. Denn die Mutter, die einzige neben ihr, war nie ihre Freundin gewesen. So hatte sie früh den Ernst des Lebens erfaßt, war über ihr Alter hinaus nachdenklich geworden. Mit Schrecken dachte sie an die Tage der Armut am Beginn ihrer Laufbahn zurück, die Mißhandlungen und schlimmen Worte der Mutter. Sie hatte den Wert des Geldes kennengelernt. Ihr Sinn stand vielleicht weniger nach dem Besitz von Schätzen, als nach Unabhängigkeit in materiellen Dingen, wenn sie auch in ihrer Kunst Luxus und Eleganz lieben mußte, ohne die ihr Talent sich nicht zu entfalten vermochte.

Sie konnte sich nicht entscheiden. Wollte sich erst prüfen, sorgfältig prüfen. Wollte eine Frist haben, um all diesen Stimmen in ihrem Innern zu lauschen, sie abzuwägen gegeneinander. Und ihre Leidenschaft für die Kunst - sollte die auf immer erstickt sein von der sie jetzt verzehrenden Leidenschaft für den Geliebten? Würde sie nicht eines Tages erwachen und Unglück bringen ihr und ihm? -

Barberina sah dem jungen Lord in seine hellen blauen Kinderaugen, in die sie so gern blickte. Die baten und flehten mit tausend zärtlichen Versprechungen. Sollte sie nachgeben? Noch einmal schien es, als ob sie dem Herzen die Antwort überlassen wollte, aber da raunten und flüsterten jene Stimmen, daß sie das Wort nicht über die Lippen brachte, auf das Stuart angstvoll wartete.

Ein grausam hartes "Nein" konnte sie ihm nicht sagen, auch wenn sie schon dazu entschlossen gewesen wäre; ihm weh zu tun, war sie nicht imstande. So tröstete sie ihn mit allerhand Einwänden, die sie erfinden mußte, denn die Wahrheit durfte sie ihm nicht sagen. Er hätte sie anders aufgefaßt, dachte sie, hätte nicht den Kampf verstanden, der in ihrem Innern entbrannt war.

Stuart wagte nicht, Barberina zu widersprechen; er achtete ihre Gründe, die sie ihm mit echt weiblicher Erfindungsgabe und Logik aufzählte.

Eigentlich hörte er aus ihren Worten nur heraus, daß sie

ihn liebte, und das genügte ihm, sich glücklich und zufrieden zu fühlen. Dieser sanfte, lächelnde Mund konnte nicht lügen, und ob die großen Augen die Wahrheit sagten, hätte er vergebens zu ergründen versucht, dafür strahlten und brannten sie viel zu sehr.

Die Stunden vergingen den beiden im Flug. Fast vergaßen sie, daß sie nicht allein waren. Daß Rosalba längst verstummt war, ein Diener die große Glaskrone angezündet hatte, war ihnen entgangen. Die Welt war um sie her versunken, vergessen. Nur das leise Wort der Liebe klang an ihre Ohren. Die Nähe des geliebten Wesens erfüllte sie mit heißen Wünschen, ließ ihre Herzen schneller schlagen, jagte ihr junges Blut rascher durch den Körper.

Seltsam berauschend empfand der junge Lord in dieser Stunde den Duft, der dem Haar der Geliebten, ihrem Kleid entströmte. Die lange - ach so lange - Trennung von ihr hatte seine Liebe noch erhöht. So zu ruhen neben ihr, in dem Glücksgefühl, geliebt zu werden, wog das nicht alle Sorgen reichlich auf? Lohnte es sich nicht, alles hinzugeben für den Anblick dieser zärtlichen Augen, dieses verheißungsvoll geöffneten Mundes, für den Druck der kleinen, weichen Hand? Er fühlte das Schlagen ihres Herzens dicht dem seinen, fühlte in dem Anschmiegen ihres schlanken Körpers, daß sie sein eigen war, ohne sie noch in seine Arme geschlossen zu haben in endlichem Besitz.

Da hielt es ihn nicht länger. Sehnsucht übermannte ihn. Dicht an ihr Ohr preßte er seinen Mund und flüsterte ihr glühende Wünsche zu, wußte selbst nicht was er sprach, so wirr, so töricht nur erschien ihm, was da über seine Lippen floh.

Fester noch preßte er die kleine Hand in der seinen. Als fürchtete er, daß sie sich ihm entziehen werde. Aber die kleine Hand blieb, ja sie erwiderte sogar den Druck.

Noch immer lächelte der Mund der jungen Frau, aber ihm schien es, als ob in diesem Lächeln ein stummes Gewähren lag. Und als er seinen Blick erhob zu der Geliebten Augen, da verriet ihm deren feuchter Glanz noch mehr als das Lächeln des Mundes. Denn aus ihnen sprach mehr als ein schweigendes Erfüllen; Wünsche, so brennend wie seine eigenen, leuchteten aus ihnen wie Flammen, die ihn zu verzehren drohten.

Eine Stimme, näher und lauter als die, an welche sich ihre Ohren gewöhnt hatten wie an das Rauschen des Wassers, drang zu ihnen. Marianna stand vor ihnen, sprach zu ihnen. Aber ihre Worte klangen aus weiter, weiter Ferne.

"Es ist spät geworden", sagte sie. "Bald ist es Nacht. Wir müssen aufbrechen. Die Marchesa erwartet uns zum Souper, und du schuldest es ihrer Gastfreundschaft, sie nicht warten zu lassen."

Verwirrt und wie erwachend aus tiefen Träumen erhob sich Barberina. Der Lord beugte sich über ihre Hand, die sie ihm zum Abschied hinstreckte. Da hörte er sie flüstern:

"Sei morgen zur Dämmerstunde an der kleinen Pforte des Palazzo Vendramin. Meine Zofe wird dich zu mir führen."

Das war die Antwort auf sein ungestümes Bitten! War

sie nicht verheißungsvoll genug? Morgen! Morgen sollte er zum ersten Mal ganz mit der Geliebten allein sein, ihr ohne Zeugen all das sagen können, was er ihr bisher nur heimlich, in schnellen Worten zugeflüstert hatte! Sollte endlich, endlich sie ohne Furcht vor neidischen, eifersüchtigen Späheraugen an sein Herz drücken dürfen! Denn er wußte, daß er sie morgen allein antreffen würde. Hatte Barberina ihm nicht erzählt, daß der Marchese und die Marchesa, sie und ihre Schwester morgen nach Chiozza gebeten waren? Da sie ihn nun zu sich rief, mußte er annehmen, daß Barberina irgendeinen Vorwand finden würde, um allein zurückbleiben zu können, um …

In dem Glückstaumel, in den ihn Barberinas Abschiedsworte versetzt hatten, wußte er nicht, wie er sich von Rosalba Carriera verabschiedet hatte, wie er nach Haus gekommen war; der Fahrt in der Gondel, der Worte des Freundes an seiner Seite entsann er sich nicht mehr, sein ganzes Empfinden hatte sich konzentriert in dem einen Gedanken: "Morgen."

Doch wann war dieses "Morgen"? Es schien ihm in weiter Ferne zu liegen. Die Nacht, die ihn von ihm trennte, kam ihm endlos vor. Vergebens suchte er sie durch Schlaf zu kürzen. Der wollte nicht kommen, trotz aller Ermüdung. Immer wieder mußte er an Barberinas Worte denken, die trotz des Flüsterns so heiß, so bedeutungsvoll geklungen hatten, sah er ihr Bild vor sich in strahlender, sieghafter Schönheit, daß sich seine müden Lider nicht schließen wollten, und das ungestüme, sehnende Pochen seines Herzens den Schlaf verscheuchte. Erst gegen

Morgen schlummerte er ein, den Namen der Geliebten auf den Lippen. Und da wandelten seine Gedanken sich in Träume, Träume von seliger Liebe, von seligem Besitz. -

Den beiden Liebenden hatte es nur an einer Gelegenheit gefehlt, sich die Beweise ihrer gegenseitigen Zuneigung zu geben. In den kurzen Wochen nach ihrer Bekanntschaft in Paris war es noch zu keinem Tête-à-Tête gekommen. Nur ganz flüchtige, heimliche Zusammenkünfte hatte ihnen der gesellschaftliche Verkehr und die Wachsamkeit der Mutter erlaubt.

Ungeduldig erwartete Barberina am nächsten Tag den Besuch des jungen Lord. Der hatte richtig vermutet: Sie hatte sich leidend gestellt und die Einladung nach Chiozza abgelehnt.

Marchese und Marchesa da Santa Fosca, deren Gast Barberina mit Mutter und Schwester war, hatten sich erst beruhigt, als die junge Tänzerin ihnen fest versichert hatte, ihr Unwohlsein wäre ohne Bedeutung, wenn es sie auch zu ihrem großen Bedauern zwänge, der Festlichkeit in Chiozza fernbleiben zu müssen.

Die beiden alten Leute kannten Barberina seit ihren Kindertagen. Schon damals hatten sie das hübsche, lebhafte Mädchen liebgewonnen. Und als aus dem Kind eine Berühmtheit geworden, hatten sie es sich nicht nehmen lassen, Barberina bei ihrer Ankunft in Venedig zu bitten, im Palast Vendramin als ihr Gast zu wohnen.

Erst als sie sich überzeugt hatten, daß ihrem Schützling nichts Ernstes drohte, daß nur ein wenig Fieber seine Augen mehr wie sonst erglänzen ließ, hatten sie mit Marianna in

Begleitung einer zahlreichen Dienerschaft auf einer kleinen Flotte von Gondeln den Palazzo verlassen.

Barberina war allein in ihren Zimmern. Durch die Spitzenvorhänge der Fenster fiel das matte Licht des schwindenden Tages. Unruhig warf sie das Buch, in dem sie gelesen, beiseite, erhob sich von der Chaiselongue und trat - wohl zum zehnten Mal während dieser Stunde - vor den hohen Spiegel. Zupfte hier an einem Bändchen ihres "Déshabillé", schob dort eine widerspenstige Locke zurück in die wohlgelungene Frisur, betrachtete sich von Kopf zu Fuß, lächelte dem Spiegelbild zufrieden zu, wandte sich ab und trat zurück ins Nebenzimmer.

Da stand ein kleiner Tisch, gedeckt für zwei Personen. Sie ordnete auch hier allerhand, lockerte die Veilchen, steckte ihr Näschen hinein, stieß den Champagner noch tiefer ins Eis, bis auch der Tisch ihren Beifall fand.

Wieder lief sie zurück und warf sich auf den Diwan nahm das Buch zur Hand und versuchte zu lesen.

Vergebens - ihre Gedanken wollten nicht dem Auge folgen, die waren nur bei dem, den sie jede Minute erwartete. Wie ihr Herz schlug! Wie die schmalen Hände zuckten von der ungewohnten Erregung, die sie umsonst zu meistern suchte! Als ob sie das erstemal solchen Besuch erwartete! Wie oft hatte sie doch schon so gelegen, auf einer Chaiselongue, im reizendsten "Déshabillé", ein Buch in der Hand, im Nebenzimmer ein gedeckter Tisch mit gekühltem Wein und Blumen - ganz so wie heute, nur mit dem Unterschied, daß es nicht Beß war, den die alte, treue Concetta leise hereinließ zu ihrer Herrin. Die Erregung hatte sonst gefehlt, gleichgültig hatte sie nur dem Besuch entgegengeblickt. Was brachte ihr solcher Besuch? Sie wußte es immer vorher: Schmeichelworte, Blumen, Juwelen und - Gold! Dazu Zärtlichkeiten, die sie nicht erwidern konnte, die ihr lästig, oft widerlich waren, und die sie doch über sich ergehen lassen mußte!

Jetzt empfand sie erst den ganzen Ekel jener Stunden. War das Liebe gewesen? Konnten jene Menschen überhaupt lieben? Waren jene zärtlichen Blicke und verliebten Worte nicht sorgfältig einstudiert? Hatte nicht noch immer die Liebe des einen der des andern geglichen auf ein Haar? O, jene süßen Mienen waren zu Grimassen, jene Worte zu leeren Phrasen geworden, seit sie wußte, wie die echte Liebe blickt und spricht.

Heute zum ersten Mal lauschte sie mit Sehnsucht dem Erwarteten entgegen, ihr Herz war übervoll von Gefühlen, die sie bis dahin nicht gekannt hatte, ihr Körper dehnte sich vor Verlangen nach jenen Liebkosungen, vor denen sie sich sonst gefürchtet hatte.

Fast dunkel war es jetzt in dem kleinen Boudoir. Nur die Alabasterampel warf matten Schein auf die zierlichen Möbel, all die kleinen, überall verstreuten Attribute einer eleganten Frau und über diese selbst, wie sie in unbewußter Koketterie und lässiger Grazie auf dem Diwan lag. Ihr leichter Spitzenüberwurf verriet die Linien dieses geschmeidigen, schlanken Körpers und schien Furcht zu haben, zuviel der Schönheit zu verhüllen. Ihr prachtvoll geformter, entblößter Hals gab dem Weiß der Spitzen nichts nach. Durch kein Korsett beengt, keinen Reifrock entstellt, zeigte die Taille ihre natürliche biegsame Form. Und unter dem Rock lugte der Fuß hervor, ein kräftiger kleiner Fuß mit zarten Knöcheln, dessen Linie sich in den Spitzen verlor, aber nicht, ohne die günstigsten Vermutungen über den Rest zurückzulassen.

Die Augen mit den langen schwarzen Wimpern halb geschlossen, die Wangen leicht gerötet im Fieber der Erwartung, lag sie da; aber was ihr heute den größten Charme gab, das war der Ausdruck von Ungeduld und Sehnsucht, der ihrem Gesicht das starre Lächeln genommen hatte, das die Welt sie gelehrt, und der an seine Stelle etwas von der Naivität gesetzt hatte, die sie an dem Tag verlor, da die Welt ihr jenes Lächeln gegeben. -

Verwirrt blieb der junge Lord beim Anblick Barberinas stehen, umsonst versuchte er, seiner Gefühle Herr zu werden, die ihn so übermannten, daß er keines Wortes mächtig war. In seinen Blicken lag Furchtsamkeit, im Kampf mit heißen Wünschen; er schlug schnell die Augen nieder, wenn sie denen Barberinas begegneten. Wie ein Träumender stand er vor ihr, die Hand unwillkürlich auf dem Herzen, als könnte er damit sein ungestümes Schlagen verhüten.

"Ich weiß nicht", sagte Barberina und lächelte ihm zärtlich zu, "warum deine Augen heute so traurig blicken? Hast du Mitleid mit meiner Krankheit? - O, glaube mir, daß sie schwand, als du hereintratst!"

Eine leidenschaftliche Bewegung ließ den jungen Mann Barberina zu Füßen stürzen. Er hatte die Herrschaft über sich selbst verloren. Über seine Wangen liefen jene Tränen, welche nur höchstes Glück und tiefste Leidenschaft quellen lassen.

Barberina war kaum weniger erregt als er. Dieser stumme, aber so beredte Beweis der Liebe, den ihr die Tränen des jungen Lords und sein Schweigen gaben, sprach deutlich von der Wahrheit seiner Empfindung für sie. Wie oft hatte sie Liebesbeteuerungen angehört, wie leicht war es ihr stets gewesen, ihr Herz gegen Angriffe solcher Art zu schützen. - In welchem Gegensatz standen sie zu den Tränen, von denen ihre Hände benetzt wurden, zu dem leidenschaftlichen Zittern des vor ihr Knienden, zu dieser ganzen stummen Sprache einer Liebe, deren Größe und Echtheit sich durch Schweigen offenbarte, Schweigen und Tränen, wie sie auch der wahre Schmerz kannte.

Die Macht dieser Liebe, die sich ihr da schenkte, dazu das Drängen und Sehnen ihres eigenen Herzens, schienen Barberina ein Wort, eine Geste der Erhörung entreißen zu wollen. Stuarts Augen, bis dahin gesenkt, hatten sich zu ihr erhoben, waren hineingetaucht in die ihren, einen Arm hatte er um ihren Nacken gelegt, zog ihr Gesicht dem seinen zu - als Concetta leise ihrer Herrin meldete, daß das Souper wartete.

Rasch hatte sich der Lord erhoben, Barberina führte ihn ins Nebenzimmer. Sie setzten sich gegenüber an den kleinen Tisch, der mit frühem Flieder und duftenden Veilchen geschmückt war.

Während des Essens sprachen sie kaum und nur von gleichgültigen Dingen. Concetta bediente sie, goß den Wein in die schlanken Gläser, bot die Schüsseln. Stuart nahm zerstreut von allem, was die Zofe ihm vorsetzte, aber er aß nichts. Und Barberina ließ fast alles unberührt, kostete nur ein wenig von dem Entremet, dem süßen Nußschaum, und trank ein Glas Champagner, der ihre Wangen trotz des Puders noch tiefer färbte, die Augen noch mehr glänzen ließ. - Concetta war gegangen. Da war die Unterhaltung der beiden ganz gestockt. Ihre Blicke hingen ineinander. - Ihr Atem ging schneller durch die durstig geöffneten Lippen. - Näher und näher zog es sie, bis er über ihr war, sie emporzog, daß ihr schlanker Körper kraftlos in seinen Armen hing, ihr Kopf nach hintenüber sank.

Da packte er sie kräftiger noch, hob sie hoch empor, trug sie hinüber ins Boudoir, ließ sie sanft auf den Diwan gleiten.

"Schließ die Augen", flüsterte er. - Und nun überschüttete er sie mit all den heißen Liebkosungen, die er ihr in den sehnsuchtsvollen Träumen seiner Nächte schon seit langem gegeben ...

Barberina aber schlang die Arme um seinen Hals, zog ihn tiefer noch zu sich herab, seine glühenden Küsse erwidernd ...

Der Tag graute schon, als der junge Lord den Palazzo Vendramin ebenso heimlich wieder verließ, wie er ihn betreten. Er achtete nicht der Worte der alten Concetta, die ihm den nächsten Weg wies, eine Gondel zu finden.

Wie ein Trunkener schwankte er über den Platz, geriet auf eine kleine Brücke, an deren Geländer er sich stützte.

Vor ihm ein kleiner Kanal. In seinem schwarzen Wasser lagen die Schatten der Häuser.

Nichts regte sich. Nur aus dem Garten zur Rechten, aus all dem jungen Grün, den hohen Palmen, drangen schüchtern und stockend, wie sich versuchend, oder wie aus traumvollem Schlaf, die Weisen eines Vogels. In der Stille der Dämmerung schwebten die Töne bald lockend und jubelnd, bald klagend und schluchzend über das Wasser.

Stuart starrte in den Kanal, dessen Häuser in der Ferne sich verloren in Finsterheit und Nebel. Die Einsamkeit, in die er plötzlich gestoßen, umfaßte ihn enger und enger, griff an sein Herz, daß es sich krampfte. Wie ein fernes Erinnern nur kam es langsam in sein Denken zurück, das Glück, das er genossen.

Und doch erschien es ihm so übergroß, daß es zum Traum wurde, zum Märchen, wie der Kanal, die Häuser, die ganze Stadt auch.

Tiefer sank sein Haupt auf das Geländer. Sein Spiegelbild begegnete seinen Blicken. Was ihn da ansah mit weitgeöffneten starren Augen - wer war das? - Diese Augen schienen ihn zu rufen, sie zogen ihn hinab … immer weiter … immer näher kamen sie …

"Gondola - Gondola, Signore!"

Erschreckt fuhr er auf. Da sah er vor sich eine Gondel auf ihn zugleiten. Der Gondolier lächelte ihm zu, fuhr an die Treppe, half Stuart hinein.

Noch immer wie träumend nannte er seine Wohnung, fuhr er dahin auf dem dunklen Wasser, nicht achtend des Weges.

Vergebens versuchte der Gondolier ein Gespräch. Der junge Herr da vor ihm gab keine Antwort. Der war mit seinen Gedanken gewiß noch bei seiner Liebsten, dachte er. Denn wo sollte er wohl herkommen um diese Zeit? Hatte er doch oft genug schon solche verliebten Leute heimgebracht. Er wußte es, die waren meist schweigsam, aber gaben doppelte Taxe und ein gutes Trinkgeld obendrein. Es lohnte sich schon, so früh die Arbeit zu beginnen.

Viertes Kapitel

Die Signora Campanini, Barberinas Mutter, saß gedankenvoll am Fenster ihres Zimmers. Sie sah recht würdig und achtbar aus, wie sich das so für ihr Alter ziemte. Die respektable Fülle ihrer Figur, das volle Gesicht mit den klugen, kalten Augen, die hart, fast grausam blicken konnten, gaben ihrer Erscheinung etwas Bestimmtes, Gesetztes; man glaubte, eine vornehme Bürgersfrau vor sich zu haben, die nach manchen Kämpfen in Frieden mit der Welt und Harmonie mit den Nachbarn sorglos ihre gute Rente verzehrte.

Nur das Kleid mit den auffallenden Blumen paßte nicht recht zu ihr; und die vielen Schmucksachen, mit denen sie sich besteckt und behängt hatte, verminderten auch den Eindruck, den ma zuerst von ihr erhielt.

Ach, daß die Tochter ihr die großen Blumen und die vielen Ringe nicht auch abgewöhnen konnte! Die kleine Frau hatte doch so manches angenommen, was die Tochter ihr gezeigt hatte. Mit den Jahren hatte sie gelernt, ein wenig Französisch - die Sprache der vornehmen Welt - zu konversieren, eine würdige, nicht gar so tiefe Verbeugung zu machen, wenn sie mit den hohen Herrschaften zusammentraf, die der Mutter die schönsten Komplimente für die Tochter machten, und sich nicht zu hastig und zu reichlich bei Tisch zu bedienen, wie man das zu Hause gewohnt war.

Sie war sicher eine Dame geworden, eine Signora, diese kleine Schustersfrau. Die Tochter brauchte sich nicht zu schämen, wenn die Mutter neben ihr saß in der offenen Karosse, und sie die Champs Elysées hinunterrollten, daß die Pariser die Hälse nach der jungen Dame mit der würdigen Mutter drehten. Auch den Engländern hatte sie imponiert, die doch gewiß recht empfindlich waren. Manch einer hatte ihr einen anerkennenden Blick voller Achtung zugeworfen, wenn sie neben der Tochter, die Dienerschaft drei Schritte hinter sich, des Nachmittags ein Stündchen durch den Hyde Park promenierte.

Signora Campanini war aber auch eine Frau, welche die Pflichten ihres neuen Standes und besonders die der Mutter genau kannte! Außerdem besaß sie ein glänzendes Anpassungsvermögen. Wie prachtvoll wußte sie zu repräsentieren, sie, die noch vor ein paar Jahren die ungeduldigen Kunden ihres Mannes in der Kellerwerkstatt durch den Fluß ihrer bilderreichen Rede zu vertrösten, hinzuhalten verstanden hatte, bis auch der letzte Nagel saß.

Ein jeder begegnete ihr mit achtungsvoller Verbeugung, wenn sie hoheitsvoll, mit schönstem Akzent auf französisch sagte:

"Meine Tochter, Mademoiselle Campanini …"

Nur die Blumen, die Ringe! Die blieben. Sie mochte sich nicht von ihnen trennen, fand sie zu schön und vornehm. Verstand gar nicht, daß die Tochter sie immer drängte, sie fortzulassen. Überladen, unfein sähe sie aus! Ach, das Kind mußte ihr doch stets widersprechen, ihr, der lebenserfahrenen Frau! Wollte nicht einsehen, daß die Mutter es besser wußte, als so ein junges Ding. Ja, wenn sie nicht gewesen wäre! Was würde wohl aus dem Mädchen geworden sein? Wäre es etwa so berühmt, so begehrt geworden ohne sie? Hatte sie nicht dafür gesorgt, daß die Kleine beizeiten etwas lernte, das ihr später mal tüchtig Geld einbringen sollte? Hatte sie nicht die teuren Stunden bei Meister Fossano sich abgespart von dem knappen Wirtschaftsgeld? Sich Geld sogar geborgt, um die Tochter nach Paris zu bringen, als Meister Fossano erklärt hatte, nun wäre es so weit, und die hübsche Kleine schwinge das Bein schon hoch genug?

Ach, Kinder waren noch immer undankbar gegen die Eltern gewesen! Die sahen nie ein, wie gut man es mit ihnen meinte, daß man nur ihr Bestes wollte und bedacht war für ihre Zukunft. Dachte das Mädel wohl je an ihre Zukunft? Lebte sie nicht blindlings darauf los, als ob das Gold immer so strömen würde, wie in der Erntezeit ihrer Jugend? Die konnte gar kein Geld in den Fingern behalten, warf es mit vollen Händen zum Fenster hinaus. Wieviel würde das Mädchen wohl noch von den schönen Dukaten übrighaben, wenn sie, die Mutter, nicht beizeiten fleißig gespart hätte!

Über Signora Campaninis Gesicht huschten Schatten der Sorge. Die Zukunft! Ja, wie wird sich die wohl gestalten! Was sollte diese ganze plötzliche, fluchtartige Reise nach Venedig?! Was war in das Mädchen gefahren? Willig und gehorsam, wie sich das für eine brave Tochter gehört, war sie bisher ihr gefolgt, hatte sich wohl ab und zu mal aufgelehnt, aber schließlich hatte sie, die Mutter, doch stets ihren Willen durchgesetzt.

Dann, eines Tages, hatte sich das mit einem Schlag geändert. Barberina, das lebhafte, fröhliche Mädchen, war still geworden, hatte allerhand Heimlichkeiten vor der Mutter, wurde unliebenswürdig ihr und dem guten Mylord gegenüber. Immer schlimmer wurde es mit ihr, kein gutes Zureden half, und selbst strenge Worte und Drohungen, zu denen man doch wohl als Mutter berechtigt war, verfingen nicht mehr, bewirkten sogar das Gegenteil.

Und das war nicht etwa eine vorübergehende Laune! O, nein! Ganz ernsthaft hatte das Kind ihr erklärt: "Von jetzt ab tanze ich nicht mehr!" Wollte sogar den schönen Berliner Kontrakt zerreißen, wenn sie - die Mutter - ihn nur aus den Händen gegeben hätte! Den Vertrag, auf den das Mädchen so stolz gewesen!

Was blieb ihr weiter übrig, als Barberina zu folgen, als sie plötzlich von Paris abreiste? Die hätte es ja jetzt fertig gebracht, ohne sie zu fahren, mit der sauberen Schwester zusammen. - Marianna! Die war auch so verstockt geworden, steckte mit der anderen unter einer Decke! Und wußte sicher doch, was in der Schwester vorging! Aber war wohl aus ihr etwas herauszuholen? Sie wüßte nichts, die Mutter sollte doch Barberina selbst fragen, hatte sie ihr nur immer geantwortet und dabei die Schultern in ganz impertinenter Weise hochgezogen.

Sie wollte nicht nach dem abscheulichen Norden, wollte überhaupt nicht mehr auftreten, sie hasse Lord Arundell, darum hätte sie von Paris fliehen müssen, hatte Barberina ihr immer nur gesagt.

Als ob sie das glaubte! O, nein! Sie kannte ihr eigen Fleisch und Blut besser. Da steckte etwas anderes dahinter. Wenn sie nur wüßte, was? Vergeblich hatte sie schon gegrübelt, was das Mädchen so verändert haben konnte. Nichts, aber auch nichts hatte ihr gefehlt. Der alte Lord hatte jeden ihrer Wünsche erfüllt, tat, was sie wollte, war so nachgiebig, so herzensgut zu ihr, wie die Undankbare es gar nicht verdiente! Und Barberina war doch immer recht zufrieden mit ihm gewesen. Wie sollte sie auch nicht! War die alte Exzellenz denn nicht auch ein Mann, den man liebgewinnen mußte? Immer so freundlich, so aufmerksam, sogar zu ihr, der alten, einfachen Frau. Dann ein so stattlicher, feiner Herr! Gott sei Dank, daß Mylord nicht böse war, wie es doch sein gutes Recht war. Daß er selbst die Hand zur Versöhnung bot, die lange Reise nicht gescheut hatte, um das Kind wieder zur Vernunft zu bringen. Und wie liebenswürdig sein Brief war. "Liebe Madame", redete er sie an. Und ob er sich "erlauben dürfe", ihr seine "Aufwartung" zu machen! O, wie willkommen sollte er sein! Mit Ungeduld sah sie ihm entgegen, blickte sie auf den Kanal hinaus, ob nicht bald seine Gondel erschiene.

Sie strich die Falten ihres Staatskleides glatt, rückte die weiße Perücke zurecht, die sich durch das sorgenvolle, nachdenkliche Schütteln ihres Hauptes etwas verschoben hatte.

Mylord mußte ja jeden Augenblick erscheinen, die Besuchszeit war seit einer halben Stunde angebrochen.

Und richtig! Es klopfte. Der Diener überreichte ihr auf zierlichem Tablett die Karte:

Georges Lord Arundell
Ministre d'Angleterre

"Ich lasse seine Exzellenz bitten!"

Der Lord trat ein. Machte eine Verbeugung vor Signora Campanini wie vor der Herzogin von Devonshire. Wie das der kleinen Dame wohltat! Ganz rot wurde sie vor Verwirrung und Freude. Hatte der Herr Ambassadeur nicht sogar ihre Hand in die Nähe seiner Lippen gezogen?

Sie deutete würdevoll auf den Fauteuil ihr gegenüber. Der Lord nahm Platz, den schönen Dreispitz auf den Knien. Man sah ihm seine sechzig Jahre nicht an. Aus dem gutrasierten, rötlich-frischem Gesicht blickten ein Paar jugendliche, wasserblaue Augen. Die Perücke stand ihm gut, verjüngte ihn. Und da die Augenbrauen dunkel gefärbt waren, Puder die feinen Fältchen verdeckte, würde ihm jeder, der sein Alter nicht wußte, höchstens vierzig Jahre gegeben haben.

Aber Lord Arundell schien nicht bloß so jung, er fühlte sich auch noch gar nicht alt. Sein Körper hatte sich die Spannkraft der Jugend erhalten; Sport, Massage und sorgfältige Pflege seiner Gesundheit hatten ihn nicht altern lassen. Aus seinen intelligenten Zügen sprach eine starke Energie. Seine Augen blickten ruhig, fast kalt, aber manchmal zuckte, leuchtete in ihnen schnell vorübergehend ein verräterisches Licht auf; das war, wenn seine glänzende Selbstbeherrschung für einen Moment versagte.

Während des Gespräches kam das heute öfter vor, der sonst so kaltblütige, geschulte Diplomat mußte daher unter dem Druck einer besonderen Erregung stehen.

"Mit Ungeduld erwartete ich Ihre Rückkehr, liebe Signora", sagte er. "Sobald ich erfuhr, daß Sie wieder hier waren, erlaubte ich mir, Sie um eine Unterredung zu bitten."

"Seien Sie versichert, lieber Lord, daß ich voller Freude Ihrem Besuch entgegensah. Wenn ich Ihnen zu Diensten sein kann, will ich es mit Vergnügen tun. Läge es nur in meiner Macht, wieder gutzumachen, was meine Tochter Ihnen gegenüber verschuldet hat!"

Der Lord dankte mit einer Verbeugung.

"Sie machen mich glücklich, liebe Signora. Ich fürchte, daß ich nur zu sehr von Ihrem gütigen Versprechen Gebrauch machen muß. - Aber lassen wir die Vergangenheit. Und ich gebe mir ja auch kein Recht, Ihrem Fräulein Tochter Vorwürfe zu machen. - Ich habe ihr längst vergeben. - Wenn es das nur wäre! Aber was Sie vielleicht für eine Laune ansehen - diese unerwartete Abreise und der jähe Entschluß, der Bühne fernzubleiben - hat leider, leider einen tieferen Grund!"

"So sagen Sie ihn mir! Daß ich versuche, ihn zu beseitigen, das Mädchen wieder zu dem zu machen, was sie war. - Ich versichere Ihnen, daß ich mich vergeblich mühte, die Wahrheit zu erfahren. - Tat ich nicht alles, Barberina wieder auf den rechten Weg zu führen? Sprach ich nicht täglich von den reichen Eigenschaften und Vorzügen unseres lieben Lords?" Arundell quittierte wieder mit Verbeugung.

"Ach", fuhr die Signora fort, "glauben Sie mir, wie untröstlich ich bin, welche Sorgen ich mir stündlich machen muß! Ich begreife meine Tochter nicht. Welche Undankbarkeit gegen Sie, der sie verwöhnt hat, der ihr jeden Wunsch von den Augen las! Wie muß ich mich ihrer schämen! - Sähe ich nur ein Mittel, einen Weg, ungeschehen zu machen, was sie tat, und sie zu ihren Pflichten zurückzurufen!"

"Ich sehe keinen", antwortete der Lord. "Alles, was ich tat, war vergebens. Bin machtlos gegenüber dem Einfluß dessen, der eine Gewalt über sie hat, wie …"

"Wer? Wer hat Gewalt über sie?" Erregt aufspringend unterbrach ihn die kleine Frau. "Nennen Sie ihn mir! Daß ich ihn kenne, daß er sich fürchte vor meiner Rache!"

Wutbebend stand sie vor ihm. Die ganze Leidenschaftlichkeit ihres Volkes war in ihr erwacht, als sie hörte, daß ein Fremder die Tochter ihrem Einfluß entzogen, dieses Herz geraubt hatte, über das sie bisher verfügte wie über ein willenloses Werkzeug.

"Mein Neffe ist es, der Lord Stuart Mackenzie, jener junge Mann, der in Paris mein Sekretär war. - Er wurde Ihnen eines Abends in der Comédie vorgestellt. Es ist mir unerklärlich, wie Ihnen entgehen konnte, daß er sich mit Barberina traf, ihr schrieb, wie er unbemerkt all seinen verhängnisvollen Einfluß auf sie ausüben konnte, ohne daß Sie davon erfuhren!"

"Der? … Ah … War ich denn blind?" murmelte sie.

"Mußte ich nicht sehen, wie gefährlich er wurde, da nur von ihm die Rede war, nach jenem Abend im Theater? Er schrieb ihr? Wie ist es möglich, daß ich seine Briefe nicht fand? Ging doch Barberinas ganzer Briefwechsel durch meine Hände! ... Ha, jetzt weiß ich, wie sie es anstellten! Ja, so wird es gewesen sein! Der alte Thomas kam gar nicht von Ihnen, Lord! Fast täglich brachte er einen Brief mit dem Wappen der Gesandtschaft, sollte ihn persönlich abgeben! - Von ihm waren die Briefe, ihm, der an diesem ganzen Unglück schuld ist, der mir meine Tochter raubte, der all die Sorgen über mich alte Frau brachte. - O, wäre er hier! Er sollte ..."

"Er ist hier!

"Sagen Sie mir, wo ich ihn finde!" Ihre Augen funkelten, die Hände streckte sie krampfhaft vor, sie hatte ihre ganze Haltung verloren.

"Was könnten Sie, eine Frau, ausrichten gegen ihn!"

"Das wissen Sie nicht, Lord! ... O, hier, in meinem Land habe ich wohl Mittel, den schönen Herrn für immer von ihr zu trennen! ... Sah er Barberina schon hier? Trafen die beiden sich?"

"Mehr wie zu oft! Ich ließ sie überwachen. Nicht immer gelang es mir zu erfahren, an welchem Ort sie zusammenkamen. - Im Atelier jener Malerin, der Signorina Carriera, gaben sie sich meistens ihr Rendezvous. - Konnt' ich es verhindern? Ich, ein Fremder in dieser Stadt? - Die Malerin ist wohlgeachtet bei allen Leuten, die Senatoren sind ihre Freunde! Wie sollte ich es wagen, ihre Freundschaft für die beiden oder sie selbst zu verdächtigen?"

"Besuchte Ihr Neffe meine Tochter auch hier, in diesem Haus?"

"Ich glaube es. Bestimmt kann ich es nicht sagen, ob er es war, den Concetta nachts einließ durch den Eingang vom Platz aus. - Aber ich nehme es ganz sicher an."

"Sie haben keine Macht über ihn?"

"Nicht die geringste."

"So ist es an mir, ihn zu zwingen, meiner Tochter zu entsagen für immer!" Trotzdem die Stimme leise bebte, klang es entschlossen.

"Versuchen Sie es nicht! Es wäre zwecklos. Ich kenne den trotzigen Charakter meines Neffen. An seiner Leidenschaft werden Ihre Worte ebenso abprallen, wie meine."

"Worte! - Glauben Sie, Lord, ich werde Worte gebrauchen? - Taten! - Aber keine schönen Reden! - Ich werde ihn nicht erst fragen, den jungen Herrn, und bitten! O, nein! Ich kenne Besseres denn Worte!"

"Was wollen Sie damit sagen, Signora?"

Sie stand nach erregter Wanderung zwischen Tür und Fenster wieder dicht vor ihm. Beugte sich nieder zu ihm, flüsterte:

"Das fragen Sie …? Ein Diplomat sollte nicht fragen, der sollte halbe Worte schon verstehen!"

"Weil ich nur zu gut verstehe, frage ich."

"Nun …?"

Unwillkürlich fuhr der Lord zurück vor dem wilden Blick, der das Wort begleitete. Was lag in diesem Blick! Haß, grausame Begier nach Rache! So hatte er diese Frau noch nicht gesehen. Er hatte geglaubt, sie zu kennen. Hatte auch tiefer gesehen, erkannt, was sich hinter dem glatten, lächelnden Bild der besorgten Mutter verbarg. Aber bisher hatte er gedacht, daß es Geiz war und Sucht nach Gold, was sich da versteckte. Aber in diesem Augenblick wurde ihm klar, daß er nicht bis auf die Tiefe dieser Seele geblickt hatte, daß diese Frau zur Erreichung ihres Ziels sogar vor einem Verbrechen nicht zurückscheuen würde.

Ein Ekel erfaßte ihn vor ihr, stärker noch als der, den ihm die Erkenntnis ihrer schmutzigen Habgier schon vor langem eingeflößt hatte. Etwas in ihm bäumte sich auf vor der Gemeinschaft mit diesem Weib, trieb ihn auf, davonzugehen, dem Blick dieser Augen nicht mehr zu begegnen. Aber da dachte er daran, daß sie ihm die letzte Hoffnung barg, Barberina zurückzugewinnen, sei es mit dem größten Opfer.

Signora Campanini mochte wohl bemerkt haben, was in ihm vorging. Über ihr fettes Gesicht zog ein ironisches, fast verächtliches Lächeln.

"Sie schweigen, Lord?" sagte sie. "Hat es Sie so erschreckt, daß ich von Taten sprach?"

"Ja. - Der Gedanke, meinen Neffen, meiner Schwester Sohn, gewaltsam zu entfernen - in der Weise, wie Ihre Worte und noch viel deutlicher Ihre Blicke es meinten -, ist mir entsetzlich!"

"Sie nahmen den Sinn meiner Worte schlimmer, wie er gedacht war", antwortete die Alte. Und in der Furcht, der Lord könnte sich von ihr wenden, sie würde ihn und seinen Reichtum verlieren für immer, fügte sie hinzu: "Sprach ich von Taten, die das Leben Ihres Neffen bedrohen?"

"Ersparen Sie mir die Antwort. - Gehen Sie, auch in Gedanken nicht, schon bis zum Äußersten. ... Als ich heute zu Ihnen kam, war das nicht allein aus dem Grund, Ihnen die Erklärung zu geben über Signorina Barberinas so sehr verändertes Benehmen, dessen Beweggrund Ihnen, ihrem Brief nach, verborgen war, sondern um Sie, verehrte Signora, um die Hand Ihrer Tochter zu bitten!"

Der Lord hatte sich erhoben. Kerzengerade stand er vor ihr. Auf seinem Gesicht lag eine feste Entschlossenheit. Mit der Linken hatte er die Lehne des Fauteuils gefaßt. Aus seiner ganzen Haltung sprach deutlich, wie schwer es ihm wurde, jene Bitte auszusprechen, dieser Frau gegenüber, die er im Grund tief verachten mußte, wie sein Stolz litt unter der Faust seines harten Willens.

Die Signora war in ihrem großen Stuhl ganz klein geworden. Ganz geduckt sah sie zu ihm empor, starrte ihn an mit Augen, in denen grenzenloses Erstaunen lag. Hatte sie richtig verstanden? Der stolze Mann, der da vor ihr stand in dem vollen Glanz seiner hohen Stellung, seines alten Namens, seiner Millionen, der hatte sie gebeten um die Hand ihrer Tochter? War es nicht ein Traum, was sie da erlebte?

Sie war nicht fähig zur Antwort. Ihre sonst so bewegliche Zunge schien wie gelähmt. Ihre Tochter sollte einen Lord Arundell heiraten, einen Ambassadeur des stolzen England? Hatte sie es nicht schon als Ehre empfunden, als dieser Mann einst die Augen zu ihrer Tochter erhob, sein Gold ihr zu Füßen legte, sie zu seiner Freundin machte? - Und jetzt sollte ihre Tochter seine Frau werden, sie selbst einen Lord, einen Ambassadeur ihren Sohn nennen dürfen?

Dieses Glück, welches ihr da kam, schien ihr von unfaßbarer Größe. Es übertraf alle ehrgeizigen Träume der kleinen Schustersfrau.

Noch immer schwieg sie, offenen Mundes, mit starren Augen.

Der Lord schien den Eindruck seiner Worte als eine Genugtuung zu empfinden. Wie um sich zu rechtfertigen und gleichzeitig dieser Frau aus dem Volk zu zeigen, wie tief er sich herabließ zu ihr, wenn er um ihr Kind warb, sagte er langsam:

"Meine Frage hat Sie seltsam berührt, Sie erstaunt, Signora. - Aber ich sage Ihnen: Wohl überlegt habe ich, bevor ich mich entschloß. Ihre Tochter zu meiner Frau zu machen, ist der einzige Weg, meine ich, sie zu lösen von dem jungen Mann, der sie Ihnen und mir entzog, der Verderben für sie bedeutet, wenn er weiter um sie bleibt ... Ich sage Ihnen aufrichtig, gäbe es ein anderes Mittel, ich hätte es wahrlich nicht unversucht gelassen, aber ich habe mich vorgestern, als ich von der Signorina empfangen wurde, überzeugt, daß mir weiter nichts übrigbleibt, als dieser Schritt, will ich sie nicht verlieren für immer ... Und dann - eine Heirat mit ihr, der Tänzerin, der Dame mit dem - sagen wir ... nicht ganz einwandlosen - Ruf, wer sollte dagegen sprechen, mir gar Vorwürfe machen? - Sehen Sie, Signora, ich bin ein alter Mann, habe keine direkten Nachkommen, keine Familie, auf die ich Rücksicht zu nehmen hätte. - Und wenn meine Verwandten, meine Freunde sich von mir zurückziehen sollten, werden sie das nicht größtenteils aus dem Grund tun, daß ihnen die so sicher schon in Aussicht stehende Erbschaft entgeht? - Mögen sie sich ärgern! Mögen sie mich meiden! Wen kümmert's! … Meine Stellung werde ich natürlich aufgeben müssen. Das wird mir um so leichter, als ich schon länger den Gedanken trug, mich von den Affaires ganz zurückzuziehen."

Während der Lord in seiner ruhigen Weise sprach, war die lähmende Überraschung langsam von der Signora Campanini gewichen. Mit größter Aufmerksamkeit lauschte sie seinen Worten, hing sie an seinem Mund, dessen ironisches Zucken sie über das, was er sprach, nicht bemerkte.

Und als der Lord eine Pause machte, sagte sie mit vor Erregung unsicherer Stimme:

"Wie soll ich Ihnen danken für diese hohe Ehrung meiner und meines Kindes? - Welches Glück bringen Sie über uns! - Nun werden die Sorgen verschwinden, die mir die Ruhe raubten, da ich weiß, daß meinem Kind eine so glänzende Zukunft an Ihrer Seite harrt!"

Sie streckte Arundell die kleine, dicke Hand hin.

"Und hier die Annahme Ihres Antrages, Mylord!" Sie sprach es würdevoll, hatte sich gefunden in die neue Stellung. Langsam, gravitätisch stand sie auf.

"Nun lassen Sie mich meine Tochter rufen!"

Sie schellte. Der Diener kam.

"Ich lasse Signorina Campanini bitten!"

Keinen Augenblick war ihr der Gedanke gekommen, daß Barberina die Werbung des Lords zurückweisen könnte. "Lady Arundell" zu werden, war das nicht die höchste Seligkeit? Würde das Kind nicht jubeln vor Freude, dankbar die Hand annehmen, mit der ihr früherer Liebhaber sie zu sich erhob, ihr eine Stellung vor der Welt gab, um die sie tausende von Frauen und Mädchen beneiden würden? -

Nun war der andere auch nicht mehr zu fürchten, Gottlob! Er mußte doch selbstverständlich verschwinden neben dem, der dem Mädchen ein Glück bieten konnte, das in ihr alle anderen Gefühle ersticken mußte!

Voll freudiger Erwartung sah sie der Tochter entgegen. Wie stolz fühlte sie sich als Mutter eines Kindes, dem so große Ehre wurde! Aus ihrem Herzen war der Groll verschwunden, jetzt hätte sie die Kleine umarmen mögen. Kein Vorwurf sollte über ihre Lippen kommen! Mit edlem Schweigen wollte sie über das hinweggehen, was in letzter Zeit vorgefallen. In dem Gedanken an dies "edle Schweigen" kam sie sich selbst edelmütig vor, sie, die zukünftige Schwiegermutter eines Lords!

Der Diener öffnete die Flügeltür, blieb an der Schwelle stehen, verbeugte sich, als Barberina an ihm vorüberschritt.

Sie trug ein schlichtes weißes Kleid, dessen Einsatz mit Spitzen und blassen Rosen garniert war. Dieselben hellrosafarbenen Blumen schlangen sich um die Ärmel. Die Arme waren bis über den Ellbogen entblößt. Auf dem hochfrisierten Haar trug sie einen Spitzenschal. Unter dem kurzen Rock sah der kleine weiße Seidenschuh mit den hohen dunkelroten Hacken hervor.

Als sie den Lord bemerkte, zuckte es schnell über ihr Gesicht. Was wollte er hier? Sicher hatte er ihr Geheimnis verraten! Die stumme Begrüßung Arundells erwiderte sie nur durch flüchtiges Nicken, vermied, ihm ins Auge zu sehen. "Sie ließen mich rufen, meine Mutter", sie wandte sich der auf sie zueilenden Alten zu.

"Geliebtes Kind!" Frau Campanini schloß die Tochter in ihre Arme. "Eine freudige Überraschung habe ich für dich, darum ließ ich dich rufen. - Mylord hat um deine Hand angehalten!"

Sie sah es nicht, wie Barberina erblaßte, fühlte nur, wie sie schwer in ihren Armen lehnte.

"Sehen Sie, Mylord", rief sie, "welche Freude das Kind hat! Glücklich haben sie uns beide gemacht!" Sie zog die Widerstrebende auf einen Sessel. "Setz dich, mein Liebling, erhole dich von dem freudigen Schreck. - Wie dein Herzchen schlägt! ... Ach, Mylord, es schlägt vor Freude, sie bringt kein Wort über ihre Lippen ... Welch ein Tag!" Und aus den Augen der Signora Campanini quollen dicke Tränen der Rührung. -

Sie ließ ihnen freien Lauf, gab sich ganz dem Glück hin, das so unvermutet über sie hereingebrochen.

"Kommen Sie näher, Mylord", sprach sie mit erstickter Stimme, "meine Tochter will Ihnen die Hand reichen!"

Bevor der Lord mit seinem zögernden Schritt die beiden erreicht hatte, war Barberina aufgestanden, zurückgetreten vor ihm. Abwehrend streckte sie den Arm aus:

"Nie, Mutter, nie soll der Lord mehr meine Hand berühren! - Lassen Sie mich gehen! - Ich bitte Sie! ... Haben Sie Erbarmen mit mir! ... Sie wissen es, wie ich diesen Mann verabscheue!"

"Kind, was soll das heißen!? Was sprichst du da!? Bist du bei Sinnen? ... Wo willst du hin? ... Bleibe! - Ich sage dir: Bleibe!!" Sie schrie das letzte, lief Barberina nach, die der Tür zuging, faßte ihre Hand, hing sich fest. "Hier kommst du her!" Sie zog die Sträubende zu dem Sessel, packte härter ihre Gelenke, drückte sie nieder. "Du weißt nicht, was du sprichst! - Jetzt antworte dem Lord, gib ihm die Hand, sage, daß du annimmst, was er dir anbietet!" Und ihr ins Ohr zischend fuhr sie fort: "Du tust, was ich dir sage, oder, per Dio, du sollst es bereuen!"

Mit wutentstellten Augen, in der Furcht, dieses nie erträumte Glück könnte ihr entgleiten, blickte sie der Tochter ins Gesicht.

Doch Barberina, die diesen Blicken noch stets erlegen war, riß sich los, trat vor den Lord, maß ihn verächtlich:

"Sie wußten es, Mylord, daß ich Sie nicht liebe, daß ein anderer mein Herz hält, und doch kamen Sie, wagten es, meine Mutter zu bitten, mich Ihnen zu geben. Als ich Ihr eigen war, dachten Sie nicht daran, mir das zu geben, was ich heute annehmen soll. Jetzt, da Sie sehen, daß ich Ihnen verloren bin, da greifen Sie zu diesem letzten Mittel. Jetzt, da Sie wissen, daß ich liebe, daß auch ich jenes Glück beanspruchen möchte, das Sie genossen, da neiden Sie mir dieses Glück und scheuen sich nicht, es mir mit Gewalt nehmen zu wollen!"

Erregt stand sie da, leidenschaftlich klangen ihre Worte, und jetzt setzte sie leiser hinzu, indem sie noch näher an Arundell trat, ihm fest ins Auge blickte, daß er den Blick senken mußte:

"Als ich vor Ihnen auf den Knien lag, mich an Ihren Edelmut wandte, den ich in Ihnen glaubte, und Sie bat, mir die Hand zu reichen, mir zu helfen, das Glück zu halten, welches das Leben mir zutrieb, da hatten Sie weiter nichts für mich als ein grausam kaltes 'Nein'! ... So dankten Sie mir, daß ich einst Ihre Wünsche erfüllte! ... So handelt, so dankt ein Lord Arundell!"

Hochaufgerichtet wandte sie sich zum Gehen. Der Lord vertrat ihr den Weg, beugte ein Knie vor ihr, suchte ihre Hand zu erhaschen:

"Gehen Sie nicht - hören Sie erst meine Rechtfertigung!"

"Ich brauche sie nicht!" Barberina suchte ihm auszuweichen.

"Jetzt knie ich vor Ihnen, Mademoiselle! - Vergeben Sie mir! - Sie müssen mir vergeben, wenn Sie mich angehört haben, wenn Sie verstanden haben werden, daß ich nur aus Liebe zu Ihnen tat, was Sie grausam, undankbar nennen! Gehen Sie nicht, gehen Sie so nicht von mir, der Sie verehrt, wie niemand auf der Welt, der nur Ihr Glück will, nur für Sie leben will, Ihnen tausendfach vergelten wird, was Sie ihm schenkten. Und denken Sie an sich selbst, an Ihre Zukunft! - Sie sind blind, verblendet! - In Ihr Verderben laufen Sie, wenn Sie ausschlagen, was ich Ihnen geben will! - Wohin wird Sie die Liebe zu meinem Neffen führen? - Im Elend werden Sie umkommen eines Tages! - Diese

Liebe wird nicht bleiben! Jetzt glauben Sie an sie und daß sie ewig dauern wird! - Mein Neffe liebt Sie heute, morgen, ist berauscht von Ihrer Schönheit, doch wenn dieser Rausch vorüber sein wird, wenn Sie alt geworden sind, dann werden Sie bereuen, daß Sie ihm glaubten und seinen Schwüren von ewiger Liebe und Treue ... Hören Sie auf mich, lassen Sie Ihre Vernunft sprechen, reißen Sie sich los von ihm, bevor es zu spät ist!"

Der Lord war während seiner letzten Worte aufgestanden. Die hatte er zuversichtlicher gesprochen, da seinem scharfen Blick nicht entgangen war, daß durch Barberina eine leise Bewegung ging, sich in ihrer Haltung, ihren Augen malte, und die er sich hoffend deutete als ein Schwanken in ihrem Entschluß.

Und wirklich - es schien, als ob das, was er mit der Überzeugungskraft eines Menschen gesagt hatte, der den drohenden Verlust von etwas unendlich Teurem kommen sieht und ihn aufhalten möchte mit allen Mitteln, Barberina zögern ließ, sie umstimmen wollte.

Aber nur einen Augenblick schien es so. Und wenn der kühle Verstand, an den der Lord nicht vergebens zu appellieren gehofft hatte, sie für Sekunden auch beherrschte, sie lauschen ließ den überzeugenden Worten, so mußte er auch ebensoschnell dem Gefühl weichen, das sie der Mutter hatte trotzen lassen, das alle Stimmen in ihr hatte zum Schweigen gebracht, die früher am lautesten sprachen: dem Gefühl der Liebe!

Jenen kurzen Augenblick des leisen Schwankens hatte das Bild des Geliebten verdrängt, das plötzlich wie eine

Vision vor sie hintrat, sie anblickte mit dem Ausdruck unsagbarer Zärtlichkeit, sie erinnerte an jene Stunden voll nie gefühltem, seligen Glück, die für sie in seinen Armen gelebt hatte, und die in ihr eine ungestillte, unstillbare Sehnsucht hinterlassen hatten, wieder und immer wieder in diesen Armen zu ruhen. Und so war es gekommen, daß sie nur den Kopf erhoben hatte, ihn schüttelte statt einer Antwort. Dann war sie zur Tür geeilt, hatte sie geöffnet. Aber da gellte ihr der Schrei der Mutter nach, der einen Fluch trug. Und als sie die Tür hinter sich ins Schloß warf, da hörte sie noch, wie dem Fluch Drohungen folgten, gegen sie und den Geliebten, die ihr das Herz erbeben ließen, das eben noch so mutig gewesen. -

Die Alte hatte der Tochter nachlaufen wollen, als sie aber an der Tür war, blieb sie stehen. Sie hatte schnell bedacht: Barberina entging ihr nicht; vielleicht aber der Lord, wenn sie ihn jetzt allein ließ.

Arundell selbst war unschlüssig. Am liebsten wäre er gegangen. Doch wenn er das tat, gab es kein Wiederkommen mehr für ihn, dann mußte er für immer darauf verzichten, Barberina zurückzugewinnen. Dann war es entschieden, daß alle seine Bemühungen, die weite Reise umsonst gewesen. Der Trotz auch hielt ihn zurück, er wollte und konnte das Spiel nicht aufgeben. Und fortzugehen ohne sie, die er mit der ganzen Zähigkeit der späten Leidenschaft liebte, davor schreckte er, schreckte vor der Einsamkeit, die ihn erwartete, denn die Welt dünkte ihn einsam ohne sie. - So blieb er. Immer noch erging sich die kleine Signora in den schrecklichsten Drohungen und

Flüchen, tat die heiligsten Schwüre bei der Madonna und allen Heiligen, Rache zu nehmen, die Tochter zwingen zu wollen zum Gehorsam.

Schweigend hörte der Lord ihr zu. Das wenigste verstand er von ihren Schwüren und erregten Selbstgesprächen, die sie in ihrer Sprache führte.

"Werden Sie sich jetzt noch sträuben, Mylord, wenn ich von Taten spreche? Sehen Sie jetzt ein, daß alle Worte vergebens sind?" Erschöpft war sie auf das Sofa gesunken.

"Wenn Sie jetzt noch zögern, dann gestehen Sie Ihre Ohnmacht, dann haben Sie das Mädchen verloren für immer ... Aber wenn Sie auch die Waffen strecken, ich tue es nicht! ... Er soll nicht triumphieren, der saubere Signorino! Jetzt kenne ich den Feind! Mit mir hat er zu rechnen von dieser Stunde an! Und ich werde ihn finden, meine Rache wird ihn treffen! ... O, ich habe gute Freunde in dieser Stadt, die mir ihren starken Arm leihen werden!"

"Um Gotteswillen, Signora, was sagen Sie da! Wollen Sie zur Mörderin werden?"

Mit Entsetzen sah der Lord die drohende Gebärde tiefsten Hasses, mit der diese kleine Frau die Worte betonte, die sie mehr geschrieen als gesprochen hatte.

"Glauben Sie, ich werde lieber mein Kind ins Verderben stürzen lassen? ... Nein! ... Ich weiß, was mir zu tun bleibt ... Wegräumen von meinem Weg werde ich den, der sich mir entgegenstellt, der mein und meines Kindes Glück nahm ..."

"Halten Sie ein! Sie wissen nicht, was Sie im Zorn sprechen, entsetzlich ist, wozu Sie sich hinreißen lassen!"

Der Lord wandte sich zum Gehen.

"Aber ich werde den Schlag abwenden, den Sie führen wollen auf das Haupt meines Neffen, ich werde ihn warnen, ihn schützen …"

Laut scholl das höhnische Lachen der Alten.

"So gehen Sie! Warnen Sie ihn! Schützen Sie ihn! … Aber wenn Sie denken, daß er Ihrer Warnung folgen wird, Ihnen glauben wird, so irren Sie sich gewaltig, mein wertester Herr Diplomat! … Er wird Ihnen ins Gesicht lachen, Ihnen sagen, daß er nicht dumm genug sei, fortzugehen, um Ihnen das Mädchen zu überlassen! … Schützen Sie ihn doch! Versuchen Sie doch, ihn zu schützen gegen die geheimnisvolle Macht der Bravi, die selbst dem Senat trotzen!"

"Den Bravi wollen Sie ihn ausliefern?! Dann ist er verloren! - Dann kann ihn keine Macht der Welt retten! … Sie haben recht, er wird nicht fortgehen, wenn ich es ihm rate, er wird mir nicht glauben! - Was soll ich tun? - Ich darf es nicht geschehen lassen, das Entsetzliche! Und doch …"

Er sprach ihn nicht aus, den schlimmen Wunsch, der sich da zaghaft in ihm zu regen begann, aber die Alte entdeckte ihn, blies auf das erglimmende Fünkchen, daß es zur Flamme werde: "Wäre es nicht das beste für uns alle?"

Sie beugte sich dicht zu dem Lord. Verzerrt waren die Züge ihres Gesichts. "So allein gewinnen Sie Ihre Liebste zurück, nur so! - Soll ein anderer die Arme um sie schlingen? - Ist Lord Arundell zu feige, ein Weib, das er liebt, mit Gewalt zu erringen? Und hat er keinen Stolz mehr? Ist er so alt und schwach geworden, daß er dem kleinen Neffen weicht, der große, stolze Signore, der die Macht hat und das Gold?" Sie lachte höhnisch.

Arundell fühlte, wie sich sein Stolz empörte bei den Worten der Alten. Er sollte sich beugen vor dem Jungen! Sollte die Waffen strecken vor ihm, der ihn frech herausgefordert? - Nein! Beim Himmel, nein! ... Das wollte er nicht! ... Aber ein Mord! ... Gegen den sträubte sich sein Gewissen ... ein Mord an dem Kind seiner Schwester! Nie, nie ...

Er schüttelte nur stumm den Kopf.

"Unmöglich", murmelte er, "ich kann nicht zum Mörder werden! ... Gehen Sie ... Versuchen Sie mich nicht ..."

"So mag er leben!" Sie packte die Hand des Lords. "Mag leben, wenn Sie mir versprechen, mitzuhelfen, ihn dahin zu schaffen, wo wir ihn nicht mehr zu fürchten haben. Der hohe Senat hat gute Kerker, noch selten verließ sie einer, hinter dem ihre schwere Tür zufiel!"

"Wie kann ich da helfen? ... Soll ich etwa zum Verleumder an ihm werden? Soll ich die Häscher der feinen Inquisition auf ihn hetzen? ... Verstehen Sie so die Hilfe, die Sie fordern?"

"Nichts leichter für Sie, Mylord, als ihn zu verdächtigen. Lassen Sie ihn als Konspirateur verhaften! Zeigen Sie ihn an, im Namen Ihres Landes, dessen Vertreter Sie sind! Der Senat wird das übrige tun. Und wir werden befreit von ihm sein! Barberina wird ihn vergessen, wird wieder die Ihre sein, wenn wir sie erst einmal seinem Einfluß entzogen haben! ... Zögern Sie nicht! ...

Und ich sage Ihnen, daß Sie damit auch sein Leben retten, denn wenn Sie nicht tun, was ich von Ihnen verlange, so ... Sie wissen, was ich meine!"

Der Lord war nachdenklich geworden. War das nicht der beste Weg, den ihm das Weib da vorschlug? Nicht der einzige, der ihm blieb, der zurückführte zu der, ohne deren Besitz er nicht mehr rechnen mochte?

Die Alte merkte: Jetzt war er soweit, der kluge Diplomat! Konnte nicht mehr zurück, würde tun, was Sie ihm sagte. Hatte Sie nicht richtig spekuliert, als sie erst drohte, daß der Schreck ihm in die Glieder fuhr, und ihm die Überlegung nahm, dann seinen Stolz, seine Liebe herausforderte, und schließlich ihn vor die Wahl stellte, daß er sich entscheiden mußte, sich entschließen mußte, das zu tun, wozu sie allein nicht imstande gewesen wäre?

Und der Lord dachte weiter: Tat er nicht, was von ihm gefordert wurde, dann würde die Schuld auf ihn allein fallen, wenn sein Neffe einem Verbrechen erlag. War er nicht gezwungen, so zu tun, wie man es ihm vorschlug? Hieß das nicht, den Jungen beschützen, ihn retten? So konnte sein Gewissen ruhig bleiben! Er tat ja schließlich nur, wozu ihn die Verhältnisse zwangen, die stärker waren als er, und denen er sich zu fügen hatte. Sein Gewissen würde ihm keine Vorwürfe machen! - Und was gewann er! -

Er sah die Hand, die ihm die Alte entgegenschob. Da griff er zu.

"Sie sind einverstanden, Mylord?"

"Ich bin es!" Er konnte die Alte nicht ansehen, so entging ihm das triumphierende Aufleuchten ihrer Augen.

Schon war er an der Tür, als sie ihm nachrief:

"Ich brauche Geld, Mylord!"

Er warf eine Börse auf den kleinen Tisch, fast wäre sie zu Boden gefallen, dann war er gegangen.

Hastig hatte die Signora nach dem Gold gegriffen, war damit ans Fenster geeilt. Nun zählte sie die Dukaten, die das Licht der schwindenden Sonne rot auffunkeln ließ. Nichts als das metallische Klingen war zu hören.

Nur hinter der anderen Tür raschelte es leise. Das war Concetta, die davonlief. Mit einem Gesicht, auf dem Schrecken und Bestürzung lag, jagte sie von Zimmer zu Zimmer, durch lange Gänge, hinüber auf die andere Seite des Palazzos, dahin, wo ihre junge Herrin wohnte …

Fünftes Kapitel

Diese Tage hatten ein Licht gebracht, das alle Farben der alten Stadt zu neuem Leben weckte, und ihre Nächte waren weiß und voller Unruhe. Da war Walter von Kalenberg Tag und Nacht durch den Irrgarten der tausend Kanäle gezogen, seine Gondel hatte bald an einer besonders malerischen Ecke gelegen, die er skizzierte, bald gehalten vor einer der zahllosen alten Kirchen, deren düstere Hallen er durchschritt auf der Suche nach den Werken alter Meister.

Fast immer allein hatte er diese Fahrten gemacht. Seinen Freund hatte er stets vergebens gebeten, ihn zu begleiten. Der hatte nicht Augen noch Ohren für die Schönheiten der Stadt, die rings um ihn lebten, die den Maler entzückten und begeisterten. Mit Sorgen sah Walter den jungen Freund so teilnahmslos an allem, was ihn früher erfreut hätte, sah er, wie seine Freundschaft täglich kälter wurde. Beß zog sich immer mehr zurück von ihm, dem er früher so leidenschaftlich zugetan war. Stumm saß er ihm gegenüber, wenn sie das gemeinsame Mahl in dem kleinen Albergo zusammenführte. Fast nur bei Tisch sahen sie sich noch. Aber da sprachen sie kaum noch miteinander, und nachher ging jeder seines Weges.

Die Stunden, die Stuart fern von Barberina zubrachte,

verlebte er einsam. Da irrte er ziellos durch die Gassen oder saß am Quai und blickte in die blaue Ferne. Jeder Muskel seines Gesichts schien wie erstarrt, selbst sein Auge hatte etwas Unbewegtes, wie leblos war sein Ausdruck geworden.

Wenn er so durch die engen Gäßchen eilte, als ob ihn eine innere Unruhe triebe, und auf den warmen, verwitterten Steinen am Wasser saß, dann kam es wohl vor, daß es in seinem Antlitz leuchtete in plötzlichem Aufzucken, seine festgeschlossenen Lippen sich öffneten zu einem verlorenen Lächeln.

Aber das währte nur Sekunden, war schnell vorüber, und der Zug von Melancholie lagerte wieder auf seinem Gesicht, zu dessen Jugend er so schlecht zu passen schien und das er älter erscheinen ließ.

Eine große Sorge schien auf ihm zu lasten. Aber alle Versuche, ihn zur Aussprache zu bringen, sein Leid dem Freund mitzuteilen, waren mißlungen. Und Walter von Kalenberg mußte es schließlich aufgeben, jenes intime Vertrauen wiederherzustellen, das ihn mit dem Jüngeren verbunden, das ihrer Freundschaft erst die haltende Kraft gegeben. Mit Schmerz sah er, wie ihm der Freund von Tag zu Tag immer mehr entglitt. Und den Grund wußte er. Da begann er, das Weib zu hassen, das nicht allein das Band zerstörte, welches ihn seit Beß' Knabenzeit an ihn geknüpft hatte, sondern auch den Sohn der Mutter entfremdete. Denn mit Kummer wurde er gewahr, mit welcher Teilnahmslosigkeit der Freund die Nachrichten der Mutter aufnahm, ihr selbst nicht mehr schrieb, trotzdem er wußte, wie sie sich in der Ferne sorgen mußte um ihn, ihr einziges Kind. Mit welcher Liebe hatte er früher der Mutter gedacht, sehnsüchtig geharrt auf Kunde von ihrem Ergehen!

Als Walter ihm einst leise Vorwürfe machte, ihn erinnerte an das, was er der Mutter schuldete, da hatte Beß ihm nur stumm zugehört, ihn verlassen ohne Antwort. Nichts hatte er mit seinen Worten, die frei von jeder Schärfe waren, erreicht. Es blieb beim alten. Höchstens, daß Beß sich noch mehr vor ihm versteckte.

Ein paarmal hatte Walter ihn bei Rosalba Carriera getroffen. Aber dort hatte er noch weniger Gelegenheit gehabt, sich dem Freund zu nähern. Der wich nicht von Barberinas Seite. Bei seinen Besuchen in Rosalbas Palazzo sah Walter stets die Tänzerin, welche regelmäßig zu den Sitzungen kam und mit eitler Genugtuung den Fortschritt ihres Porträts verfolgte.

Er selbst hatte selten ein Wort mit ihr gewechselt. Auch sie suchte ihn nicht auf, wie sie das oft mit anderen Männern tat. Es war, als ob eine geheime gegenseitige Antipathie die beiden voneinander trennte. Und als Walter erst sah, wie der Einfluß Barberinas auf den Freund immer stärker wurde, da war ja diese geheime, ihm vorher unbewußte Abneigung zu offenem Haß geworden, den er sich kaum zu verbergen mühte.

In der letzten Woche war er der Gesellschaft im Haus der Malerin ferngeblieben. So sehr er es auch liebte, mit Rosalba zu plaudern, ihren Gesprächen über Kunst, über Venedig zu lauschen. Denn die Leute, die er bei ihr traf, entzogen sie ihm zu oft und sorgten ängstlich dafür, daß die Unterhaltung nicht in Tiefen geriet, die sie ihm erst werten konnten.

Diese ganze moderne venetianische Gesellschaft sagte ihm überhaupt sehr wenig zu. Sie war zusammengesetzt aus oberflächlichen Elementen, die nur einen Lebenszweck zu kennen schienen: ihr Dasein so amüsant und sorglos wie möglich zu gestalten.

Schon in ihrem Äußern wirkte sie auf ihn wie eine Karikatur. Weder in London noch in Paris oder Wien hatte er so starke Übertreibungen der Mode gefunden. Bei den Frauen sowohl wie bei den Männern. Die Venetianerinnen mit ihrer lächerlich hohen Frisur, die sie mit Vögeln, Früchten, Blumen und Juwelen überladen hatten, dem von Schönheitspflästerchen übersäten, dickbemalten Gesicht, den übertrieben ausgestopften Hüften, den allzu kleinen und hohen, mit Edelsteinen geschmückten Schuhen, die sie zum Hinken verurteilten, glichen kaum noch Wesen von Fleisch und Blut. Ihr Betragen stieß den Künstler ab. Die Koketterie, in der eine die andere zu übertrumpfen suchte, artete bei ihnen in Gemeinheit aus, die ihnen das Schönste nahm, das eine Frau besitzt: den Charme echter Weiblichkeit. Sie betrugen sich nicht wie vornehme Patrizierinnen, sondern wie schamlose Dirnen. Auf ihren Fächern, mit denen sie den Männern winkten, auf ihren Visitenkarten, die sie an die verteilten, denen sie ihre Gunst zuwenden wollten, trugen sie Bildchen, deren Deutlichkeit abstoßend wirkte.

Und die Männer gaben ihnen nichts nach. Sie parfümierten sich, malten sich wie die Frauen, trugen Spitzenmanschetten, die bis auf die langen Nägel ihrer Finger fielen, ihre weiten Beinkleider glichen Frauenröcken, ihre ganze Erscheinung war verweichlicht, weibisch geworden. Die Adeligen trugen die Toga gar nicht mehr auf der Straße.

Nur bei Ratssitzungen wahrte man noch das schöne, einfache Amtskleid, den letzten Rest aus der Zeit der Macht. "Abgestorbene Gecken mit gebrechlichen Gliedmaßen und hohler Seele!" So nannte sie Gasparo Gozzi.

Ihre einzigen Vergnügen waren der Putz, der Flirt und das Spiel.

Eines Abends hatte Walter sich verleiten lassen, in Begleitung des Grafen Gozzi, den er durch die Malerin kennengelernt, einen der zahlreichen Spielsäle zu besuchen.

Gozzi, ein Mann von dreißig Jahren, war der einzige Venetianer, zu dem Walter sich hingezogen fühlte. Der junge Schriftsteller, welcher die "Gazetta Veneta" herausgab, ging in die Gesellschaft, um sie zu studieren, nicht um ihre Genüsse zu teilen, die er verachtete. Hatte er des Abends einer Festlichkeit beigewohnt, so konnten die Venetianer sich schon am übernächsten Tag erfreuen an den feinen, wohlklingenden Satiren, mit denen er sie in seiner Zeitung verspottete. Er war ein scharfer Beobachter und wußte wohl, daß er die Menschen seiner Zeit und ihre Laster nur mit Waffen bekämpfen durfte, die nach ihrem Geschmack waren, ihnen ihre Fehler nur in einer Weise zeigen konnte, die einigen Erfolg versprach, sie zu bessern: indem er sie ins Lächerliche zog, sie in geistreichen und zierlichen Sätzen geißelte.

So kam es auch, daß Gozzi trotz seiner Besserungsversuche allgemein beliebt war; vielleicht mochte ihn auch mancher Patrizier oder manche schöne Contessa im geheimen fürchten. Aber das war ja ein besonderer Grund, ihm recht freundschaftlich entgegenzukommen.

Walter und Gozzi hatten einander gefunden inmitten dieser übermalten, lächelnden, kokettierenden Welt. Schon nach wenigen Worten, die sie wechselten, war es beiden klar geworden, daß sich ihre Ansichten über die Menschen um sie her deckten. Das gab ihnen den Boden zu fernerem Gedankenaustausch. In der Folge hatten sie sich schon befreundet, als ein gemeinsamer Ausflug nach Torcello ihnen die Gelegenheit gegeben hatte, sich auch persönlich näherzutreten.

Walter fühlte sich einsam, als Beß sich immer mehr von ihm entfernte, und in der Trauer um die verschwindende Freundschaft hatte er sich gern dem Grafen angeschlossen, dem es Freude bereitete, dem Fremden jene verborgenen Winkel der Stadt zu zeigen, in denen noch das alte Venedig träumte, unberührt von der grellen Farbe, unverletzt von der pietätlosen Hand der neuen Zeit.

Der Graf war, wie Rosalba, ein echtes Kind Venedigs, liebte die Stadt, wie die Malerin in ihrer Weise es tat, aber er unterschied sich von ihr dadurch, daß er mit Bewußtsein den Verfall seines Volkes mitlebte, während die Künstlerin ihn nur ahnte.

Gemeinsam war ihnen, daß sie an ihm litten. Vielleicht duldete die Malerin mehr, sie kannte ja nicht den Grund ihres Leidens, konnte sich daher auch nicht auflehnen gegen den Zerfall um sie her. Gozzi konnte es; er tat es, trotzdem er wußte, daß es vergeblich sein würde. Er war klug genug einzusehen, daß all sein Kämpfen aussichtslos war. Und trotzdem wehrte er sich weiter, suchte er diese Gesellschaft auf, die er krank sah und sterbend, rüttelte er an dem, was ihr heilig und hoch sein mußte - ihrer Vergangenheit - um ihren Stolz, ihre alte Kraft zu wecken. Er mochte nicht die Waffen strecken, wahrte sich einen letzten Funken Hoffnung, weil seine Liebe, seine unendliche Liebe für seine Vaterstadt zu groß war, um tatenlos ihrem Untergang zuzusehen.

Als er Walter eines Tages den Vorschlag machte, ihn des Abends in einen der Spielsäle zu begleiten, wo er besser noch wie im Haus der Malerin die modernen Venetianer beobachten könnte, sagte dieser zu. Er hätte sich zwar lieber wieder in eine der kleinen entlegenen, vergessenen Kirchen führen lassen, um sich an ihren verstaubten Schätzen zu erfreuen oder eins der Patrizierhäuser, zu denen der Graf Zutritt hatte, besucht, um eine der schönen Bildersammlungen zu sehen, die im Besitz der alten Familien waren.

Der Graf holte Walter abends in seiner Gondel ab. An einem kleinen Platz in der Nähe der Straße San Moisè, in der das Spielhaus lag, stiegen sie aus. Gozzi führte seinen Gast erst in ein kleines Restaurant, wo sie zu Abend aßen.

Walter verging die Zeit schnell. Die Unterhaltung mit dem Grafen regte ihn an. Der Venetianer wußte geistreich zu plaudern. Von Fragen der Malerei und Architektur gerieten die beiden in die Geschichte Venedigs. Die wußte der Graf ihm besser zu erzählen, als die Bücher, aus denen Walter seine Kenntnisse geschöpft hatte.

Denn Gozzi hielt sich nicht mit der Erzählung der Tatsachen auf. Über Daten ging er hinweg, um bei dem Geist venetianischer Geschichte zu verweilen.

Als Philosoph, als Künstler drang er in das Seelenleben seines Volkes, erklärte aus ihm heraus seinen gewaltigen Aufschwung und seinen Niedergang, der folgen mußte als die Höhe erreicht war. Er zog Vergleiche an antiken Vorbildern, wie er überhaupt gern vom Altertum sprach, das er verehrte wie so viele Männer von Wissen und Poeten seiner Zeit.

Sie hatten beide während des angeregten Mahles fleißig dem guten Veroneser zugesprochen, der sie mit seinem milden Feuer erwärmt hatte.

Als sie jetzt aufbrachen, nahm der Graf Walters Arm und zog ihn in die dunkle Gasse San Moisè. Der hätte sich ohne den kundigen Führer hier auch nicht zurechtgefunden. Über holpriges Pflaster, vorbei an Ecken, die in der Dunkelheit fast unsichtbar wurden, ging der Weg.

An einer Biegung schimmerte ihnen Licht entgegen. Das kam von einer Laterne, die zu dem Spielhaus wies.

Als sie dem Licht, das ihnen zu winken schien, näher kamen, sah Walter, wie Schatten unter dem trüben Schein dahinhuschten und hineintauchten in eine hohe geöffnete Tür. Manche dieser Schatten waren besonders breit, an ihren Seiten gab es schmalere, die kleine Laternen trugen. Walter erkannte bald in ihnen die Silhouetten von Damen in Begleitung von Dienern, welche ihnen leuchteten.

Der weite Flur des Hauses, in den der Graf mit Walter trat, war nur schwach erhellt. Das mochte seine Gründe haben. Als aber ein Diener die Eingangstür zur Rechten öffnete, wurden die beiden von der Flut des Lichtes fast geblendet. An den Wänden des kleinen Saales, in dem sie ihre Überröcke ablegten, brannten viele Kerzen auf Armen, die an den mit heller, graublauer Seide beschlagenen Mauern befestigt waren. Ein dicker Teppich verschlang das Geräusch der Schritte. Nur leise Unterhaltung war hier hörbar.

Der Graf führte Walter weiter in den nächsten Raum. Da saßen an langen Tischen viele Damen und Herren und wiederum viele standen um die Sitzenden herum. Gegenüber zeigte eine geöffnete Tür einen ähnlichen Saal. Auch der schien so besucht, wie der erste.

Walter blickte sich um und ging von Tisch zu Tisch. Es war ein glänzendes Bild, überflutet von dem warmen Licht zweier riesiger Glaskronen, die an langen, zierlichen Ketten herniederhingen.

Die Wände schimmerten und strahlten in buntem Marmor. Die Decke des Saals trug zarte, duftige Malerei: Göttinnen, um die Amoretten Girlanden schlangen, Satyre auf der Verfolgung schöner Nymphen.

Die Gesellschaft an den Tischen blickte kaum auf zu den Angekommenen, übersah, überhörte den Eintritt der anderen, so vertieft war sie in das Spiel, an dem sie teilnahm.

An der Mitte jeden Tisches, auf einem etwas erhöhten Sitz, saß der Bankhalter. Walter bemerkte, wie er seinen

Platz oft mit einem der anderen Spieler am Tisch wechselte. Es wurde stark pointiert. Die Scudi (ein Taler, zwölf Silbergroschen nach der Berechnung jener Zeit) flogen hinüber und herüber. Juwelenbedeckte Hände schoben das Gold dem Bankhalter entgegen, rafften es zu Haufen auf. Die hellen Spitzenmanschetten der Herren irrten nervös über das dunkelrote Tuch, spielten erregt mit den Münzen, knitterten das Papier. Ab und zu ein unterdrückter Ruf des Erstaunens, der Freude, der Enttäuschung.

Die Fächer schlugen hastig die Luft vor den erhitzten Gesichtern. Helle, dünne Seidentücher wurden an die feuchten Stirnen getupft.

Die Seide der Frauenröcke knisterte und rauschte, das Klappen der Tabatieren mischte sich in das Klirren und Klingen der Goldmünzen und der feinen, spitzen Gläser die von den Dienern geboten wurden.

Walter war allein geblieben. Gozzi hatte sich von ihm getrennt unter dem Versprechen, bald wieder an seiner Seite zu sein.

Trotzdem der Maler kein Interesse für das Spiel hatte, verfolgte er doch mit gewisser Spannung Gewinn und Verlust der oft beträchtlichen Summen und mehr noch das Minenspiel der Menschen, denen sie galten.

Fast ebensoviele Frauen wie Männer waren an dem Spiel beteiligt. Wenn sich auch diese Menschen fast ausnahmslos gut zu beherrschen wußten, so lag doch auf den gemalten und gepuderten, feinen oder groben Gesichtern ein Ausdruck von Leidenschaftlichkeit. Die Blicke hingen an den Karten, welche die Hand des Bankhalters langsam wendete. Gierig verfolgten glänzende und trübe Augen, junge, schöne oder matte und alte den Wechsel der Farben und Figuren auf den kleinen Kartenblättern.

Enttäuschung und Ärger, oft Zorn oder freudige Überraschung und Genugtuung ließen dann diese Augen aufblitzen, je nachdem das Resultat des Satzes für die einzelnen ausfiel.

Alle wurden beherrscht von den Launen des Hazardspiels. Sie hatten nur einen Gedanken: Verlust, Gewinn. Sie hofften und fürchteten nur, konnten das Zittern der Hände kaum meistern, wenn sie das Geld gaben oder nahmen.

Alle anderen Gefühle schienen in ihnen erlähmt, zum Schweigen gebracht unter dem Druck der Angst und Hoffnung. Sie sahen weder auf zu ihrem Nachbar, noch auf die Menschen ihnen gegenüber oder die Zuschauer, die sich hinter die Spielenden drängten und über sie beugten.

Die ganze Gesellschaft schien Walter bunt genug. Da sah er an der Seite von galanten Damen mit auffallendem, herausforderndem Äußeren manche Patrizierin, die er in den Salons Rosalba Carrieras bemerkt hatte. Neben einem würdigen Senator, welcher der Mode trotzend, der Überlieferung treu, den historischen Bart trug, saß ein Abbé mit gerötetem Gesicht und verspielte die Messegelder. Greise und blutjunge Menschen nebeneinander. Leute, denen man ihren Beruf als Kaufmann oder Seefahrer, Offizier oder Schauspieler an Gesicht und Kleidung ansehen konnte. Viele Patrizier. Neben den Vornehmen gewöhnliche Männer, auch Frauen aus dem Volk; den Seidenrock streifte geblümter Kattun, die Spitzenmanschetten berührte der blaue Ärmel des Gondoliers im Feiertagsstaat. Weiße, wohlgepflegte Hände ruhten neben braunen, unsauberen der Arbeit, wechselten auf dem Weg durch die Bank das Gold.

Das Spiel hatte alle diese so verschiedenen Menschen gleich gemacht. Die Stunden, welche sie hier nebeneinander an den Tischen verbrachten, hatten ihnen den Unterschied genommen. Dieselben Gefühle ließen ihre Herzen schneller schlagen, dasselbe Interesse führte sie hier zusammen, setzte den Gondelfahrer neben den Senator, das Kammermädchen, die Orangenfrau neben die Contessa oder Marchesa, bis sie das Spielhaus wieder verlassen hatten. Draußen in der Stadt zog der Gondolier wohl wieder die Mütze vor dem ehrwürdigen Herrn Senator und beugte tief den Rücken, knixte die Zofe vor der Herrin und löste ihr die Schuhe.

Walter ging von Saal zu Saal, kam in kleinere Gemächer, in denen Halbdunkel herrschte. Lachen und Singen scholl ihm entgegen, das Klappern von Flaschen und Gläsern, ab und zu der schwache, kleine Schrei einer Dame, eines Mädchens.

Auf Stühlen und Chaiselongues saßen und lagen Männer und Frauen, oft in den verfänglichsten Stellungen. Kein Mensch nahm Anstoß an ihnen. Höchstens, daß man solchen Paaren irgendein Scherzwort zurief. Dann eilten die Vorübergehenden weiter, suchend oder sinnend, gesellten sich die Männer zu den Frauen, die ihrer warten mochten oder schritten prüfend an ihnen vorüber.

Geld tauschten sie untereinander aus, wechselten es gegen Zärtlichkeiten williger Frauen, die sich hingaben, wo man sie gerade traf, und die mit dem schnellen Verdienst dann davoneilten an die Spieltische.

Nicht nur Damen von galantem Beruf schienen es zu sein, die auf solche Weise ihre Börse füllten, die das Spiel geleert hatte, sondern auch vornehme Frauen griffen zu diesem Mittel, um nur ja weiter der Leidenschaft des Spiels frönen zu können, die sie verzehrte und das Gefühl der Scham, der Ehre in ihnen ertötet hatte. Vor den Augen der anderen waren sie den Männern willig, die ihnen das Geld gaben, ihre Spielschulden zu begleichen, den Verlust durch neue Versuche einzuholen. -

Dieses Treiben in den kleinen, dunklen Zimmern stieß den Maler ab, er ging zurück in die großen Säle, sah sich suchend nach Gozzi um.

Da hörte er neben sich, um ihn herum, Stimmen halblaut rufen: "La Campanini! ... La Barberina!"

Er folgte den Blicken der Umstehenden und sah, wie die Tänzerin an der Seite einer älteren, untersetzten Dame einem der langen Spieltische zuschritt, gefolgt von mehreren Herren, unter denen er den alten Marchese da Santa Fosca erkannte. Soeben trug man die Portechaisen hinaus, in denen die Damen angekommen waren.

Eine Bewegung ging durch die Säle. Selbst die eifrigsten Spieler sahen einen Augenblick auf, als sie den Namen der Ballerina hörten.

Man drängte sich vor, an den Tisch heran, an dem Barberina mit ihrer Mutter Platz nahm. Zwei Stühle waren den Damen sogleich angeboten worden. Die Alte holte eine stark gefüllte Börse hervor, der sie eine Handvoll Goldstücke entnahm.

Das Spiel ging weiter. Die Tänzerin schien heute wenig Lust zu haben, sich zu beteiligen. Achtlos streiften ihre Blicke die Karten, die Einsätze. Suchend sah sie hinweg über die Spieler. Sie schien zerstreut, erregt. Aus ihren Augen sprach eine Unruhe, die sie schlecht verbergen konnte. Ihre Hände spielten nervös mit dem Fächer, klappten ihn auf und zu.

Die Signora, welche ein Kleid trug, dessen Muster große lilafarbene Rosen auf weißem Grund bildeten, nahm weder Notiz von ihrer Tochter, noch von den Menschen neben ihr. Ihre ganze Aufmerksamkeit wandte sie den Karten zu.

Man sah ihr die Spielerin an. Ihre Finger bebten leise, wenn sie ein paar Scudi setzte. Aber sie spielte, wenigstens im Anfang, vorsichtig. Hatte auch Glück, denn aus den wenigen Goldmünzen war schon ein kleiner Haufen geworden, in dem die kurze, fleischige Hand scharrte.

Walter stand unter den Zuschauern, die das Spiel der Alten verfolgten, der Tochter neugierige, bewundernde Blicke zuwarfen.

Plötzlich war Gozzi wieder an seiner Seite.

"Sehen Sie", sagte er, "da verspielt die Mutter die Dukaten der Tochter. Na, sie hat sicher mitgeholfen, das schöne Gold zu suchen, da kann sie sich's leisten ... Wie gefällt Ihnen übrigens diese glänzende Höhle zarter Laster und die edle Gesellschaft, diese Blüte Venedigs? ... Was

Sie bei unserer Schönmalerin noch nicht trafen, hier finden Sie's: Ein paar Herren vom hohen Rat der Zehn, die ganz ungeniert eine kleine Anleihe an den Stadtsäckel machen wenn's not tut, was sie aber durchaus nicht hindert, das Spiel zeitweise als unsittlich zu verbieten, wenn sie gerade kein Geld mehr haben, die Blumen unserer Aristokratie, Söhne der Helden von San Marco, die mit den Kurtisanen auf du und du stehen und ihre Schuldner sind, die großen Tenöre und Tragöden von San Benedetto und San Moisè, kurz alles, was diese alte Stadt an hervorragenden Bürgern hat … Was Sie hier so traulich vereint sehen in schönster Harmonie, das nennt sich das Herz, das Gehirn dieser Stadt … Wenn ich manchen Abend in diesen Sälen herumstrich und alle diese Menschen beobachtete, sie tags darauf auf den Plätzen, den Kanälen, im Rat, in der Kirche wiedersah, dann wünschte ich oft, unser schöner, weiter, schwerer Himmel wäre eine große Nachtmütze, um diese ganze Stadt samt ihrer verfaulten, verdummten Bewohner bis über ihre langen Ohren einzuwickeln … Das wäre noch das beste … Sehen Sie nicht, wie müde das Gesindel da ist? Die Kerls blinzeln, als ob sie mit dem Schlaf kämpfen, schleppen den faulen, morschen Körper hierher, ihn aufzupeitschen mit dem süßen Gift! … Sie sagten mir neulich auf unserer Fahrt, die Stille der Stadt laste auf Ihnen. Wissen Sie jetzt, warum die Häuser, die Gassen, die Kanäle so still sind? Verlangen Sie Leben von den Steinen, wenn der Fuß, der auf ihnen schreitet, zu schwach ist, ihn schallen zu lassen? Erwarten Sie lautes Leben vom Körper, wenn die Seele krank ist und müde?"

Walter hörte dem Venetianer schweigend zu. Der bittere Hohn, mit dem der Graf von seinen Landsleuten sprach, schien ihm angesichts der Gesellschaft um ihn berechtigt. Aber die Trauer um sein Volk, die Gozzi hinter seinem Hohn nur schlecht verbergen konnte, tat dem Maler weh. Darum schlug er ihm vor, die Säle zu verlassen, ihn selbst auch trieb es aus dieser dumpfen Atmosphäre, dieser stickigen, heißen Luft, dieser Gesellschaft, deren Gebaren, deren Gesicht ihn anwiderte.

Er hatte schon des Grafen Arm gefaßt, ihn fortzuziehen, als er Beß bemerkte, der sich eben einen Weg an den Tisch bahnte. Der junge Lord sah ihn nicht.

Walter blieb stehen, blickte zu dem Freund hinüber, winkte ihm zu. Der aber schien sein Winken nicht zu sehen oder nicht sehen zu wollen.

"Wem soll das gelten?" fragte ihn Gozzi.

"Meinem Freund, dem jungen Mann dort drüben, in dem braunen Rock, sehen Sie ihn?"

"Ja, ich glaube. Der junge Engländer, nicht?"

"Derselbe, es ist der, von dem ich Ihnen erzählte."

"Ich lernte ihn bei Rosalba flüchtig kennen … Wohnt er noch immer zusammen mit Ihnen?"

"In seiner Wohnung, neben der meinen."

"Dann möchte ich Ihnen raten, wechseln Sie Ihr Hotel, und ihm sagen Sie, er solle möglichst schnell und möglichst unauffällig Venedig verlassen."

"Warum? - Wissen Sie um seine Beziehungen zu der Campanini? Halten Sie die Tänzerin für gefährlich?"

"Nicht aus dem Grund, der Ihnen vorschweben mag.

Der würde mir nicht genügen, solchen Rat zu geben. - Übrigens alle Welt hier weiß es, daß er der augenblicklich Bevorzugte der schönen Campanini ist. - Nein, darum sagte ich das nicht. Aber der junge Mann scheint hohe Neider zu haben, und die wollen ihn beiseite schaffen. Warum sollte man sich sonst für ihn interessieren? Er muß irgend jemandem unbequem sein … Einige Minuten bevor ich Sie wiedertraf, sprach ich mit einem der Beamten der geheimen Polizei. Da kam zufällig ihr Freund vorüber. Der Beamte schien ihn zu überwachen, zu beobachten. 'Der wird bald nicht mehr hier umherlaufen', sagte er mit bezeichnender Kopfbewegung zu mir. Als ich ihn fragte, wie er das meine, zuckte er die Achseln. 'Ist verdächtig, höchst verdächtig, scheint auf schlechten Wegen, da ist es besser, die Republik nimmt sich seiner an und gibt ihm Gelegenheit, sich in der Stille der Piombi zu bessern', meinte der ehrenwerte Diener des Staates."

Walter war bei den halblauten Worten des Grafen totenblaß geworden. Er glaubte, nicht recht verstanden zu haben.

"Scherzen Sie, Graf?" fragte er mit vor Überraschung und Erregung bebender Stimme.

"Heiliger Ernst … und wenn Ihnen am Schicksal Ihres Freundes gelegen ist, dann warnen Sie ihn sobald als möglich. Ich weiß, was bei uns verdächtig heißt!"

"Ich muß zu ihm, … gleich …" Walter ließ den Arm des Grafen frei, den er krampfhaft gepreßt hatte, als Gozzi von Beß sprach.

"Vorsicht, Freund! Suchen Sie ihn unauffällig zu

sprechen, verderben Sie sich und ihn nicht durch Ihre Hast!"

Aber Walter hörte nicht mehr, was der Graf sagte, denn schon drängte er sich durch die Menge, dem Freund nach, den er aus den Augen verloren hatte.

Lord Stuart war schon längere Zeit durch die Säle geirrt auf der Suche nach Barberina, deren Brief ihn hierher gerufen hatte.

Mit Unruhe erwartete er sie. Was war vorgefallen, daß sie ihn in das Spielhaus bestellte, wo er kaum Gelegenheit finden dürfte, allein mit ihr zu sprechen?

Daß Sie die Öffentlichkeit des Ortes nicht scheute, nicht die Anwesenheit der Mutter, ohne die sie nicht kommen konnte?

Sie mußte einen besonderen Grund haben, ihn noch heute abend zu sehen, konnte nicht bis morgen nachmittag warten, da er sie wie gewöhnlich bei Rosalba treffen sollte.

Noch einmal überflog er die Zeilen, die ihm Concetta gegen abend gebracht hatte.

Der Brief war hastig geschrieben, nur wenige Worte enthielt er, weiter nichts, als daß sie ihn bestimmt schon heute abend sprechen müsse aus zwingenden Gründen, daß er sie im Haus der Straße San Moisè treffen würde. Dort solle er sich in ihrer Nähe halten, auf ein Zeichen warten, ihr zu folgen.

Nun hatte er sie gefunden. Stumm hatte sie ihn mit den Augen gegrüßt, die heute abend nicht so ruhig strahlten wie sonst. Beß schien es, als ob eine starke, innere Erregung sie flackern ließen, er sah auch, wie die Geliebte heute ihre meisterliche Kunst, sich zu beherrschen, im Stich ließ. So sehr, daß sie oft den alten Marchese neben ihr ohne Antwort ließ, das Geld nicht beachtete, das er ihr zuschob mit der Bitte, es zu setzen.

Dem freilich schien das nicht weiter aufzufallen. Er erklärte sich wohl die Erregung der jungen Tänzerin durch die Art der Menschen um sie herum und des Hauses, in dem sie war, durch das Spiel, welches seinen Einfluß auf sie ausübte, ähnlich wie auf die Mutter.

So lächelte der Marchese nur und wartete. Dabei beobachtete er in stillem Genuß die schönen schlanken Hände an seiner Seite, die jetzt so unruhvoll auf und nieder bebten, die durch raschen Atemzug bewegte weiße Brust der jungen Frau und sah, wie ihr das Blut in die Schläfe stieg.

Nur eine leise Klage entfuhr ihm, als er dieses Bild strahlendster, lockendster Jugend neben sich sah, seine Kenneraugen sich befriedigend schlossen für einen Moment: "Zu alt", dachte er seufzend, "was würde ich geben, noch einmal zu sein - und wäre es für Stunden -, was ich noch vor dreißig Jahren!"

Aber der alte Marchese war Philosoph. Und darum erschien das alte Lächeln bald wieder auf seinem braunen Gesicht, öffneten sich schnell wieder die Augen, in denen noch ein Abglanz lag, von jenen Zeiten, die er eben so wehmütig zurückgewünscht hatte. Väterlich-zart tupfte er mit dem Finger auf den Arm der Tänzerin:

"Will meine liebe Signorina gar nichts mehr von ihrem

alten Freund wissen, daß sie nicht einmal für ihn setzen will, ihm Glück zu bringen?"

Die Angeredete zuckte nervös zusammen.

"Doch ... nein ... wie dürfen Sie das denken, Marchese", antwortete sie fast stammelnd. Und gleich darauf fügte sie hinzu, während sie ein paar Goldstücke nahm: "Wohin? ... Schwarz? ... Rot? ... Wieviel soll ich setzen?"

"Rot, natürlich rot! Und soviel Sie mögen ... Schwarz! Wie wäre es möglich, die finstere Farbe des Todes mit blühender Jugend zu vereinen?"

Aber Barberina hörte kaum, was er sagte.

"Sie haben ja auf Schwarz gesetzt, Carissima!"

In diesem Augenblick fielen drüben die Karten. Rot hatte gewonnen.

Jetzt erst bemerkte Barberina ihren Irrtum, gab ein paar Worte der Entschuldigung. Aber der Marchese unterbrach sie schnell.

"Nicht doch", sagte er, "setzen Sie nur, wie Sie mögen, Signorina. Der größte Verlust selbst könnte nicht das Vergnügen bezahlen, Sie für mich spielen zu sehen. Wie muß ich die Goldstücke beneiden, die Ihre kleine Hand drückt!"

Die Tänzerin spielte weiter. Sie gewann ein paar Male hintereinander auf Rot. Aber sie war zu erregt, um das Spiel zu verfolgen.

Drüben stand Beß. Sein Kopf lugte zwischen ein paar Herren hindurch. Manchmal sah sie auf zu ihm. Sein Blick war unruhig, fragend, er mochte auf das versprochene Zeichen warten. Sie dachte an die Gefahr, die ihm drohte, auch in diesem Augenblick ihn umlauern konnte, der ahnungslos war. Sie zitterte bei diesem Gedanken, sann nach, wie sie am besten den Tisch verlassen konnte. Allein durfte sie nicht fort. Es wäre aufgefallen. Da fiel ihr ein, den Marchese zu bitten, sie hinaus zu führen.

Sie hatte Karten in ihrer Hand, Lose, die sie gekauft hatte in dem neuen Spiel, gerade Herz-König war unter ihnen.

Als sie diese Karte sah, dachte sie abergläubisch: Verliert der König, geschieht Beß ein Unglück. Ich werde ihn nicht retten können … Und gewinnt er, bleibt er mir erhalten. Kaum hatte sie sich die hastige Entscheidung gestellt, fielen die Karten; schnell sah sie: Herzkönig hatte verloren!

Das erregte sie noch mehr. Sie stand auf. Bat den Marchese, sie auf die Terrasse zu führen. Die Luft sei drückend, erklärte sie ihm, es verlange sie nach Frische.

Sie legte die Hand auf seinen Arm, gab Beß einen raschen Blick und schritt schnell durch die vollen Säle, kam durch die kleinen Räume auf dem Weg zur Terrasse.

Am Eingang zu dieser blieb sie plötzlich stehen.

"O, mein Fächer!" rief sie mit gut gespielter Überraschung.

"Ich verlor ihn!" Sie sah suchend zu Boden. "Nein, ich vergaß ihn wohl auf meinem Platz."

Der alte Marchese verbeugte sich.

"Darf ich Sie bitten, einen Augenblick hier zu warten? Gleich werde ich mit dem Fächer zur Stelle sein!"

Barberina wollte ihn zurückhalten.

"Bleiben Sie, Marchese! ... Ich brauche ihn ja nicht, hier ist es frisch und kühl!"

Aber der alte Kavalier war schon davongeeilt.

Die Tänzerin trat ganz hinaus auf die Terrasse, die nach dem Kanal zu lag. Es war hier fast dunkel. Denn die Laternen waren erloschen bis auf eine, deren Kerze nur schwaches Licht gab.

Auf der Terrasse schien niemand. Barberina hörte ein paar schnelle Schritte hinter sich. Sie wandte sich um. Beß stand vor ihr, küßte die Hand, die sich ihm entgegenstreckte.

"Dein Brief, Geliebte ..." flüsterte er hastig.

"Still, nicht hier!" unterbrach sie ihn. "Komm mit mir!"

Sie hatte eine Treppe bemerkt, deren Stufen an das Wasser gingen. Sie führte Stuart mit sich hier herunter, wo es vollkommen dunkel war. An der letzten Stufe rieb sich leise schaukelnd eine Gondel; Barberina sprang hinein, ließ sich auf den Sitz fallen, zog den jungen Lord neben sich.

"Meine Mutter weiß alles." Ihre leise Stimme bebte. "Du mußt fort ... gleich ... jetzt ... heute nacht noch mußt du fliehen ..."

"Fort? ... Fort von dir? ... Nie!"

"Du mußt, Beß! ... Es gilt dein Leben!"

"Was, deine Mutter sollte ...?"

"Ja ... sie läßt dich verfolgen, sie hat die Häscher auf dich gehetzt, du wirst auf Schritt und Tritt beobachtet!"

"Laß sie laufen hinter mir! Mögen sie mich verfolgen, mich beobachten ... wir werden vorsichtiger sein, Liebling! ... Wer könnte mir etwas antun?"

"Meine Mutter hat deinen Onkel bestimmt, dich verhaften zu lassen ... er wird dich beim Senat verdächtigen als Spion, hat es ihr versprochen, und man wird ihm glauben, dem Herrn Gesandten!"

"Der Schuft! Er soll es büßen!" Unwillkürlich war Stuart aufgesprungen, als wolle er davon.

"Ich will zu ihm! Will abrechnen mit ihm! ... Er oder ich!" rief er zornbebend.

Barberina faßte seine Hand.

"Bleib, Beß!" raunte sie ihm angstvoll zu, während sie ihn wieder niederzog. "Du würdest in dein Verderben laufen. Du darfst nicht zu ihm. Er wird dich nicht einlassen, er wird dich verleugnen und die Verwandschaft mit dir, dich festnehmen lassen vor seiner Tür ..."

"Unmöglich! Er kann es nicht", murmelte er. "Kann nicht die Stirn haben, mich zu verleugnen, zu verraten, er, der Bruder meiner Mutter!"

"Doch, er scheut vor nichts. Er weiß, niemand wird es erfahren ... Sie werden dich ergreifen, dich einschließen, kein Ohr wird deine Klage, deine Rechtfertigung je erreichen!"

"Ich kann nicht fort von dir ... ich kann nicht fort ohne dich ... Muß ich Venedig verlassen, dann nicht ohne dich!"

"Wie sollte ich mit dir fliehen! Man würde uns finden, noch ehe wir in Mestre sind, unsere Gondel einholen, bevor wir das Festland erreichten! Du allein kannst es tun, niemandem wird dein Verschwinden vorläufig auffallen, mich würde meine Mutter suchen, alle wird sie hinter uns herjagen ... Noch vor Tagesanbruch würden wir entdeckt sein!"

"So bleibe ich!"

"Du darfst nicht bleiben, Beß! Sei vernünftig, folge mir, erwarte mich an der Grenze. Sobald ich kann, komme ich nach ..."

"Ich würde dich verlieren, ließe ich dich jetzt allein!"

"Ich schwöre es dir, Liebster, daß ich dir nachfolgen werde, schwöre bei der Madonna ..."

"Nein, nein, Babby! O ... ich kann es nicht tun ... lieber den Tod als die Trennung!"

Der ruhige Ton dieser Worte sprach von harter, unbeugsamer Entschlossenheit. Barberina fühlte es: Er würde nicht ohne sie gehen. Die Angst griff ihr ans Herz. Bleibt er, dann ist er verloren. Alles schrie in ihr bei diesem Gedanken. Sie schlang die Arme um ihn, drückte ihn an sich, als wolle sie schützend dem Unheil wehren.

O, wie sie ihn liebte! Die Gefahr, die ihm drohte, zeigte ihr erst die ganze Größe ihrer Liebe. Verzweiflung kam über sie, raubte ihr fast die Besinnung.

Und er fühlte das Schlagen ihres Herzens, das Beben ihres Körpers, den er engumschlungen hielt, fühlte, daß sie zitterte für sein Leben. Da vergaß er ganz den Ernst der Stunde, empfand nur Glück, überwältigendes Glück, als er seinen Mund auf den ihren, auf ihre Augen preßte, als seine Lippen Tränen fanden, die um ihn quollen.

Hilflos, ratlos lag sie in seinen Armen, ließ seine Küsse auf sich niederfallen, minutenlang. Aber plötzlich raffte sie sich auf. Blitzschnell war ihr ein Gedanke gekommen ...

Ja, das konnte ihn retten ... Der frühe Morgen würde nicht zu spät sein! ... Heute nacht noch drohte ihm keine unmittelbare Gefahr ... Hätte man ihn sonst frei gelassen bis jetzt?

Hastig machte sie sich frei. Lebhaft griff sie nach seiner Hand, flüsterte ihm zu:

"Du sollst nicht von mir gehen, Liebster ... Um was du mich batest bei unserem Wiedersehen - ich will es dir erfüllen! ... Will deine Frau werden ..."

"Babby!" Er schrie es fast jubelnd vor Freude.

"Du erdrückst mich ..."

"Dank, Geliebte, Dank! ... O, wie selig machst du mich!"

"Still, nicht so laut! Man könnte uns hören ... Man wird mich schon suchen. Der alte Marchese wird Lärm schlagen ... Ich sah ihn vorhin auf der Terrasse ... Höre schnell, was wir zu tun haben. Es ist keine Zeit zu verlieren. Morgen ganz früh wird Concetta dich abholen, dich zu dem Priester führen, einem alten Freund, der mich seit meiner Kindheit kennt. Du wirst mich bei ihm finden, er soll uns trauen ... O, ich weiß, er wird es tun, der schlägt es gewiß nicht ab. Heute nacht noch will ich Concetta mit ein paar Zeilen zu ihm schicken, daß er bereit sei in der Frühe. Aber schweig bis dahin, sprich mit niemand, auch deinem Freund nicht davon!"

"O, wäre es schon soweit, Babby! Daß du mein, ganz mein seist, daß die Welt uns nicht mehr trennen kann ..."

"Nur wenige Stunden noch! Bald muß es ja Mitternacht sein, wie schnell wird der Morgen kommen! ... Auch ich erwarte ihn mit Ungeduld und wünschte, diese bangen Stunden hätten schon ein Ende, daß die Unruhe mich ließe, die Angst um dich, die mich verzehrt! ... Bis zu dem Augenblick, da der Priester meine Hand in deine gelegt, werde ich zittern für dich! Aber dann sollen sie kommen, sie können dir nichts anhaben, meinen Gatten können sie nicht trennen von mir, dann fürchte ich sie nicht mehr! Auch meine Mutter nicht! Will sie sich nicht fügen, werde ich mich von ihr reißen, ich frage nicht mehr nach ihr, ihre Macht hat ein Ende! ... Wenn ich nur dich habe, dich für immer!"

Alles Zagen und Schwanken war von ihr gefallen. Die Furcht um den Geliebten hatte alle die Stimmen zum Schweigen gebracht, die sonst so laut sprachen, wenn ihr Herz sich regte, die Führung übernehmen wollte. In dieser Stunde war Barberina ganz Weib, liebendes Weib, das alles opfern konnte ihrer Liebe, durch sie stark wurde und furchtlos.

Der junge Lord hatte ihre Hand ergriffen, dann steckte er ihr einen Ring an, den er soeben von seinem Finger gezogen.

"Nimm, Geliebte! ... Er soll dir Glück bringen. Meine Mutter gab ihn mir, als ich in die Welt ging. Ihr schenkte ihn einst mein Vater in solcher Stunde ... Der Smaragd der Königin heißt er. Und immer brachte er Glück dem, dessen Hand ihn trug; man sagt, weil er einst eine Frau schmückte, die namenlos unglücklich wurde, seit er ihr gehört, der Schottenkönigin, weil er die alte Schuld ewig büßen muß durch Glück!"

"Und du nimm das!" sagte sie, und gab ihm ein kleines Medaillon. "Es trägt mein Bild, Rosalba ließ es machen nach dem Porträt ... sollte nur eine kleine Freude dir geben, nun hat es auch Bedeutung. Doch jetzt muß ich fort, Geliebter, bald hast du mich ja wieder, und dann werden wir uns nicht mehr trennen ... Du darfst nicht zurück in die Säle, man soll uns nicht zusammen sehen, rudere dich hinüber, aber stoße die Gondel zurück in den Kanal, daß niemand weiß, wohin du gegangen ... Adieu, Lieber, adieu!"

"Auf Wiedersehen, meine Babby!" Stürmisch drückte er sie an sich, preßte seinen Mund lange auf ihren. Dann riß sie sich los, sprang schnellen Fußes die Stufen zur Terrasse hinauf. Er sah ihr helles Kleid flattern, sah, wie sie sich umwandte, grüßend zurückwinkte.

Barberina eilte über die lange Terrasse. Eben wollte sie durch die Tür ins Innere, als sie drei Männern begegnete, die ihr entgegenkamen. "Endlich! Da ist die Vielgesuchte!" rief der Marchese freudig. "Wo steckte mein schöner Flüchtling, der den alten Freund so schnöde verriet?" fügte er mit leisem Vorwurf hinzu.

"O, nicht so böse", schmollte sie lächelnd, trotzdem ihr das Herz bis zum Hals schlug. "Einen Scherz wird der Herr Marchese noch verstehen ... Wo ich war?" Hell lachte sie auf. "In der Gondel saß ich da unten, und vergnügte mich, Sie umherirren zu sehen auf der Suche nach mir!"

"War niemand bei der Signorina?" fragte einer der Herren, die hinter dem Marchese geblieben waren.

"Ich habe nicht die Ehre, Sie zu kennen, Signore!" Barberina wandte dem Sprecher den Rücken.

"Um Vergebung", antwortete der höflich, "mein Freund und ich" - dabei wies er auf seinen Begleiter - "sind Beamte des hohen Rates. Und wir haben besonderen Grund zu der Frage."

"Die Signorina ward von mir hierher begleitet, meine Herren", sagte der alte Marchese. "Niemand war bei uns. Ich verließ die Dame einen Augenblick nur, um ihr etwas zu holen, was sie vergaß."

"Ich war allein", Barberina suchte ihrer Stimme Festigkeit zu geben, "saß in der Gondel am Fuß der Treppe, frische Luft zu haben … mein Kopf schmerzte."

"Bemerkten Sie nicht, daß Ihnen jemand folgte, Signorina?"

"Nein, ich sah wohl verschiedene Personen im Dunkel der Terrasse, aber niemand sah mich in der Gondel."

Die Angst um Beß gab ihr Mut; was sie sagte, klang bestimmt. Aber da fiel ihr ein, daß die Beamten nach der Gondel suchen könnten, mit der Beß davongefahren war, daß ihr Argwohn rege wurde, wenn sie die Gondel nicht vorfanden. Dem mußte sie vorbeugen, dachte sie schnell, und so fügte sie harmlos und lächelnd hinzu:

"Ich wünschte sogar, es wäre jemand in meiner Nähe gewesen, den ich hätte um Hilfe bitten können, denn beinahe wäre mir ein Unglück zugestoßen. Als ich nämlich die Gondel verlassen wollte, löste sie sich plötzlich und trieb ab. Nur mit Mühe ergriff ich noch den kleinen Pfahl und schwang mich auf die Treppe … Die Gondel übrigens trieb davon, mein Sprung gab ihr einen tüchtigen Stoß … Wünschen Sie, mich noch weiter zu verhören, meine Herren Beamten?" Sie hatte die Beherrschung soweit zurückgewonnen, daß sie leisen Spott in ihre Worte legen konnte.

"Nein? ... So gestatten Sie wohl, daß der Herr Marchese mich zu meiner Mutter begleitet."

Die beiden verbeugten sich vor der Künstlerin, als sie, die Fingerspitzen leicht auf die Hand des Marchese gelegt, mit kurzem Kopfnicken an ihnen vorüberschritt.

Der eine von ihnen blickte ihr mit bösem Auge nach.

"Die scheint nicht nur gut tanzen zu können", meinte er ärgerlich, "Komödie spielt sie ebenso schön! Denn - bei den Heiligen - ich hab es gesehen, deutlich genug, wie der junge Forestiere ihr nachschritt auf die Terrasse!"

"Und ich kann es beschwören, daß er nicht zurückkam, amico!" sagte der andere.

"Bleibe du hier, ich werde mal die Treppe untersuchen und nach der Gondel sehen. Sollte er hier durchkommen, dann halte ihn unter einem Vorwand auf bis ich komme, Luigi ... Undankbares Geschäft, die Nachspürerei und Überwacherei, hätten uns gleich den Haftbefehl geben sollen, der ja doch heute oder morgen kommt. Liebe ... das ist klar und einfach!"

Was er liebte, drückte er durch eine beredte Handbewegung aus: als wenn er jemand beim Kragen nahm und auf die Erde stieß.

Umsonst war sein Suchen, vergebens lugte er in das Dunkel nach der Gondel; es war so finster, daß er nichts als ein paar Lichter vom Ufer gegenüber sehen konnte. Und den Kanal hinunter sah er kaum ein paar Schritte weit.

Stuart war auch schon fern. Selbst wenn Mondschein gewesen wäre, hätte des Beamten Auge ihn nicht mehr entdeckt. Denn schon glitt er seinem Albergo zu in einer Gondel, deren Führer kräftig ruderte. Das Versprechen eines guten Trinkgeldes hatte dem Gondolier den Schlaf genommen, seinen Arm gestärkt. Der Lord hatte ihn auch gleich gefunden, gleich, nachdem er an Land gestiegen und die Gondel zurückgestoßen auf den Kanal.

Jetzt lag Beß mit offenen Augen, mit lächelnden Lippen auf dem Sitz, sah, wie die funkelnden Sterne über ihn hinglitten, empfand wohlig das Schaukeln der Gondel, ließ sich wiegen und summte dazu, immer stärker, sang ein altes Lied, das er kannte aus seinen Knabentagen. Ungewollt drang es über seine Lippen, dieses Lied, das einst ihn begleitet durch Sonnenfelder und Blumengärten ... War er denn jetzt so glücklich wie damals, daß er es singen mußte?

Sechstes Kapitel

Aus dem ersten Stock des kleinen versteckten Albergo, in dem die beiden Freunde wohnten, kam trotz der späten Stunde noch Licht. Sein Schein fiel auf den langen Balkon vor den hellen Fenstern.

Das Hotel bildete die Ecke von zwei schmalen Kanälen. Man hätte nicht vermutet, daß es nur eine Viertelstunde vom Zentrum der Stadt, der Piazza San Marco, entfernt war. So vergessen, so leblos schien dieser Winkel. Selbst am Tag fuhr hier höchstens eine Lastgondel vorbei. Das Wasser war schmutzig, Abfälle, Gemüsereste und Lumpen trieben langsam auf ihm entlang.

Und doch war es die beste Fremdenherberge der Stadt. Die Reisenden, welche aus Mangel an Beziehungen nicht die Gäste irgendeiner Familie sein konnten, zogen es den anderen Hotels vor. Denn die waren überhaupt kaum bewohnbar.

Kalenbergs und Stuarts Zimmer lagen im ersten Stock. Jeder hatte eine Schlafkammer und ein Kabinett. Eine Tür führte von Walters Räumen zu denen des Lords. Ihre Wohnung war die beste des Hauses.

In seinem Kabinett, das ziemlich groß war und hohe Fenster hatte, ging Kalenberg unruhig hin und her. Achtlos streifte sein Blick die Skizzen und Kopien von seiner

Hand, die an den Wänden hingen, auf den Tischen herumlagen. Die Kerzen flackerten, ihr Schein huschte über das Gesicht des Malers und vertiefte noch die Falten der Sorge auf Stirn und Wangen.

Ab und zu führte sein hastiger Schritt ihn auf den Balkon. Dann blieb er ein paar Sekunden stehen, beugte sich über die Steinbrüstung, horchte hinaus.

Aber kein Ruderschlag ließ sich hören. Still blieb die Nacht da draußen.

Erregt nahm Walter seine Wanderung wieder auf, dehnte sie aus in die Zimmer seines Freundes. Verweilte einen Augenblick bei dem Anblick der überall verstreuten Kleidungsstücke und Toilettensachen, die ihm den Eindruck machten, als hätte Beß sich in höchster Eile angekleidet.

Was hatte ihn zu solcher Hast veranlaßt? Seit frühem Morgen hatte er den Freund nicht mehr gesehen, bis er ihn in San Moisè traf, wo er ihn vergebens zu sprechen gesucht hatte. Er war ihm nachgeeilt durch das Gedränge, als er ihn aus den Augen verlor. Fand ihn nicht mehr; auch Gozzi nicht, der ihm half. Stuart war plötzlich verschwunden.

Nach dem Hotel war er nicht zurückgekehrt. Walter hatte nachgefragt. Der Herr hätte schon gegen sechs das Haus verlassen. Wo mochte Beß sein? Walter dachte an die Worte des Grafen, die ihn mit Angst erfüllt hatten um das Schicksal seines Freundes.

Sollte die Warnung zu spät gekommen sein? Schneller schlug sein Herz bei dem Gedanken. Er wies ihn zurück.

Zu furchtbar war er. Und doch kam er ihm immer wieder. Wenn Beß nicht zurückkehrte, konnte das heute abend kaum einen anderen Grund haben: Man hatte ihn verhaftet! Vielleicht saß der Freund jetzt schon hinter Gitterstäben! In einem Kerker, aus dem es kein Zurück gab, nach allem, was er gehört hatte von venetianischer Gerechtigkeit, nach all den Geschichten, jenen schaurigen Erzählungen von dumpfen Verließen, unglücklichen, schuldlosen Gefangenen, die in ihnen dahinsiechten mit erstorbenen Hoffnungen.

Walter packte die Angst, wenn er daran dachte, daß seinem jungen Freund, an den ihn Jahre immer inniger Gemeinschaft knüpften, das Schicksal so vieler Unglücklicher treffen könnte, daß er ihn verlieren sollte, an dem er hing mit mehr denn brüderlicher Zuneigung.

Dieses ganze Abenteuer, in das Beß sich gestürzt hatte - trotz seines dringenden Abratens - schien doch noch das Ende nehmen zu wollen, das er ihm prophezeit, als sie Paris verließen. Denn daß es für seinen Freund nicht gut auslaufen würde, hatte er vorausgesehen. Schon damals, als Beß ihm nach seiner Rückkehr nach der Stadt erzählt hatte von seiner Bekanntschaft, seiner Liebe zu der Tänzerin.

Nichts hatte Walter doch unversucht gelassen, des Freundes unselige Zuneigung zu der stadtbekannten Kurtisane mit der ebenso bekannten Vergangenheit schon im Keim zu ersticken. Zuerst hatte er noch gehofft, die Gefühle, die Beß für sie empfand, würden vorübergehend sein, bald erkalten. Denn er hatte nicht glauben können, daß ein Mensch mit so tiefen, reinen Empfindungen, wie Beß sie hatte, auf die Dauer sich begnügen könnte an dem Verkehr mit einer Person, die alle Welt nur als oberflächlich, flatterhaft, herzlos einschätzte.

Aber Walter hatte diese Hoffnung langsam schwinden sehen. Je öfter Beß Barberina sah, je näher er ihr trat, desto mehr gab er sich ihr, desto größer wurde ihre Macht über ihn. Und langsam hatte er sich ganz dem entzogen, was sein Leben bisher erfüllt hatte: seiner Freundschaft zu Walter, seiner Liebe zur Mutter, seinem Studium.

Noch wußte die alte, einsame Frau in der Heimat nichts von allem, Walter hatte nicht den Mut gehabt, ihr die Wahrheit zu schreiben, selbst dann nicht, als er sah, daß der Freund für ihn verloren war. Wenn sie wüßte, daß ihr das Herz ihres einzigen Kindes genommen war, daß dem Sohn Gefahren drohten, würde sie ihm, Walter, die Vorwürfe sparen können, die ihre Mutterliebe tun mußte, nachdem sie einst dem älteren Freund den Sohn anvertraut hatte?

Gelobte er nicht der Mutter, zu wachen über Beß, den er liebte, zu dem er sich hingezogen fühlte, seit er ihn gesehen, seit er in die Seele des Knaben geblickt hatte, die unberührt, kristallklar vor ihm gelegen? Als Künstler, als Ästhetiker hatte Walter Freude empfunden an der Erscheinung des jungen Freundes, und als Mensch hatte er den Wunsch gefühlt, ihn leiten, erziehen zu dürfen, ihm zur Seite zu stehen, dem der Vater fehlte.

Seine Freundschaft fand gleiche, herzliche Erwiderung. Als Knabe hing Beß an ihm in schwärmerischer Verehrung. Und als die beiden älter geworden, war ihre Freundschaft eine so starke, daß sie unlöslich schien.

Kalenberg hatte ihr gelebt und seiner Kunst. Ihm, der keine Eltern, keine Geschwister mehr hatte, war der Freund alles. Und Beß blickte zu dem älteren auf mit der ganzen Hingebung seiner kindlich-träumerischen, impulsiven Natur. So war einer durch den anderen glücklich geworden, bis ein unseliger Zufall Beß mit Barberina zusammenführte, während einer kurzen Abwesenheit Walters von Paris.

Eine Laune, eine schnelle, bald gestillte Leidenschaft, hatte Walter sich einreden wollen, als ihm der Freund beichtete. War auch Beß' stürmischen Bitten gefolgt, mit nach Venedig zu reisen, der Tänzerin nach, trotz dunkler Vorgefühle.

Sogar gelächelt hatte er in der ersten Zeit über des Freundes brennende Liebe. Eine Tänzerin! Da hat es keine Gefahr! - Bald ward er eines Besseren belehrt. Und nun war eingetroffen, was er befürchtet. Unmittelbare, ernste Gefahr drohte Beß. Wenn er ihn doch noch erreicht hätte, als Gozzis warnender Rat kam! Er würde ihn wohl überzeugt haben, in der Nacht schon Venedig zu verlassen, wenn er ihm gesagt hätte, was ihm drohte.

Wenn Beß bis jetzt wenigstens noch nichts zugestoßen war, er ihn noch in den Stunden vor Tagesgrauen wiedersehen würde! Dann wäre es noch nicht zu spät. Schnell konnte man eine Gondel nach dem Festland finden und vor Sonnenaufgang war man weit von Venedig, weit denen, die den Unbequemen beseitigen wollten!

Noch hoffte Walter. Erfand allerhand Gründe, die Beß zurückgehalten haben könnten. Wie glücklich wollte er sein, wenn der Freund zur Tür hereinträte! In seine Arme würde er ihn nehmen, ihm Gozzis Warnung mitteilen, ihn bitten, ihn beschwören, mit ihm zu fliehen, indem er ihn noch einmal erinnerte an die Freundschaft von einst, an das, was sie einander gewesen.

Wieder war Walter auf den Balkon getreten. Noch immer die gleiche Ruhe. So angestrengt er auch lauschte, kein Laut. Das Wasser nur gurgelte dumpf an der Ecke. Welch ruhige Nacht! Kein Wind, kein Mondschein, so recht geeignet, in der Stille davonzufahren nach Mestre. In wenigen Stunden konnte man den Ort erreicht haben. Verfolger hatte man kaum zu fürchten. Denn war Beß fort, stand er keinem mehr im Weg.

Von dem nahen Markusplatz schlug es Mitternacht. Schwer und langsam schwammen die harten Töne über die Dächer. Stimmen anderer Türme fielen ein, einige kamen aus der Nähe, andere klangen herüber aus der Ferne, viele dünn und heiser, kraftlos, in unregelmäßigen Schlägen.

Und wieder ward es still. Den Mann auf dem Balkon schreckte diese Ruhe nicht mehr. Immer größer wurde die Angst, immer stärker die Sehnsucht. -

Doch horch! Was waren das für Töne, die da aus der Ferne klangen, näher schienen sie zu kommen. Die Melodie mußte er kennen! Jetzt wurden sie deutlicher. Das waren die Verse eines alten, schottischen Liedes, das er von Beß gehört! Und das war auch seine Stimme! Lange hatte er ihn nicht singen hören, aber sofort erkannte er wieder die weiche, volle Stimme des Freundes. Beß! Er mußte es sein! Da bog auch schon ein Lämpchen um die Ecke, der Schnabel einer Gondel. Und diese selbst folgte.

Walter rief hinunter. Fröhlich kam die Antwort herauf. Und bald darauf stand er in der Tür, den er herbeigesehnt.

Lachend und singend kam er ihm entgegen, legte Walter die Hände auf die Schulter, drückte ihn an sich.

"Bist auch jetzt erst heimgekehrt?" scherzte er.

"Nein, Beß! Seit mehr denn einer Stunde warte ich hier auf dich."

"Auf mich? Warum? Was hast du? Du siehst so sorgenvoll aus!"

"Habe Grund genug zur Sorge!"

"Du?"

"Um dich!"

"Um mich? ... Dann laß sie fahren!"

"Könnt ich's nur!"

"Erzähle! Was gibt's?"

"Du bist so lustig heute nacht, Beß. Bald wirst du's nicht mehr sein! ... Gottlob, daß du kamst! Noch zur rechten Stunde ..."

"Hast du schlimme Nachricht von meiner Mutter?" Für wenige Augenblicke verschwand der fröhliche Ausdruck von Beß' Gesicht.

"Nein ... das nicht, doch ..."

"Dann bin ich ruhig, Walter, denn andere Sorgen gibt's nicht mehr!"

"So? Bist du dessen so gewiß? Und was meinst du,

wenn ich dir sage, daß du verfolgt wirst, daß es deine Freiheit, vielleicht dein Leben gilt?"

"Ach?" Ironisch lächelte der junge Lord.

"Du glaubst ich scherze? Nun, ich will dir sagen: Noch heute nacht mußt du fort! Morgen würde es schon zu spät sein! ... Beß, es ist mir ernst um das, was ich dir sage!"

"Ich ... fort?" Noch immer blieb das Lächeln.

"Du scheinst mir nicht zu glauben! Und doch spreche ich nur als dein Freund, Beß! Aus Besorgnis um dich habe ich hier auf dich gewartet, dich vergebens gesucht in San Moisè. Mache dich reisefertig, Beß, wir müssen fort, müssen vor Tagesanbruch noch auf dem Festland sein. Eile dich ... du bleibst? Du lächelst? Weißt du, was dir bevorsteht, wenn du zögerst? Die Verhaftung, der Kerker!"

Stuart schüttelte den Kopf, nahm Walters Hand, drückte sie. "Beunruhige dich nicht um mich, lieber Walter", sagte er, "hab Dank für deine Sorgen, deine Freundschaft ... Ich weiß, daß ich Feinde habe, die mir nachstellen, aber sie werden zu spät kommen! Morgen früh können sie mir nichts mehr anhaben!" Der Lord sagte das mit einer sicheren Bestimmtheit, die Walter stutzig machte.

"Auch dann nicht, wenn du hier bleibst?" fragte er verwundert.

"Auch dann nicht, ganz sicher nicht!"

"Was willst du tun, Beß, der Gefahr zu entgehen, die du selbst nicht leugnen kannst?"

"Ich kann es dir nicht sagen, Walter. Aber glaube mir - sei unbesorgt!"

"Was hast du vor, Beß?" Es klang fast ängstlich.

"Ich kann, ich darf es dir jetzt nicht sagen. Morgen wirst du es wissen."

"Beß … mir kannst du's nicht sagen? Mir nicht, den du deinen Freund nennst, der dein Vertrauter war bisher, dem du alles, alles sagtest?"

"Auch dir nicht!"

"Ich muß es wissen! … Hab' ein Recht darauf, das Recht der Freundschaft! Vergißt du das? Vergißt du, was ich dir gewesen in diesen Jahren? O, Beß, soll so enden, was uns alles war? Was mein und - du sagtest es in mancher Stunde - auch dein Leben gewesen?"

"Ich will es dir sagen, Walter! … Ja, du hast ein Recht darauf, es zu wissen … Morgen früh wird Babby - Lady Stuart heißen!"

"Was? … Bist du bei Sinnen … ?" Walter war fast entsetzt zurückgetreten. "Ist es dein Ernst? … Du willst …"

"Ja, ich will … und niemand wird mich hindern!" sagte Stuart ernst und bestimmt.

"Ich werde es! … Ich werde dich zurückhalten von deinem Wahnsinn! Beß! Du weißt nicht, was du tust! Gott sei Dank, daß ich da bin, bei dir, dich zu bewahren vor einem Schritt, den du bereuen würdest dein Leben lang, der dich unglücklich machen würde …"

"Was weißt du von meinem Unglück!" unterbrach ihn Stuart kühl.

"Ich sehe es kommen, weil ich die Person kenne, die dich soweit gebracht, daß dir die Mutter, der Freund nichts mehr gilt! … O, sie hat dich gut bearbeitet, dieses Weib, diese Dirne …"

"Walter! - Nimm dieses Wort zurück! Du hast kein Recht, die zu beschimpfen, die ich liebe, die meinen Namen tragen soll!" Zornig, mit brennenden Wangen, stand Beß vor dem Freund.

"Zurücknehmen? ... Nie! Sie ist nichts weiter als das!" Unwillkürlich hob Stuart den Arm. Ungeheure Erregung lag auf seinem Gesicht. Aber mit Gewalt beherrschte er sich, ließ den Arm sinken; mühsam, als ringe er nach Luft, kam es von seinen Lippen:

"Du hast mich nicht vergebens an unsere Freundschaft gemahnt ... Ihr dankst du es, daß ich dir den Schimpf verzeihe, den du Babby angetan ... Vergessen aber kann ich ihn nicht ... und darum gehe ich ... lebe wohl!"

Und dann ging er schnellen Schrittes hinüber in sein Zimmer, schloß hart die Tür, schob den Riegel vor. -

Ganz still war es geworden nach den lauten Worten der beiden.

Walter starrte noch immer nach der Tür, hinter der Beß verschwunden war.

Zusammengebrochen saß er da. "Den Freund hast du verloren ... verloren ..." schrie eine Stimme ohne Unterlaß in ihm. Er sah nur die geschlossene Tür, hinter der er den wußte, der ihm geraubt war, geraubt vom Weib. "Verloren ... verloren ..." rief es weiter in ihm, eine unendliche Leere tat sich vor ihm auf, wie ein weites, dürres, schattenloses Feld, in das man ihn stieß, es zu durchwandern, vorbei an versiegten Quellen, ausgetrockneten Bächen, mit nie zu stillendem Durst. Dumpf starrte er in diese Leere. Die Angst stieg ihm auf, schnürte die Kehle zusammen. "Beß, Beß!" - Der Schrei der Verzweiflung wollte über die brennenden Lippen, aber erstarb, bevor er schallen konnte. Dann sank Walter vom Stuhl, schwer fiel sein Kopf auf.

Eine Weile lag er so da. Dann erhob er sich langsam, etwas trieb ihn. Er wankte zur Tür, schritt die Treppe hinunter wie ein Nachtwandler. Kam in die kleine Straße, ging sie entlang, bis zu einer Brücke.

Auf ihrer anderen Seite angekommen, stieß sein Fuß an einen Körper, der da lag. Ein schlafender Gondolier war es, den seine Berührung weckte.

"Willst du mich fahren?" fragte ihn Walter.

Der Mann rieb sich die Augen.

"Bezahle dir die Fahrt dreifach!"

Der Gondolier sagte zu, führte Kalenberg an sein Gefährt. "Wohin, Signore?"

"Nach dem Palazzo Vendramin, aber eile dich!"

Walter fiel auf den Sitz. Was hatte er vor? Er wußte es selbst nicht. Wußte nur, daß er den Freund verloren, daß morgen das Weib ihn ganz nehmen sollte, für immer, für immer ihn trennen würde von ihm, an dem er hing mit der zähen Kraft des Einsamen.

Dies nur wußte er, und daß er ihn halten mußte, den Freund, daß er sich entgegenstellen mußte dem Raub.

Aber allein konnte er es nicht. Hilfe! Wer half? … Und die Verzweiflung gab ihm Antwort: die Alte, die Mutter des Frauenzimmers! Ein letztes Zucken der Hoffnung: Geh zu ihr, erzähl ihr, was du weißt, sie wird es nicht dulden, diese Heirat, die sie nie wollte!

Und so fuhr er zu ihr. Mitten in dunkler Nacht.

Er überlegte nichts weiter. Nicht, daß er den Freund verriet. Das wurde ihm nicht bewußt, auch nicht, daß er ihn so nie würde zurückgewinnen. Er empfand nur den Schmerz des Verlustes und den übermächtigen Wunsch, sich zwischen den Freund und die zu werfen, die Beß dämonisch an sich riß. Walter fühlte in diesem Augenblick auch nur, daß man ihm den Freund nahm; dachte nicht, daß die Mutter den Sohn verlor.

Er war am Ziel. Schwer fiel der eiserne Klopfer an das Tor. Noch einmal. Und wieder. Dann hörte er Schritte. Der Pförtner kam, fragte durch die vergitterte Klappe nach seinem Begehr.

Die Frau Campanini müsse er sprechen, sagte ihm Walter, und gab ein Goldstück durch die Öffnung. Es handle sich um eine Nachricht von höchster Wichtigkeit, solle er bestellen, die ein guter Freund der Signora selbst geben müsse.

Die Klappe fiel zu. Walter wartete. Eine Ewigkeit dünkte es ihn. Endlich kam der Pförtner zurück.

Die Signora käme sogleich, könne den Fremden nicht hineinbitten zu dieser Stunde. Sie wollte aber ans Tor kommen.

Tief atmete Walter auf.

Diese mondlose und windstille, aber doch so bewegte Nacht wollte zu Ende gehen.

Wie ein dichter, schwarzer Schleier hatte sie sich am Abend vorher auf die Stadt niedergelassen. Nun wurde der langsam hochgezogen. Die Schwärze floh davon wie eine dunkle Wolke, die sich emporhebt in den Himmel. Nur Nebelschwaden lagen noch über den Häusern und Kanälen. Durch das Wassergrau leuchtete schon manche helle Ecke oder ein im Frührot schimmerndes Fenster.

Der alte Priester saß Barberina gegenüber. Man erwartete Stuart. Ungeduldig flog der Blick der jungen Tänzerin von Zeit zu Zeit nach der Tür. Jemand trat ein. Es war der Küster. Er zündete ein paar Kerzen vor dem Kruzifix an. Zwischen ihnen lag ein Buch. Er blätterte, bis er die richtige Stelle gefunden.

Dann holte er das Kirchenbuch. Schnitzte eine Feder, stellte ein Tintenfaß und eine Streubüchse zurecht.

Darauf schlürfte er wieder zur Tür, indem er dem Priester zurief, er wolle nach den Nachbarn sehen, die Hochwürden als Zeugen bitten ließen.

Der alte Geistliche plauderte von Barberinas Kindheit, sprach von ihrer Familie, dem Lord, aber unterbrach sich selbst immer wieder durch Betrachtungen, die er über die Erfolge der Tänzerin anstellte. Dabei kam er auch oft zu allerhand Fragen. Doch sie antwortete nur zerstreut.

Wie konnte sie auch Rede und Antwort stehen, wo in ihrem Innern die verschiedensten Gefühle aufsprangen, versanken und gegeneinanderprallten, daß sie nicht aus noch ein wußte!

Sie hatte die Stunden, seit sie Beß gesehen, seit sie zu diesem Entschluß gekommen war, der sie hierhergeführt, schlaflos verbracht.

Als sie nach Haus gekommen, allein mit sich gewesen, war sie zum Spielball von Stimmungen geworden, die über sie herfielen mit scharfen Krallen, denen sie sich wehrlos geben mußte.

Müde war ihr Blick. Ihr ganzes Wesen wurde von Unruhe beherrscht. Denn noch tobte der Kampf weiter in ihr. Trotzdem ihr Kommen davon sprach, daß sie noch auf ihrem Entschluß vom Abend vorher bestand.

Sie war gekommen, um den Geliebten zu retten. Einen anderen Weg hatte sie vergebens ersonnen. Er nur bot sichere Aussicht, Beß vor der Gefahr zu schützen. Und sie hatte doch lange genug gegrübelt, um einen anderen zu finden! Denn das, was in ihr sprach, war mächtig genug, sie zu solchem Suchen anzutreiben.

Die schlaflosen Stunden hindurch hatte es in ihr gehalt von jenen Stimmen, hatte ihr gesprochen von der Zukunft, die sich vor sie hinstellte als ein Bild größter Entbehrung, als ein Entsagen von allem, was ihr unentbehrlich geworden.

Solche Reden waren ihr ja nicht fremd. Oft hatte sie die anhören müssen, wenn sie einsam war; meist kamen sie in der Ermüdung, wenn Beß sie verlassen, wenn der Rausch geflohen war, in den er sie versetzt hatte. Ihre Lippen waren dann noch feucht von seinen Küssen, in ihren Ohren hallten dann noch die glühend zärtlichen Worte, die er in sie geflüstert, wenn sie in seinen Armen gelegen in unsäglicher Wonne, die alles um sie her ausgelöscht.

Aber es war ihr noch stets gelungen, sie verstummen zu lassen. Und der Anblick des Geliebten, seine unerschöpflichen Liebkosungen hatten ihr immer wieder das kühle Überlegen und auch die Furcht vor der Mutter genommen.

Kam es doch wieder, das Grübeln, hatte sie sich beruhigt, indem sie sich sagte, daß sie nichts verlor, was sie nicht immer wiederfinden konnte, daß sie sich zu gar nichts verpflichtet hatte.

Sie liebte Beß auch viel zu sehr, um lange den aufsteigenden Sorgen um ihre Zukunft zu folgen, die ihrer Natur so sehr lagen.

Diese Liebe hatte sie ganz ergriffen. Früher hatte sie doch nur danach gestrebt, möglichst viel Geld zu erwerben, möglichst viel umworben zu werden, um Reichtum zu sammeln, der ihr Unabhängigkeit und Wohlleben für spätere Jahre sicherte. Sie hatte zwar die Kunst immer noch als Kunst und nicht als Zweck betrachtet, aber ein guter Kaufmann war sie doch gewesen.

Wenn sie so nachsann, kam ihr wohl der ganz geheime Wunsch, nie die Liebe kennengelernt zu haben, die sich da so störend und alle Pläne über den Haufen werfend in ihr Herz geschlichen hatte.

Denn der Zwiespalt, der durch sie in ihr entstanden, ließ sie leiden. Da erging sie sich denn oft in den bittersten Anklagen gegen Schicksal und Gott, der ihr das Herz eines Weibes gegeben, aber auch mit ihm die Wünsche und Launen einer Prinzessin.

Auch in diesem Augenblick noch klagte sie, schwankte und schreckte vor dem, was sie vorhatte. Und doch sehnte sie sich übermächtig nach dem Geliebten, schlug ihr Herz vor Furcht für seine Sicherheit. Und Sehnsucht und Furcht, die sie hierher getrieben, ließen sie auch bleiben. -

Inzwischen waren mehrere Personen eingetreten, die

den Priester und Barberina begrüßten und sich erwartungsvoll niedersetzten.

Einer von diesen Leuten mußte Barberina erkannt haben, trotzdem ihr Name nicht genannt war, denn sie tuschelten mit neugierigen Gesichtern zusammen und horchten auf das, was der eine von ihnen zu flüstern hatte.

Da trat Beß herein, Concetta folgte ihm. Strahlend und frisch war sein Gesicht, als er Barberina begrüßte.

Der alte Priester lächelte bedeutungsvoll zu der Tänzerin hinüber, als wolle er ihr ausdrücken, daß er recht gut ihren Entschluß und ihre Eile verstehe.

Darauf schritt er zur Handlung. Bat die beiden, Barberinas Wunsch gemäß ohne Umschweife, niederzuknien und begann mit seinem Sprüchlein.

Atemlose Stille herrschte. Nur die Worte des Priesters liefen tonlos und altersschwach durch den Raum. Stuart verstand nichts von dem, was der alte Mann da vor ihm sagte, er empfand nur ein unendliches Glücksbewußtsein. Nun wurde sie sein Eigen, auch vor Gott und der Welt! Niemand würde ihm diesen Besitz, der sein Leben bedeutete, mehr streitig machen können! In diesem Augenblick segnete er die, deren Neid und Drohungen er es dankte, daß ihm der Priester die kleine Hand neben ihm in wenigen Minuten in die seine legen will.

Wie durch einen Nebel sahen die beiden Knienden die flackernden Flämmchen der Kerzen, deren Schein tanzte auf den silbernen Füßen des Gekreuzigten. Aus dem Hintergrund sahen sie nur flüchtig die Gesichter der Zeugen auftauchen, die ernst dastanden, gesenkten Kopfes, ohne aber ganz die Blicke zurückhalten zu können, die ihre Neugier zu dem jungen, schönen Paar schicken mußte, die bald hafteten an dem jungen Weib mit dem nachdenklichen Gesicht, bald an der Erscheinung des jungen Lords, der auch jetzt den Ausdruck von Glück und Triumph nicht unterdrücken konnte.

Eben klappte der Priester sein Buch zu, legte es hinter sich zwischen die Leuchter und streckte seine Arme mit gespreizten Fingern über das Paar, begann die ersten Worte des Segens zu sprechen, als plötzlich harte Schläge des Torhammers durch das Haus schallten.

Die waren so ungewöhnlich laut, platzten so unvermittelt in diese sanfte, stille Priesterstimme, daß alle Anwesenden zusammenfuhren. Dem alten Priester waren die Hände entsunken. Mit weitgeöffneten Augen blickte er nach der Tür. "Fahrt fort, Hochwürden!" Angstvoll, drängend rief es Barberina.

Doch kaum hatte der Geistliche seine Fassung wiedergewonnen und wollte von neuem beginnen, als noch lautere Schläge das Haus erzittern ließen.

Ein paar von den Zeugen waren ans Fenster geeilt.

"Sie wollen das Tor aufbrechen!" rief einer von ihnen.

Und ein anderer: "Haben ein Brecheisen in die Spalte gestoßen!"

"So geht doch und öffnet", sagte der Priester zu dem Küster. "Sagt ihnen, daß ich nicht gestört sein will in einer Amtshandlung."

"Bleibet, bleibet!" stieß Barberina hervor, indem sie dem Küster den Weg verstellte.

"Endet erst, Hochwürden", fügte sie mit zitternder Stimme hinzu, "endet erst, ich flehe Euch an!" Sie war wieder auf das Kissen vor dem betroffenen Priester niedergekniet; auch Stuart war wieder neben ihr, der Barberina gefolgt war, als sie aufsprang.

Im selben Augenblick ertönte ein lauter Krach, das Tor mußte gewaltsam aufgesprengt sein, denn auf der Treppe erschallten schwere, eilige Schritte.

Barberina hatte die Knie des Priesters umschlungen."Endet, endet - gebt den Segen!!" rief sie in höchster Angst.

Der alte Mann streckte die vor Aufregung zitternden Hände über die beiden. Concetta war an die Tür gesprungen, hatte den großen Riegel vorgeschoben.

Jetzt waren die Schritte an der Tür, Fäuste hämmerten dagegen, der Ruf erscholl scharf und drohend:

"Im Namen des hohen Rates der Zehn - öffnet!!"

Nun kam es zu kurzem Kampf zwischen dem Küster und Concetta, welche die Tür verteidigte gegen ihn, der sie öffnen wollte.

Und nochmals drang der Befehl durch die Tür. Da halfen die angstvollen Männer dem Küster, die Tür sprang auf, Concetta fiel zu Boden, und über sie stürzten bewaffnete Männer ins Zimmer, zwei von ihnen mit Masken.

Nur kurz blickten sie sich um, dann eilten sie am Priester vorüber auf Stuart zu, den einer von ihnen, der größere von den beiden mit Masken, seinen Begleitern gezeigt hatte.

Gellend schnitt ein Schrei durch die Luft. Barberina

hatte sich vor Stuart geworfen, breitete die Arme aus. Der Lord stand am Fenster, hatte den entblößten Degen in der Faust, den linken Arm um den Hals der Tänzerin geschlungen.

"Zurück!" schrie Barberina den Männern zu. "Ihr habt kein Recht an ihm! Er ist mein Gatte!"

"Noch war die Benedictio nicht gefallen", warf der zitternde Küster ein, der voll Schrecken vor den Häschern stand. Der alte Priester, den der Anführer der Eindringlinge befragte, gab keine Antwort. Wie leblos war er zu Boden gesunken, lag mit geschlossenen Augen vor dem Tischchen mit dem Kruzifix, den Kerzen.

Der eine von den Leuchtern war umgefallen, seine Flamme schwelte und fraß an der Decke. Die andere Kerze zuckte im Zugwind der offenen Tür.

Einer nach dem anderen waren die Männer geflohen, die als Trauzeugen gekommen waren.

Die Beamten des Rates waren über Stuart und Barberina hergefallen, zwei von ihnen hatten die Tänzerin Beß entrissen. Verzweifelt wehrte sie sich den harten Griffen der Männer, bis sie in den Armen des einen ohnmächtig wurde.

Stuart sah es, wollte zu ihr; da fand er sich drei Degenklingen gegenüber, die ihm den Weg sperrten.

Die erste flog beiseite, fiel zerbrochen zu Boden. Schon sah er den Weg frei, als der eine Maskierte, der große, zwischen ihn und die Tänzerin sprang. Sie kreuzten die Degen. Die anderen wollten Stuart in den Rücken, doch sein Gegner rief ihnen zu:

"Laßt ihn mir!"

Da zogen sie sich zurück und sahen dem Kampf zu. Klirrend fielen die Degen aufeinander, durchzischten die Luft. Mehr und mehr trieb Stuart den Feind zurück. Dieses Fechten war erbittert genug: Man fühlte, daß einer auf dem Platz bleiben würde. Das mußten Todfeinde sein, die so aufeinander gingen.

Plötzlich griff Stuart mit der Hand an die Brust, schwankte hintenüber. Der andere sah es, fuhr auf ihn zu, hastig, blindlings. Sein Degen stieß zu, aber traf nicht um Fingersbreite; Stuart war wie zufällig zur Seite gewichen.

Der Feind war verwirrt. Dieser mörderische Stoß gegen den Hals des jungen Mannes war so voller Gewalt gewesen, daß der, welcher ihn tat, fast vornüber stürzte. Und es war zu spät, als er wieder bereit war, denn da fuhr ihm Stuarts Klinge in die Brust, daß das Spitzenjabot rot sich färbte, daß er hintenüber sank, hart auffiel auf den Boden. Dabei glitt ihm die Maske vom Gesicht. Brechende Augen blickten den Sieger an, der versteinert über ihm stand, nicht fähig einer Bewegung, nicht denkend an die anderen. Wer da vor ihm lag, - das - war - Arundell!

Noch starrte Beß in des sterbenden Onkels Gesicht, als er gepackt wurde von allen Seiten, als man ihn band mit guten Stricken, hinausschleifte zur Tür.

Einen Blick warf er noch um sich, aber vergebens suchte er nach der Geliebten. Niemand war mehr im Zimmer, als die beiden langgestreckten Körper Arundells und des Priesters. Und auch die sah er nur noch halb, durch blaue Wolken von Rauch.

Todesstille war auf dem Kampfplatz, als Beß fortgeschleppt war.

Und vom Teppich kamen sie gelaufen, krochen die Wände hinauf im Tanzschritt die züngelnden, hungrigen Flämmchen, liefen über das alte, trockene Holz hinauf zu den zerfallenen Portieren, wo sie hell aufleuchteten vor der Luft, geschwätzig knisterten und pufften.

Der kleine Tisch schwelte, jetzt schlugen auch aus ihm die blauen und roten Flammen. Fraßen zuerst das Buch mit des Priesters Sprüchlein, dann sprangen sie über auf das Marterholz, auf den der silberne Christus geschlagen war, daß es lichterloh brannte, sein flackerndes Feuer wie Glorienschein den nackten, gekrümmten Körper umhüllte ...

Friedrich der Große in jungen Jahren

Siebentes Kapitel

𝒟rei Herren saßen um die reichbesetzte Tafel. Sprachen den verschiedenen Weinen zu als Kenner. Drei Diplomaten waren es, der Gesandte Spaniens, ein winziger, vertrockneter Herr mit reizenden Manieren - er hieß Don Selva - dann der Ambassadeur Frankreichs, jener dicke Herr mit dem schönen Goldrock, der Barberina Artigkeiten gesagt hatte auf dem Ball im Palazzo Vendramin, und der Vertreter des Königs von Preußen, der Graf Cattaneo.

Spanien und Frankreich waren diesen Abend zu Gast bei dem Grafen, ganz unter sich zu einem kleinen, intimen Souper.

Cattaneo hatte die besten, teuersten Weine auffahren lassen. Das wunderte die beiden anderen. Sie fanden ihn freigebiger, als sie ihn kannten, denn sie wußten: mit dem kleinen Gehalt, das ihm der junge König Friedrich von Preußen zahlte, konnte man keine Sprünge machen. Ihre feinen Diplomatennasen witterten hinter den blumigen Weinen eine Absicht.

Daher waren sie, wie in gegenseitiger Übereinstimmung, ziemlich reserviert. Besonders Don Selva schien sehr zugeknöpft, abwartend. Aus den dunklen Augenritzen in seinem Pergamentgesicht blitzte es wachsam zu Cattaneo.

Monsieur de Bléville taute eher auf. Das tat der edle Wein, den Cattaneo auch wirklich nicht ohne Absicht so reichlich gab. -

Natürlich sprachen die Herren doch endlich von Politik. Tauschten ihre Ansichten aus über die Kriegsgerüchte, die aus Wien kamen, die hie und da an den Höfen, in den Kabinetts auftauchten.

"Seine Majestät wird gut tun, das Pulver trocken zu halten!" meinte der Franzose zu Cattaneo.

"Preußen ist bereit, besser noch als vor zwei Jahren!" antwortete der.

"Der junge Seigneur in Potsdam wird es nicht so leicht haben, die fette Province festzuhalten", meckerte Don Selva. "Diesmal steht es anders. Habsburg hat Zeit gehabt, den Coup vorzubereiten, wie Ihr Meister damals, als er sich Schlesien holte!"

"Keine Sorge", gab Cattaneo zurück. "Der junge Seigneur wird den Rücken besser decken wie 41, der kann gemut nach Süden gehen, wenn's so weit ist! - Meinen Sie nicht auch?" Er wandte sich verständnisvoll lächelnd an Bléville.

"Natürlich!" beeilte sich der mit Nachdruck zu antworten. "Frankreich hält die Hand fest, die Sie ihm reichten! ... Und besiegeln und falten werden wir auch noch, wenn Preußen es schriftlich haben will!"

"Ist auch nur in Ihrem Interesse, wertester Monsieur!"

"Ohne Zweifel - warum sollt' ich's leugnen? In der Politik ist's wie im Leben: Bist du mir gefällig, helf' ich dir! - Aber ernsthaft: Wir tun's gern! Glauben Sie mir! ... Uns hat dieser junge König doch gewaltig imponiert, als er so über Nacht eine ganze Provinz in die Tasche steckte! So etwas macht bei uns immer Eindruck! - Und eine Überraschung! - Offen gestanden, Comte, keiner hätt's ihm zugetraut! - Alle Welt nannte ihn den Poeten, den Flötenspieler, der mal das hart erworbene Gut seines Vaters verprassen, vertändeln würde. - Und wie gründlich hat man sich getäuscht! Dieser junge Souverän hat eigentlich ganz Europa genarrt, war klüger als seine Nachbarn. Schreibt er da in aller Stille den famosen 'Antimacchiavel', verdammt alles Erobern, redet den Gewaltsmenschen ins Gewissen, und kaum hat der Vater ihm das scharfe Schwert übergeben, da schlägt er los! Ha, ha, ein guter Witz!"

"Den er vielleicht mal schwer bezahlen wird", klang die dünne, saure Stimme des Spaniers dazwischen.

"Kaum", lächelte Cattaneo. "Seine Majestät scheinen in puncto Bezahlen wie der selige Vater zu denken!"

"Nur nicht bei Tänzerinnen, Graf!" lachte Bléville lustig.

"Ja, und wissen Sie wohl, daß mir die schöne Ballerina, auf die Sie da anspielen, den Stuhl vor die Tür setzte?"

"Die Campanini?"

"Die Campanini! - Ich sagte Ihnen doch schon, daß mir die Order geschickt wurde, die Terpsichore, die spurlos aus Paris verschwunden war, hier zu suchen. - Ich fand sie, sprach vor ein paar Wochen mit der verehrten Frau Mama - die echte Kuppelmutter übrigens - und konnte nach Berlin berichten, daß Seine Majestät zum Mai die Freude haben werden, die weltberühmten Hüpfschritte und Luftsprünge der Signorina in seiner Opéra zu sehen. - Schön und gut, vorgestern machte ich noch eine Visite bei der Schönen und wurde diesmal von ihr selbst empfangen. Sie begrüßte mich damit, daß ihre Mutter etwas versprochen hätte, was sie selbst nimmermehr halten werde, daß sie nicht daran denke, nach Berlin zu gehen! - Ich glaubte zuerst: Weiberlaune! Setzte mich zu ihr, machte ihr meine schönsten, bewertesten Komplimente - wurde mir ja nicht schwer."

"Glaub' ich Ihnen, Graf!" Herr von Bléville schnalzte mitfühlend mit der Zunge.

" ... Halfen aber nichts. - Da zog ich das schöne Papier aus der Rocktasche - Sie kennen es - und meinte ganz ruhig: 'Und Ihr Kontrakt, mit Seiner Majestät, Signorina?' - 'Der gilt nichts', sagt sie.' 'Verzeihung, aber Ihre Handschrift ist doch richtig?' 'Das schon', antwortete sie, 'aber die gilt eben nichts!' Als sie mein ungläubiges Lächeln sah, sprang sie auf - sie war überhaupt sehr exaltiert."

"Temperament, Graf, Temperament!" warf Bléville mit vielsagendem Zwinkern ein.

"Mag sein, sollte sie aber für passendere Gelegenheiten sparen!"

"Tut sie sonst auch", der Franzose lachte recht breit.

" ... Also sie sprang auf, stellte sich vor mich hin und rief: 'Weil mein Gatte den Vertrag nicht mitunterschrieben hat!' - 'Ihr Gatte??' fragte ich vollkommen verdutzt. - 'Jawohl, mein Gatte!' rief sie nochmals, und dabei stürzten ihr die Tränen aus den Augen."

"Ha, ha, ha - köstlich, délicieux!" lachte Bléville los.

"Gatte, ha, ha, ha! - Welcher wohl?" Er schlug sich auf den Schenkel, lachte aus vollem Halse.

"Lassen Sie sich weiter erzählen, Messieurs. - Nachdem sie sich ein wenig beruhigt hatte, bekomme ich eine höchst romantische Geschichte zu hören. ... Vor ein paar Tagen wäre sie mit einem englischen Lord - Stuart, glaube ich, war der Name - getraut worden. Kaum sei die Zeremonie vorübergewesen, da wären maskierte Männer ins Priesterzimmer gestürzt und hätten ihr den Gatten aus den Armen gerissen! - Das ganze Haus - so erzählte sie weiter - sei abgebrannt und mit ihm das Register, das nun nicht mehr für die Wahrheit der Heirat zeugen könne!"

"Das Haus sei abgebrannt?" fragte Bléville nachdenklich.

"Wissen Sie, Graf, ich glaube etwas Wahres ist an dieser unwahrscheinlichen Geschichte. - Ich bringe sie mit dem Feuer zusammen, das da vor ein paar Tagen in der Calle Tareto das Priesterhaus einäscherte. Übrigens hörte ich gerüchtsweise, daß bei diesem Brand unser Freund, der Lord Arundell, umgekommen sein soll, dessen plötzliches Verschwinden uns so rätselhaft ist!"

"Erfuhren Sie nichts Näheres?"

"Nein, der hohe Rat antwortete wie immer mit seinem mysteriösen Achselzucken."

"Eine sehr saubere Geschichte, diese ganze Sache", meinte Don Selva maliziös. "Sollten sich überhaupt nicht dazu hergeben; ist eines Diplomaten wenig würdig, eine Tänzerin zu engagieren. Bessere Kuppelei, seinem König eine Mätresse zu verschaffen!" Indigniert lehnte sich Don Selva in seinen Sessel zurück.

"Sie stolzer Spanier!" spöttelte Bléville. "Aber Sie sind kein guter Diplomat. Sonst wüßten Sie nämlich, daß die - sagen wir ... hm ... Bettruhe eines Monarchen oft von größter Bedeutung für das Wohl seines Landes ist. - Und da unser Freund nicht nur ein guter Patriot, sondern auch ein guter Diplomat ist, so hat er die Bedeutung dieser Tänzerin auch nicht unterschätzt!"

"Ich danke Ihnen für das Verständnis, das Sie mir entgegenbringen!" Cattaneo machte Bléville lächelnd eine kleine Reverenz.

"Um nun aber auf den Kernpunkt zu kommen", fuhr er fort, "muß ich Ihnen noch sagen, daß mir die Herren Senatoren ihre Hilfe versagten. Sie gaben vor, die Signorina könne wohl die Wahrheit gesagt haben, und da wäre es ihnen leider nicht möglich, Seiner Majestät Wunsch zu erfüllen. Ihre Gesetze gäben ihnen nicht das Recht, die Signorina zu zwingen, den Kontrakt einzuhalten, solange es nicht erwiesen wäre, daß er einwandslos sei!"

"Werden sich hüten, die hübsche fillette rauszurücken, - tät ich auch nicht!" meinte Bléville.

"Was soll ich da nun tun? - Habe meine strikte Order, die Campanini nach Berlin zu schicken, koste es was es wolle!"

"Hm, Seine Majestät wird doch nicht der Republik ein Ultimatum schicken? - Das wäre nicht das erstemal in der Weltgeschichte um einen Weiberrock!"

"Ich dachte an eine kleine, harmlose List, Messieurs. Aber dazu bedarf ich Ihrer Hilfe. - Der Vertrag ist in Paris geschlossen. - Von Herrn von Chambrier. - Nun will ich den Herren Senatoren erzählen, daß der Vermittler des Engagements sich - und die Campanini auch - zu einer hohen Konventionalstrafe verpflichtet hat, aber gar keine Lust verspürt, sie zu bezahlen, da die Campanini in der Lage ist, den Vertrag einzuhalten und nur bösen Willen zeigt. Dieser vorgeschobene, imaginäre Vermittler - der natürlich Franzose ist - besteht nun darauf, daß die Tänzerin nach Berlin geht, und verweigert die Zahlung der Strafe. Er hat sich an sein Gouvernement gewandt und dieses gab Ihnen, Herr von Bléville, den Auftrag, in seinem Sinn beim Senat vorstellig zu werden. Wir beide - Don Selva und ich - unterstützen Ihren Schritt, - und da möchte ich wetten, daß …"

"Auf mich rechnen Sie bitte nicht!" sagte Selva trocken und scharf. "Mich bitte ich aus der Affäre zu lassen!"

"Na, wir werden's auch allein fertig bringen, Graf. - Morgen werde ich gleich die Väter der Republik sondieren!"

"Danke, teuerster Monsieur. Bin froh, mich nicht getäuscht zu haben, dachte im stillen gleich daran, Sie zu Hilfe zu rufen."

"Die erste gemeinsame Staatsaktion Preußens und Frankreichs", lachte Bléville vergnügt. "Vor solchen Alliierten muß ja diese faule Republik die Waffen strecken und die schöne Beute rausrücken! - Bin mit ganzem Herzen bei dem Raub dieser schönen Sabinerin, und estimiere mich glücklich, helfen zu können, sie Seiner Allergnädigsten Majestät zu Füßen zu legen!"

Diese geplante Staatsaktion der verbündeten Mächte hatten aber nicht den Erfolg, den die optimistischen Vertreter Ludwigs XV. und Friedrichs II. sich versprochen hatten.

Die Senatoren wiesen die Forderung glatt ab. Waren sogar entrüstet über die Zumutung, eine Untertanin zu zwingen, Pflichten zu erfüllen, die sie bestritt, und die im übrigen ihr auch gar nicht klar nachzuweisen wären. Wie in alten Zeiten hatten sich die Herren wie ein Mann erhoben, ein entrüstetes "Nein" den beiden entgegengeschleudert und hatten dabei den Eindruck gemacht, als lebe die alte Republik noch und man hätte soeben den Türken jede Vermittlung stolz abgeschlagen und ihnen den Krieg erklärt, wie die Großväter es taten.

Ach, wenn die Türken wirklich gekommen wären und gedroht hätten mit dem Krummsäbel - ob dann diese so schön frisierten und so sehr wohlriechenden Herren Poseure auch solch einmütiges, stolzes "Nein" ihnen geantwortet haben würden? Hätten sie dann nicht doch ein wenig geschwankt? -

Bléville und Cattaneo glaubten das.

Aber es war doch zu schön und die Gelegenheit zu wohlfeil, um einmal die Völker die ganze gewaltige Macht der großen Republik fühlen zu lassen! Wie stolz stand man da vor dem übrigen Europa! Venedig trotzte Frankreich, der Löwe hob die Tatze vor dem jungen, preußischen Adler, der da so verwegen es wagte, ihn herauszufordern! La bella occasione!

Ganz im geheimen trug aber jeder dieser schönen Herren das Bewußtsein: Schlimm kann's nicht kommen, um eine Tänzerin gibt's keinen Krieg! Also ...

Und dabei blieben sie. Und das Recht hatten sie auch, die Klugen! Vielleicht war es ein wenig faul? Aber es war doch Recht!

Nur daß König Friedrich sich nicht begnügte mit dem Bescheid. Wer wagte da, ihm zu trotzen? Diese alte verfaulte Republik, mit der kein Mensch mehr zu rechnen hatte? Und eine Tänzerin mokierte sich auch über ihn?

Und König Friedrich wurde zornig. Vorher wollte er nur diese Ballerina haben, die so schön sein sollte, so göttlich tanzte! Die mußte er sehen! - Dann bestand er auf seinem guten Recht. Hatte ja ihr schriftliches Versprechen. Jetzt aber galt es mehr als ein hübsches Mädchen mit schlanken Beinen, mehr als einen abgestempelten Schein: Jetzt galt es die Anerkennung seiner Macht! Der Macht, die er geschaffen, die noch ganz jung war, aber darum um so stolzer! Er stand hoch genug, dieser junge König! -

Friedrich fand schon damals ein Mittel, einen Ausweg, wenn andere die Arme sinken ließen.

Aber das Mittel, welches er diesmal fand, war ungehörig. Wirklich. Wir werden ja sehen.

Eines Tages kam eine eilende Stafette in Venedig an. Lief sofort über die Piazetta nach dem Palazzo Ducale. Eine Stunde später hatte man die Herren Senatoren zusammengerufen. Es gab eine aufgeregte Sitzung.

Denn es war etwas geschehen, was selbst in den Annalen der Lagunenstadt noch nicht dagewesen war, was selbst diesen an die Elastizität des Rechts so gewöhnten Venetianern ungeheuer vorkommen mußte. Nie hatte man von einem ähnlichen Fall gehört! Nie gelesen in den verstaubten, vergilbten Akten, in denen doch das Ungewöhnlichste zur Wahrheit geworden, und Geschichten standen, die undenkbar schienen, wenn sie einer erzählte.

Das Gerücht von dieser den Senat überraschenden Nachricht hatte sich dank der geschlossenen, geheimen Sitzung des hohen Rates auf der Piazza verbreitet, war von dort strahlenförmig die Kanäle und Gäßchen hinaufgeeilt, geschwätzig wie ein altes Weib; auch in den Palazzo Vendramin war es gedrungen. Und wenn es überall Erstaunen, Unwillen, Schadenfreude ausgelöst hatte, so konnte es in dem schönen Haus des alten Marchese den größten Erfolg verzeichnen: Denn dort hatte eine kleine, starke Dame vor Freude geweint, war vor der Madonna auf die Knie gefallen - denn sie war sehr fromm, die kleine Dame - und hatte der hilfreichen Gottesmutter mit innigen, aus tiefstem Herzen kommenden Worten gedankt.

Aber nicht nur diese kleine Signora wurde so überaus freudig berührt von dem seltsamen Gerücht. Noch eine andere Person ward sehr froh bei der Nachricht, die noch schnellere Beine zu haben schien, wie die eilende Stafette. Doch diese Person fiel nicht vor der Maria auf die Knie. Wahrscheinlich aus dem Grund nicht, weil keine im Zimmer hing. Diese Person, welche gerade Besuch von einer anderen hatte, schmunzelte nämlich nur, welches Schmunzeln die andere sofort wiederholte. Aber daß es diesen beiden Personen eingefallen wäre, der Madonna zu danken, wie sich das gehört hätte, auch wenn keine im Zimmer hing, davon war keine Rede. Dafür war das religiöse Niveau der beiden auch viel zu tief und bedeutend tiefer als das der kleinen Signora im Palazzo Vendramin. Man soll daher auch ihre Namen wissen, während wir nach altem, biblischem Grundsatz den Namen der wahrhaft frommen Dame in ihrem Kämmerchen lassen, allein mit der schweigenden Madonna, die keiner Indiskretion fähig ist.

Also die beiden hießen - Cattaneo und Bléville. Und was taten diese beiden nach dem Schmunzeln? - Sie brachen in ein Gelächter aus, das den Palast, in dem sie waren, so erschütterte, daß Bléville kleine Kreise wahrzunehmen glaubte, die das Wasser vor dem Haus zog. Denn er stand noch immer am Fenster.

Und was meldete nun dieses Gerücht, diese Nachricht, die ganz Venedig so bewegte? Welche die Senatoren in den Sitzungssaal rief, auf dessen Tischen und Stühlen der weiche Staub einer wohltätigen Ruhe lag? Die alt und jung vor dem Palazzo Ducale auf die Piazza rief, die manche empörte, manche schadenfroh lachen ließ und sogar eine zu frommer Dankbarkeit hinriß?

Soeben wurde sie offiziell verlesen, als Doge und Senatoren vollzählig beisammen waren:

Signore Cavaliere Capello, unser Gesandter in London, passierte vor zehn Tagen, auf seiner Rückreise von Venedig nach Hamburg kommend, preußisches Gebiet.

Auf Befehl Seiner Majestät, des Königs von Preußen, wurde dem Signor Cavaliere Capello sein gesamtes Reisegepäck nebst Karossen, Kaleschen und Dienerschaft, Acta, Portefeuilles, Decorations und Uniforms einbehalten, ja sebst die Pferde und die Post verweigert, so daß gemelde-

ter Signore Cavaliere Capello gezwungen wurde, seine Reise zu unterbrechen.

Seine Majestät, der König von Preußen, hat gleichzeitig mit dieser an mich ergangenen Novelle durch Allerhöchst seinen Gesandten in Wien, den Grafen Dohna, mir den Auftrag überweisen lassen, der Allergnädigsten Signorina von Venedig zu vermelden, daß Seine Majestät gesonnen seien, dem Signore Cavaliere Capello das gesamte Reisegepäck nebst Karossen, Kaleschen und Dienerschaft, Acta, Portefeuilles, Decorations und Uniforms wieder aushändigen zu lassen und ebenfalls genug Pferde zur Verfügung des Signore Cavaliere Capello stellen zu wollen, wenn der Senat der Allerhöchsten Republik dafür Sorge tragen wolle, daß die in Venedig residierende Barberina Campanini, von Profession Tänzerin, ihren mit Seiner Majestät eingegangenen und von beiden Seiten mit Namen und Petschaft versehenen Engagementsvertrag unverzüglich einhalte und sich zur Reise nach Berlin bequeme.

Seine Majestät lassen des weiteren den Wunsch aussprechen, daß ein hoher Rat der Allergnädigsten Signorina in diesem Sinn beschließen wolle und Seiner Majestät diesen Beweis ihrer Freundschaft gebe, und endlich bitte Seine Majestät zu Gott, daß er die Republik und die Allergnädigste Signorina erhalten möge!

Contarini,
Gesandter der Republik Venedig in Wien.
P.S. Im Interesse des Signore Cavaliere Capello bitte schnellen Ratsbeschluß.

Es war kein Schweigen, was der Vorlesung folgte. Überraschende Nachrichten pflegen zuerst Schweigen, tiefes Schweigen hervorzurufen, das nur langsam von der bedrückten Brust weichen will. Aber dieser Nachricht unsinnige Wirklichkeit war so überaus unerwartet, so lähmend, daß das Schweigen, welches folgte, kein Schweigen mehr war, sondern zur Ruhe des Todes wurde.

Die Herren in den weißen Perücken starrten einander an, nicht mächtig der Sprache. Diese Versammlung wurde zum Bild, zum leblosen Bild. Aber die Erstarrung wartete nur auf die Zauberformel, um zu weichen.

Und die kam. Dem Vorleser, der immer noch stand, das Schreiben Contarinis in den Händen, war der Brief aus den erkalteten Fingern geglitten. Raschelnd war er aufgeschlagen auf den Boden. Und das feine, knisternde Geräusch hatte genügt, den Bann zu brechen. Einer nach dem anderen hatte sich erhoben, verlangte den Brief zu sehen, zu lesen mit eigenen Augen das Unglaubliche. Und dann war ein Sturm der Entrüstung gefolgt, der hinunterlief auf den Marmortreppen, hinausdrang auf die Piazza, unter die so leicht bewegten Venetianer, daß sie mit einstimmten in seinen Schrei.

Aber ebensoschnell wie dieser Schirokko gekommen, hatte er sich wieder gelegt. Und diese Ruhe war eingetreten, als man zu beraten anfing, als man endlich in vollster Harmonie die Einsicht gewann, daß man schweres Unrecht begangen hatte, Seiner Majestät, dem König von Preußen, sein Recht vorzuenthalten. Man hatte sich besonnen, daß die alte, stolze Republik noch immer ein Hort des

Rechts gewesen war, und daß es die Ehre der Stadt und des Senats erforderte, die Barberina Campanini so schnell wie möglich zu veranlassen, sich auf den Weg nach Berlin zu machen.

Ein alter Mann nur hatte dieser edlen Einmütigkeit getrotzt, hatte gemeint, daß der König von Preußen wider alles Recht und Gewissen gehandelt, daß er die Republik gelästert hätte, und daß das alte Venedig die Hand nicht bieten dürfe, ein Kind seines Landes schnöde im Stich zu lassen, es auszuliefern, daß man die Pflicht hätte, es zu schützen. Aber die Stimme dieses Mannes, der mit dem Feuer des alten Kavaliers für die Tänzerin eintrat, war niedergeschrieen worden von den anderen; er hatte beschimpft den Saal verlassen müssen, unter einem Regen gemeinster und niedrigster Verdächtigungen.

Über die Piazetta war er gegangen, verfolgt vom Johlen der Menge, er, der einst so geachtete, der Träger eines ruhmvollen, uralten Namens.

In seine Gondel war er gestiegen, noch mehr gebeugt als sonst, der alte Mann. Dann fuhr er heim. - Und wie er da zusammengebrochen in der Gondel saß, waren ein paar Tränen aus seinen Augen gequollen, hatten sich ihren Weg gesucht über die braunen Wangen, waren die Falten entlanggelaufen, die das Alter gegraben und die der Kummer heute noch tiefer gefurcht hatte.

Das war der einzige Mann in der Stadt, den die Nachricht, die über die Alpen gekommen war, traurig gestimmt hatte.

Es gab zwar außer dem alten Marchese noch einen jungen Mann in dieser Stadt, den Contarinis Brief unglücklich gemacht hätte; aber der war an einem Ort, zu dem kein Laut des Lebens drang. Der konnte das Leben nicht einmal mehr sehen, so entrückt, so einsam war der Ort des Aufenthalts. Und wenn er sich gar reckte, es zu sehen, dann gaben die engen, dicken Gitterstäbe nur wenig frei, höchstens ein Stückchen blauen Himmels, ein paar Dächer, auf denen goldene Sonne schimmerte, oder ganz, ganz in der Ferne, silberweiß leuchtend, nie erreichbar und verlockend schön, die schneeigen Gipfel der Alpen …

Da, wo der Canale Grande die gelblichen Marmorstufen des Palazzo Vendramin bespült, stand ein doppelter Wachposten, und an dem anderen Eingang, der Piazza zu, war auch ein Posten aufgestellt.

Und kaum war der Marchese nach Haus gekommen, waren diese Wachen schon angetreten. Regelmäßig wurden sie abgelöst. Und als es Nacht wurde, hatte man die bewaffneten Posten noch verstärkt.

Das war etwas für die Nachbarschaft! Ha, wie sie sich ansammelten, miteinander raunten, die Weiber, wenn sie vom Fischmarkt kamen! Mit welcher Wonne sie die schweigsamen Soldaten betrachteten, die so pflichteifrig auf und ab gingen! Wie einträchtig sie die gemeinsame Freude stimmte. Selbst die ältesten Feindinnen reichten einander die Hände, verweilten und schlossen neue Freundschaft.

Welche Genugtuung wurde ihnen! Ja, so mußte es kommen, wenn man gar zu hoch hinauswollte, wenn man die Frau, die Tochter eines Schusters war, aus dem Keller stammte und in Palästen wohnen wollte! Wenn man seidene

Fahnen trug, die sich so breit spreizten, daß man sich auf den Straßen nicht zeigen durfte, daß man die Gassen versperrte! Aber das konnte ja nicht fein genug gehen, mußte Dienerschaft haben, mit Samt ausgeschlagene Gondeln, mußte mit Grafen und Senatoren speisen, und so tun, als ob man immer schon zu ihrer Gesellschaft gehört hätte, und nicht noch vor ein paar Jahren mit blanken Makkaroni zufrieden gewesen wäre, da unten, in Vater Campaninis Werkstatt, wo es immer so schön nach Pech und Leder roch!

"Ja, ja, der Hochmut!"

"Kommt vor den Fall, Frau Gevatterin!"

"Gott sei Dank!"

"Und solch liederliches Frauenzimmer!"

"Na, ist die Alte vielleicht besser?"

"Schämen sollt' sich das Pack!"

"Man weiß ja, woher sie's haben, die Seidenschuh' und die Damasröcke!"

"Ist man gut, daß der Alte die Schande nicht mehr erlebt hat!"

"Wo schaffen sie denn das Weibsbild jetzt hin?"

"Na, wissen sie's nicht? - Die kommt ins Arbeitshaus!"

"Ach, wo", meinte eine andere, besser Orientierte, "die bringen sie zu den Preußen!"

"Zu den Preußen?" fragte eine Ungläubige.

"Was ist denn das, die Preußen?"

"Ach, das wissen Sie nicht?" sagte die gut Orientierte.

"Na, mein Mann weiß das sehr genau, die wohnen da ganz, ganz oben" - sie deutete mit der Hand so vage nach

Osten - "da, wo's so kalt ist, daß die Bäume nur vier Wochen im Jahr grün sind!"

"Ach", riefen alle und schüttelten sich ordentlich, während sie in die Richtung starrten, die von dem dicken Arm gewiesen wurde.

"Was soll sie denn da?"

"Na, ich werd's euch sagen", meinte gutmütig die stramme Frau, deren geographische Kenntnisse sie so weit über die anderen stellte. - "Aber ihr müßt mir strengstes Stillschweigen versprechen, denn sonst gehen sie meinem Mann an den Kragen, den kann's die Stelle kosten …"

"Aber gewiß, gewiß doch! Wer wird denn auch! … Wie könnten Sie denn glauben, Gevatterin …" So klang es beschwichtigend und überzeugend aus dem Kreis, dessen Köpfe mit einem Ruck sich abgewendet hatten von dem fernen Preußen und verlangend sich um die Sprecherin drängten.

"Also die Preußen …"

"Platz da! - Bei den Heiligen, macht Platz! - Weibsleute! - Klatschbasen!"

Bajonette blitzten auf, ein Kommando ertönte, kreischend löste sich die Runde, flatterte auseinander wie die aufgescheuchten Tauben von San Marco und stob juchzend nach allen Seiten.

Das war eigentlich schade, denn man war gerade so schön im Zug, etwas zu erfahren, was man nicht alle Tage zu hören kriegte! - Die Preußen! - Ach, wie gern hätte man doch gewußt, was das für Menschen waren! Die mochten gewiß noch schlimmer als die Türken sein, die Barbaren!

Die Soldaten aber hatten den Platz vor der Tür gesäubert, hatten sich aufgestellt, das Gewehr bei Fuß.

Und auf der anderen Seite waren zur selben Zeit ein paar Gondeln vorgefahren. Voran eine größere, breitere. Die sah ganz düster aus und hatte vergitterte Fenster. Sie war bekannt dafür, daß sie Freifahrt gewährte.

In den anderen Gondeln saßen Soldaten, mindestens ein Dutzend.

Aus den Nachbarhäusern gafften hundert Köpfe, alte, junge, meistens Frauenköpfe, frisiert und unordentlich, braun, blond und weiß.

Das gab ein Schauspiel!

Ein kleines Regiment wurde aufgeboten, die Tänzerin wegzuholen! Hei, man wird sie in die Gondel sperren, das Weibsstück! Na, und wer erst mal in der saß ...

Aber man mußte erst einmal hübsch warten lernen. Und die, welche da vermutet hatten, die Soldaten würden nur in den Palazzo gehen und fünf Minuten später wieder herauskommen, die Campanini gefesselt zwischen sich, die hatten sich gründlich getäuscht!

Man mußte von einem Bein auf's andere treten, versäumte, das Abendbrot anzurichten, auf das Mann und Kinder schon warteten, hatte die Lampen auf den Gondeln draußen anzuzünden, aber niemand wurde herausgeführt.

So sehr man auch die Ohren spitzte, nichts konnte man vernehmen. Kein Schreien, kein Schluchzen, das doch so viel Vergnügen gemacht hätte, klang durch die dicken Mauern des Palazzo Vendramin.

Aber wenn alle diese Neugierigen auch drinnen gewesen wären, auch dann hätten sie nichts gehört, denn das junge Weib, das da ausgestreckt auf dem Bett lag, gab keinen Laut von sich.

Ganz still lag sie da, die Augen geschlossen, wie eine Tote, auch so steif und starr.

Einmal nur hatte sie aufgeschrien, schneidend, schrill, wie in Todesangst, als die Häscher und Söldner gekommen waren, sie zu holen. Dann war sie gleich umgefallen, hart zu Boden geschlagen. Sie hatten sie aufgehoben, aufs Bett getragen. Mit Salzen hatte man versucht, sie wieder zur Besinnung zu bringen, denn die hatte sie verloren. Ein Arzt war geholt worden, der sie zur Ader gelassen. Das hatte geholfen. Sie hatte die Augen aufgeschlagen, für einen Augenblick nur, aber erhoben hatte sie sich nicht.

Und nun standen sie alle um sie: der Arzt, die Mutter, die Schwester, der alte Marchese, Concetta, die Häscher, die Söldner.

Waren ratlos! Aber die Häscher und die Söldner gingen nicht aus dem Zimmer. Sie hätten den Befehl, die Signorina abzuholen, sie noch heute nach dem Festland, nach Mestre zu bringen. Und wenn auch der Arzt und der Marchese ihnen immer wieder vorstellten, daß es unmöglich wäre, daß die Signorina krank sei und nicht reisen könne - sie blieben.

Immer später wurde es. Und endlich wurde die Ausdauer der Unerbittlichen belohnt; in dem blassen Gesicht öffneten sich die dunklen Augen, blickten von einem zum anderen, trostlos, unendlich traurig. Und aus der weißen

Brust, die man entblößt hatte, damit sie besser atmen könne, quoll ein tiefer, tiefer Seufzer.

Dann hatte das junge Weib sich halb aufgerichtet, war mit der Hand über die tränenleeren Augen gefahren, und hinwegsehend über Mutter und Arzt hatte sie den Soldaten ganz leise gesagt, mit einer Stimme, die gar nichts Warmes und Lebendes mehr hatte, so weit her schien sie zu kommen, so klanglos war sie:

"Ich bin bereit - gehen wir!"

Als sich dann bald darauf die hohe Pforte nach dem Kanal zu öffnete, war eine Bewegung durch die Harrenden in den Gondeln, auf den Treppen gegangen. Jetzt mußte sie kommen! Und näher an die offene, hell erleuchtete Halle hatten sie sich gedrängt, daß die Soldaten die Bajonette vorhalten mußten gegen die allzu Neugierigen.

Aber viel hatten sie nicht sehen können, trotz der Fackeln und des hellen Torweges. Denn als die lang Erwartete endlich kam, enttäuschte sie nur ihre braven Mitbürgerinnen, die ihr soviel Interesse entgegenbrachten, die ihr so gern noch einmal - zum letzten Mal - ins Angesicht geblickt hätten, bevor sie abging ins Arbeitshaus oder zu den Preußen.

Denn als sie herausschritt und in die Gondel trat, hatte sie einen so dichten, schwarzen Schleier über dem Gesicht, daß man nichts, aber auch gar nichts von ihr sah!

Dafür konnte man sich schadlos halten an der Alten und der Schwester auch.

"Adio Hurenmutter! - Arrivederla im Schusterkeller! - Grüß' die Preußen, Alte! Spinn dir's Fett ab im Arbeitshaus!" - Und was solcher Redensarten und guten Wünsche mehr waren.

Und als die kleine Signora wütend wurde über die unschönen Worte und die Fäuste schüttelte gegen die bösen Geisterzungen, da gellte ein Hohngelächter ihr entgegen, das so laut in die Stille schallte, daß die Antwort in ihm unterging, welche die Signora gegeben hatte.

Dies Hohngelächter klang den Damen in der Gefängnisgondel noch lange nach. Und als sie längst außer Rufweite waren, hallte es noch in ihren Ohren. -

Nacht umgab die Gondelflotte, tiefe Nacht. Die junge Tänzerin hatte den schwarzen Schleier aufgeschlagen, hielt das Gesicht gepreßt an der Gitterstäbe kaltes Eisen, starrte hinaus auf das Meer. Sah, wie in der Ferne die Lichter des Markusplatzes immer kleiner wurden, wie auch San Giorgio immer mehr aufgeflogen wurde von dem Dunkel …

Weiter und weiter fuhr die große Gondel ihren Weg. Mehr und mehr entschwand die Stadt, tauchte unter, als ob das Meer sie verschlang. Bis nur eine dünne Helle andeutete, wo sie lag.

Und als sie ganz entrückt war, ihr verschwommenes Bild, ihr Wiederschein selbst sich in Nacht und Dunkel aufgelöst hatte, daß alles nur noch blieb wie ein großer, weicher, schwarzer Sammetvorhang, auf den eine geübte Hand ganz winzige Silbersternchen gestickt hatte und eine feine, feine weiße Sichel - da brach das junge Weib zusammen an dem Gitterfenster, ein Schüttern und Schluchzen warf den zarten Körper auf und nieder, und langsam, langsam rollten dicke Tränen unter den langen Wimpern hervor.

Und das war gut so. Denn so konnte dieser gewaltige Schmerz heraus, der gedroht hatte, das Herz zu sprengen, das doch gewiß nicht übermäßig stark war.

Achtes Kapitel

Eben hatten sie ihm die Fesseln abgenommen. Dann war die Tür hinter ihm ins Schloß gefallen. Schlüssel klirrten, Riegel wurden vorgeschoben und Schritte klappten, verhallten in der Ferne.

Nun war es ganz still um Beß. So still, daß es ihm wie ein Traum dünkte, was er soeben erlebt. Diese Stille war so bodenlos, daß alles in ihr versank, was dieser Morgenstunden Schrecken ihm gebracht hatten.

Die Augen fielen ihm zu. Von Stirn und Wangen sickerte es warm herab, lief auch in den Mund, daß er es schmeckte. Warm war es und bitter, sein Blut. In der Brust fühlte er ein Glühen, das anschwoll, wenn er sich bewegte. Als er hintastete, wußte er, das war eine Wunde.

Kraftlos ließ er die Glieder sinken, als er da auf den harten Steinen lag. Nun kam es herausgekrochen, streckte seinen Körper steif. Er fühlte, wie es von den Füßen her immer höher zog, dieses wohlige, matte Gefühl, dem er sich ganz hingab, das er erwartete. Bis es sich auf sein Herz legte, mit sanfter Hand über seine Augen strich, daß die Sinne ihm langsam entschwanden.

Wie durch Nebel nur sah er noch - ein fernes Bild - mit Augen, die nach innen blickten, den alten Priester vor sich, zwischen den beiden Flämmchen, und das feine Profil neben sich, dessen Linien ihm soviel bargen, diese Linien, an denen er sich nie satt gesehen hatte. Aber dann wurde das Bild unklar, verschwamm im Nebel, nur Degenklingen blitzten noch hindurch, und nun färbte das Grau sich rot immer dichter, dicker, blutig, blutrot ...

Er schlief ein. Warf sich unruhig umher. Seine Hand zuckte nach der Degenseite, aber blieb auf halbem Weg; der Wundschmerz hielt sie auf. Kraftlos fiel sie wieder herunter.

Aber jetzt faßten ihn wilde Träume.

Da kamen sie angezogen, in tausend pechschwarzen Gondeln, die dunklen Gestalten. Stiegen die Stufen zur Piazetta hinan, schüttelten sich. Schritten langsam der Piazza zu. Aus den schwarzen Masken blitzten die Augen; ihr Weiß sah er funkeln. Unter den weiten Falten ihrer Gewänder bargen sie wohl scharfe Waffen!

Mit festem Schritt wälzte sich diese Masse heran, sie hatte ein Ziel: das war er selbst, der wildpochenden Herzens angelehnt stand an den Pfeiler auf der Piazza. Immer näher kamen sie auf ihn zu, diese verhüllten, schweigenden Gestalten, drohend, vernichtend. Und er stand wie gelähmt, konnte den Arm nicht bewegen, den guten Degen zu ziehen.

Der Himmel hatte sich verdunkelt. Seine Schatten wurden dichter und dichter, hüllten alles ein in Nacht. Schwarz und düster ragte aus der Mitte der Unheimlichen der Campanile heraus, wuchs hinein in den sternenlosen, dunklen Himmel.

Da zuckte ein Blitz auf. Blau leuchtend war sein schnelles Licht. Und währte es auch nur eine Sekunde, so genügte es doch, grell das Gesicht der Menge zu beleuchten. Im Schein des Blitzes sah Stuart dieses Gesicht, dieses einzige, große, weite Gesicht der Menge, von der die Maske genommen war. Weiß mit fahlblauen Schatten starrte es ihn an, mit verzerrten Zügen, versengten Augen, mit spitzen, langen Raubtierzähnen. Und dabei streckte die Menge die Arme aus, warf sie empor, zwei lange, dünne Arme, mit krummen Krallenfingern.

Dunkel ward es wieder. Maske und Nacht lagen wieder auf dem Gesicht der Menge. Aber um Stuarts Hals krallten noch die beiden Arme, und heißer Atem glühte ihn an. Es war ein Weib, das ihn so umschlungen hielt. Er sah ihre Züge, sah ihre wilden, verlangenden Blicke. Die Geliebte war es.

Jetzt biß sie in seine Brust. Dahin, wo das Herz schlug, sog das quellende Blut in langen, durstigen Zügen.

Und als er zu Boden gesunken vor Schwäche, da ließ sie von ihm, ihr heller Siegesschrei tönte durch die Luft, ein neuer Blitz zuckte, und nackt, in weißer, stolzer, hochaufgerichteter Schönheit stand sie vor ihm.

Dann brauste es durch die Nacht, über ihn hin hob es sich hinauf zu den schwarzen Wolken, das Heer der dunklen Gestalten, voraus das nackte Weib, das eben vor ihm gestanden. Es flog voran, der weiße Körper leuchtete von innerem Licht, ihm folgte das Heer der Schwarzen. Lautlos zogen sie dahin, verschwanden in den Wolkenschleiern …

Und plötzlich wurde es wieder Licht. Hell und grün im Sonnenschein leuchtete neben und um ihn die blanke

Wiese. Ihr Gras duftete, bog sich mit dunklen Blumenköpfen. Kleine, schaumige Wölkchen eilten ganz tief dahin, schwammen im hellen, klarblauen Himmel. Aber da drüben, am Waldrand zog Rauch aus dem Gehöft. Er blickte hinüber. Das war der Mutter Haus. Die große Pforte nach der Weide zu stand weit offen. Jetzt stürtzte es wie ein Strom heraus: Pferde, Kühe, Schafe, Menschen auf Wagen. Hinter ihnen schossen lange Flammen aus dem Rauch, loderten wild empor. Balken und Dächer sanken ein, bei jedem Fall stürmte eine dunkle Wolke, in der Funken glühten, hinauf in den blauen Himmel, daß sich das Licht der Sonne verdüsterte.

Er wollte auf, wollte der Mutter zu Hilfe. Aber es hielt ihn zu Boden, mit jenen Krallenhänden. Er bäumte sich, schlug um sich, und doch wehrte er sich vergebens. Fest, eisern fest, hielt es ihn an den Armen und Beinen.

Da schrie er auf in seiner Qual. Der Schrei ließ den Traum ersterben. Er schlug die Augen auf, sah einen langen Bart mit kleinem Gesicht über sich, blickte in ein paar ganz sanfte Augen, hörte:

"Ruhig! - Liegt doch still, junger Herr! - Es geschieht Euch nichts! - Der Herr Doktor kann Euch nicht verbinden, wenn Ihr Euch nicht still verhaltet ..."

Stuart antwortete nicht, blickte noch immer in diese kleinen, freundlichen Augen, die ihm jetzt zulächelten.

Wunderbare Kühle durchströmte ihn. Er fühlte, wie etwas Kaltes auf seine Brust gelegt wurde. Auf seiner Stirn lag noch der Schweiß. Der Mann mit dem langen Bart und den freundlichen Augen wischte ihn mit einem

Tuch fort. Dann zog er ihm eine Decke bis unters Kinn, denn er hatte bemerkt, wie Stuart fröstelte.

Zwei andere Männer gingen eben hinaus; der eine mit dem Kästchen und der großen Spritze war wohl der Arzt, von dem er gehört. Der andere mit dem riesigen Schlüsselbund mußte der Schließer sein.

Und wieder fielen Stuart die Augen zu. Er schlief ein. Aber diesmal atmete er ganz ruhig. Warf sich auch nicht herum. Und kein Traum störte diesen Schlaf, der ihn erquickte, das Blut ruhiger fließen ließ. Die Jugend hatte das rechte Mittel zur Genesung gefunden. -

Wie lange er geschlafen, hätte er nicht sagen können, als er anderen Tags erwachte. Erstaunt sah er sich um. Er lag auf einem Bett, das an der größten Wand des kleinen Zimmers angebracht war, das Licht fiel aus einem winzigen Fensterchen, das in Manneshöhe lag und stark vergittert war. Die Wände waren aus nacktem Stein, durchsetzt von großen Balken. Die Decke bildeten ähnliche Balken, in Abständen von ungefähr zwanzig Zoll. Ein schlechtes Bild irgendeines Heiligen war der einzige Schmuck dieser Bodenkammer.

Das war alles, was Stuart vom Bett aus überblicken konnte. Noch war er beim Träumen. So glaubte er wenigstens. Denn alles um ihn her war zu fremd, zu ungewohnt, als daß es ihm zur Wirklichkeit werden konnte.

Da tastete seine Hand unwillkürlich auf den Verband. Die Berührung seiner Brustwunde schmerzte ihn. Dieser Schmerz erst weckte ihn völlig. Und nun kam die jüngste Vergangenheit ihm sprungweise zurück.

Als das Bild vor ihm stand, das ihm zeigte, wie man die Geliebte aus seinem Arm riß, da stöhnte er laut auf vor Weh. Er wollte aufspringen. Der Schmerz in der Brust aber hielt ihn. Er sank in die Kissen zurück.

Das nächste Bild der Erinnerung war ein Kampf. Der Degenkampf mit dem Maskierten. Er sah, wie dieser zu Boden fiel, wie die Maske vom Gesicht glitt, wie brechende Augen ihn anblickten, haßerfüllt: der Onkel! - So hatte er ihn getötet! - Von seiner Hand war der Mutter Bruder gefallen! Wieder schnitt ein Messer durch die Brust, daß er stöhnte.

Eine Hand strich sanft über seine Augen. Wie wohl ihm das tat! So beruhigend, so gütig schien ihm dieser leise Druck, der ihn erinnerte an jene Hand, die über seine Kinderlocken gestrichen.

"Nun, junger Herr, Ihr habt die Augen offen! - Habt schön geschlafen! Was? Achtzehn Stunden! - Aber nun müßt Ihr etwas essen. Da ist Fleischbrühe für Euch, ein dickes Fläschchen Chianti - bei San Marco - Ihr müßt gute Freunde in der Welt da draußen haben, die Euch so feine Sächelchen schicken!"

"Wer seid Ihr, alter Mann? - Wo bin ich? - Hier ist's trüb und dunkel. - Was sollen die dicken Gitterstäbe?"

"Wo Ihr seid, junger Herr? - Nun, Ihr seid zu Gast bei der guten Republik!"

"Was sprecht Ihr da! Meint Ihr, ich sei im Gefängnis?" Mit weit geöffneten Augen blickte Stuart den Mann an.

"So ist's! - Doch ruhig, Freund! Bleibt hübsch still liegen, sonst gleitet der Verband von Eurer Brust!" Er drückte Stuart sanft in die Kissen. "Nun bring ich Euch Euer Mahl."

Er holte eine Schüssel, setzte sich wieder ans Bett und flößte dem jungen Lord ein paar Löffel Brühe ein, die Beß nach der langen Fastenzeit hungrig schluckte.

"So, und nun ein Stückchen Huhn, dann sollt Ihr auch ein Gläschen Wein haben!"

Er schenkte den roten Wein ein, hielt das Glas ans Licht.

"Wie das funkelt und glüht! - Oh, du Sonne von Toskana! - Du Sonne der heimatlichen Berge! Wie lange, wie lange ist es her, da ich in deinen Strahlen über grüne Matten, durch Lorbeerwälder streifte, o Freude, o Sonne - traurig ist mir euer Gruß, ihr Berge der Heimat!"

Er hatte das Glas sinken lassen, stierte in die dunkle Glut des Weines. Stuart sah ihm zu. Die Wehmut, die in diesem früh gealterten, verwahrlosten Gesicht lag, griff an sein Mitleiden.

"Seid Ihr schon lange hier?" fragte er leise den Alten.

Der fuhr zusammen bei der Frage. "Lange? - Was nennt Ihr lange? - Ein Jahr, zwanzig Jahre, hundert - ist das lange? - Wo nehmt Ihr die Zeit her? - Früh, spät, Tag, Nacht! - Was sind das für Begriffe? Krämerseelen der paar Augenblicke, die ihr großartig das Leben nennt! Was wißt ihr von der Zeit! Ihr Wichtigtuer! Ihr Apotheker der Minuten und Sekunden! - Elendes Fliegenpack, das sich groß dünkt auf seinem alten Käse, den es die Welt nennt! Die Welt! Ha, ha! - Sie stinkt, eure Welt, auf der ihr herumkriecht, ihr Maden! Ihr Schmarotzer!"

Stuart starrte den Alten an. Zwischen dem struppigen Haar, das fast das ganze Gesicht bedeckte, leuchteten die Augen, die vorhin so gutmütig geblickt hatten, hart und kalt. War er wahnsinnig, daß er so dummes Zeug schwatzte?

"Trink einmal, alter Mann!"

Da hob der Alte wieder das Glas. Er schnalzte mit der Zunge. Dann setzte er es behutsam an die Lippen, schloß die Augen und schlürfte in einem einzigen langen Zug den Wein bis zur Neige.

Ein Seufzer des Behagens drang ihm aus tiefer Brust.

"Was Schön'res gibt es als solchen Tropfen! Der geht selbst über ein Sonett!" rief er begeistert. "Wiegt er nicht alles auf, was Ihr Glück nennt? - Liebe, Macht, Kunst. - All das, woraus Ihr das Glück zimmert? - Was ist es im Vergleich zu dem Feuerrausch, der Euch durchglüht beim Schlürfen edlen Traubenbluts?"

Er goß ohne zu fragen wieder ein. Trank den zweiten Becher leer.

"Alles ist eitel", philosophierte er weiter. "O, es gab eine Zeit, da ich an das Glück noch glaubte! Da war ich so jung wie Ihr, hatte rote Wangen wie Ihr, in meinen Augen lag das Spiegelbild eines schönen Geschöpfes wie in Euren auch, junger Herr! - Wie trügerisch war das Glück, das ich zu fassen glaubte! Ein paar kurze Monate des Rausches, der Sonne - dann kam die Nacht, die ewige, dunkle Nacht, die meine Wangen blaßte, mein Haar bleichte, mein Herz vertrocknen ließ! - Aber sie auch machte mich frei, frei von mir selbst, meinen Leidenschaften und Wünschen, zeigte mir, wie vergänglich das ist, wonach wir alle jagen: die Macht, der Reichtum, die Liebe! - Diese lange, dunkle Nacht, deren Schmerzen mich wahnsinnig machen wollten, wurde meine Befreierin! - Seht, junger Herr, ich bin ein Freier, ich, der Gefangene in den Bleikammern! - Ihr glaubt es nicht? - Und doch - ich bin's! - Weil ich mich befreit habe von mir selbst, meinen Leidenschaften und Sehnsüchten. Wunschlos wurde ich, - da wurde ich frei! - Nun sitze ich hier oben seit vielen Jahren, schaue von meinem Fensterchen herunter auf die Stadt, auf dieses ausgetrocknete Hirn Venedig, in dem die Würmer Nachlese halten, kämpfen miteinander auf der Jagd nach einem Restchen! - Sklaven ihrer eigenen Wünsche sind sie, in deren Fesseln sie schmachten. - Ich aber, hier oben, auf meiner hohen einsamen Warte, ich bin der einzige Freie, der einzige Bewohner dieses vermodernden Schädels! - Ist mein Leben hier nicht schön? - Lorenzo bringt mir pünktlich mein Essen, er schenkt mir Bücher, wenn ich ihm den größten Teil der Pension überlasse, die der hohe Rat mir aussetzte - ich schreibe, ich denke! - Denken ist herrlich! - Seht, meine Gedanken sind willige Boten. Sie schicke ich hinaus durch die Gitterstäbe. Wie Tauben flattern sie über das Meer, die Berge, die Schluchten. - Und sind sie wieder zurück, erzählen sie ihrem Herrn lange, schöne Geschichten, die dann die frohe Hand schnell niederschreibt. - Ist der Himmel grau, mögen die Tauben nicht ausfliegen, so heiße ich sie auf meine Schulter niedersetzen, und wir lesen zusammen, werden weiser und weiser. - Manchmal auch nehmen wir die Geschichten vor, die meine Tauben mir heimbrachten. - Dann ergötzen wir uns an ihrem schnellen Flug, ihrem hohen, hohen Blick, mit dem sie über die Erde strichen! - Ja, ja, junger Herr, wir haben's gut hier oben, meine Tauben und ich, nur ein Gläschen Chianti sollte man uns öfter spenden!"

Stuart war dem Gerede des Alten nicht gefolgt. Die schreckliche Gewißheit, Gefangener zu sein, vielleicht für immer, für immer auch getrennt zu sein von der Geliebten, marterte ihn mit tausend Zangen. Dies plötzliche Unglück das ihm Babby nahm, in der Minute, da sie sein Weib werden sollte, das ihn zum Mörder machte an seinem Onkel, - es war so gewaltig, daß er es nicht tragen zu können meinte. Seine Kräfte kamen ihm zwar langsam zurück, dafür sorgte seine Jugend, sein gesunder Körper, aber das Weh im Herzen schmerzte mehr, als die Wunde der Brust.

Am Abend kam Lorenzo, der Wärter. Er brachte Speise und Trank. Lorenzo sah aus wie ein rechter Schließer. Finster war sein gelbes Gesicht, die Augenbrauen zusammengewachsen. Aber er war sehr freundlich zu Stuart, fragte nach seinem Ergehen, ob er besondere Wünsche habe, machte sein Bett in Ordnung. Dabei beugte er sich dicht nieder zu Beß und flüsterte ihm zu: "Mut, Mut, bauet auf mich, Signore, Ihr sollt nicht lange hierbleiben!" - Als Stuart fragen wollte, legte er nur den Finger auf den Mund und deutete zu dem Alten hinüber.

Die Nacht kam. Beß konnte nicht einschlafen. Die Worte des Schließers ließen ihm keine Ruh, immerfort dachte er über sie nach; die Hoffnung, welche sie in ihm weckten, nahm ihm die Verzweiflung über seine Lage.

Aber Befürchtungen quälten ihn. Er sah die Geliebte wehrlos in der Gewalt seiner Feinde, derer, die ihrer Schönheit nachstellten. Da lag er nun, lag hoch oben in einer festverschlossenen Zelle der Bleikammern, während sie vielleicht dort unten Gefahren überlassen war, vor denen er sie, die Zarte, die Schwache, nicht schützen konnte.

Hin und her wälzte er sich auf seinem Lager. Diese Qualen waren zu groß! Und sicher hätte er ihnen schließlich doch noch ein Ende gemacht, wenn er sich, nicht geklammert hätte an die Worte Lorenzos, die in all das tiefe Dunkel einen Strahl der Hoffnung warfen. -

Der Alte saß auf dem Boden, gegen die Mauer gelehnt. Neben ihm lag die geleerte große Korbflasche. Er hatte nach und nach die vier oder fünf Liter Chianti die sie enthielt, ausgetrunken.

Ein seliges Lächeln umspielte seine Züge.

Immerfort lallte er kaum verständliche Sätze, ab und zu unterbrochen von einem gewaltigen Schlucken. Jetzt aber richtete er sich auf, seine heisere Stimme schwoll an:

"Ho, ho, meine Täubchen! - Fliegt! Fliegt! Zu ihr! - In ihr weißes Stübchen! Wer liegt wohl jetzt in ihren weichen Armen? Hug, hug ... Der große Signore ist's! Mein Herr! He! Sterben müßt Ihr, Herr! - Da - hei, wie das blitzt! - Wie das weiße Bettchen rot sich färbt! - Hug, hug ... Und du auch, Kanaille! An meinem Dolch klebt noch deines Buhlen Blut - du schreist, du flehst! - Jetzt preß ich dir die Hand um deinen schlanken Hals! - Beiß nur zu! - So - das war getroffen! Hug, hug ... mitten in dein falsches Herz, Kanaille ..."

Der Alte war umgesunken. Seine Hände umkrallten den Hals der Flasche. So lag er eine ganze Weile. Seine wirren Worte gellten schrecklich durch das Halbdunkel der Zelle, in die tiefe Stille der weiten Dächer.

Da klopfte es an die Mauer. "Ruhe! Haltet Ruhe, alter Narr!" klang ein Ruf.

Er mochte ihn gehört haben. Denn jetzt richtete er sich wieder auf in die sitzende Stellung. Leise sang er:

Colombine, süßes Täubchen,
Scharfes Schnäblein, rot wie Blut,
Steig' allein du in dein Bettchen!
Täubchen! Sei auf deiner Hut!
Mond und Kätzchen stehen Wache,
Melden mir, ob du zu zwei'n!
Zieh' dir's Hemdchen um die Hüften,
Hüte dich, du! Sei allein!

Kaum hatte er das Liedchen ausgesungen, da fiel er auf die Seite. Schreckliches Schlucken und Gurgeln erschütterte diesen alten, zermürbten Körper, in dessen verkalkten Adern der Geist des ungewohnten Weines jagte.

Dunkel war es jetzt geworden. Stuart konnte den Alten nicht mehr sehen. So bemerkte er auch nicht, wie der sich immer mehr streckte, ganz steif machte. Noch hielten die Hände den Flaschenhals umspannt. Wohl eine Stunde noch ging das Schlucken und Schüttern. Stuart war schließlich vor Ermattung eingeschlafen, und da hatte er den gurgelnden Schrei nur noch wie im Traum vernommen, den der Alte gegen Mitternacht ausstieß. Nach diesem Schrei war der Betrunkene ganz still geworden. Er gab keinen Laut mehr von sich. Die Ratten, die sich nun nicht mehr vor ihm fürchteten, kamen in großen Scharen wieder herein, liefen neugierig zu ihm und, als er so still dalag, wurden sie mutig und krochen über seinen erkaltenden Körper, in den wirren struppigen Bart, und begannen zu nagen an dem welken Fleisch, den erloschenen Augen des alten Narren.

Beß erwachte durch das Geräusch der Riegel und Schlüssel, als Lorenzo am nächsten Morgen die Zelle öffnete.

Der Wärter brachte gleich das Frühstück mit. Als er es niedergesetzt, wurde er des Alten gewahr, der ausgestreckt auf dem Boden lag.

Er ging zu ihm, stieß ihm den Fuß in die Seite.

"He, Alter! Wacht auf! - Der ist voll! Da hat er noch sein Liebchen im Arm! - He, wird's bald? - Der rührt sich nicht!"

Lorenzo beugte sich schließlich nieder.

"Oho! - Der wacht nimmer auf!" meinte er nach kurzer Prüfung. "Die Ratten haben ein schönes Nachtmahl gehabt! - Santa Madonna, die halbe Nase haben sie ihm abgeknabbert!" Und nach einer Weile setzte er hinzu:

"Schade, war mein liebster Pensionär, so still, so bescheiden, so besorgt für mich und meine Familie, gab sich zufrieden mit dem ältesten Brot, wenn er nur Bücher kriegte. Schade, war meine beste Einnahme! - Ja, ja, die Bücher, die haben ihn auf dem Gewissen! Der las und las, vom Morgen bis zum letzten Sonnenstrahl. Da mußte er ja verrückt werden! - Lange hätt's nimmer gedauert, dann wär er übergeschnappt. Na, eigentlich ganz gut, Signore, daß Ihr ihm den Wein schenktet, er gab ihm einen feinen Tod!"

Stuart blickte voll Entsetzen in das Gesicht des Toten, diese verglasten, offenen Augen, die voller Blut standen, deren Ränder abgerissen waren. Schaudernd wandte er sich ab.

"Junger Herr ...", der Schließer kam dicht zu ihm, flüsterte. "Junger Herr, hier hab ich ein Briefchen für Euch, aber zerreißt's gut, nachdem Ihr's gelesen und werft's in den Eimer, wenn der Herr Inspektor mal kommen sollte ..."

Beß riß das Siegel auf. Überflog fieberhaft die engen Zeilen, die auf englisch geschrieben waren. Der Brief kam von Walter. Der Freund teilte ihm mit, daß er mit Hilfe Gozzis alles tun werde, ihn zu befreien. Der Wärter sei bestochen. Seine Frau, die bei Rosalba Carriera diene, hätte man durch das Versprechen einer großen Summe gewonnen, ihren Mann zu überreden, Beß zur Flucht zu verhelfen. Gozzi, der ungeniert im Palazzo Ducale verkehrte, würde bei Gelegenheit Beß' Akten verschwinden lassen, so daß es Messer Grande nicht einfallen würde, nach seinem Gefangenen zu sehen, denn bei den vielen, die er verhafte, würde er sich Beß' nur entsinnen, wenn ihm die Akten unter die Hände kämen.

Beß sollte sich nur gedulden, sollte nicht verzweifeln und auf ihn vertrauen. Rosalba und Gozzi unterstützten ihn und würden, wie er selbst, nicht eher ruhen, als bis sie Beß befreit hätten. Wenn es auch nicht sogleich sein könnte, so dürfte er doch nicht verzagen; man müßte die passende Gelegenheit abwarten. Bald ging der Rat in die Ferien, in einer Woche schon, und dann wäre es die beste Zeit zur Flucht.

Der Brief atmete echte, sorgende Freundschaft. Das fühlte Beß auch. Zum ersten Mal seit langer Zeit kamen ihm bittere Selbstvorwürfe. Wie hatte er diese Freundschaft belohnt! Könnte er Walter nur ein paar Worte des Dankes senden! Ob er ihm schreiben dürfte? Dann könnte er sich gleichzeitig von der peinigenden Ungewißheit über der Geliebten Schicksal durch eine Bitte um Nachricht über sie befreien!

Er fragte Lorenzo, der inzwischen die Leiche des alten Mannes hinausgeschafft hatte.

Der Wärter antwortete mit einem Schmunzeln. Als er sah, wie Stuart seine Börse zog und ihr ein paar Goldstücke entnahm, griff er unter sein Wams und zog Papier, eine Feder und ein Fläschchen Tinte hervor.

Das alles reichte er dem jungen Lord, nahm mit einem gemurmelten Dankeswort die Goldstücke und ließ sie in seine Tasche gleiten.

Beß schrieb. Dankte Walter herzlich. Auch Rosalba und Gozzi. Zum Schluß bat er den Freund, ihm zu schreiben, wie es Babby ergehe. Lorenzo gab ihm Wachs. Er klebte es auf, drückte seinen Ring hinein.

"Nun eilt Euch, guter Freund!" sagte Stuart.

"Vor heute abend wird's doch nichts, junger Herr. Vor

Feierabend kann ich ihn nicht besorgen, muß ihn doch selbst überbringen!"

Dabei ging Lorenzo in dem Zimmer umher und ordnete die Habseligkeiten des Alten. Was er noch irgendwie brauchbar fand, steckte er sich in die weiten Taschen.

Eben kramte er auf der Kiste, die des Alten Schreibtisch gewesen. Er nahm einen Stoß eng beschriebener Blätter hoch. Wollte sie schon zu den Lumpen in der Ecke werfen, da besann er sich und rief:

"Hier, Signore, das will ich Euch lassen. Damit könnt Ihr Euch die Zeit vertreiben. Das hat Signor Elefante geschrieben."

"Wer ist das, der Signor Elefante?"

"Nun, der da, den die Ratten anknabberten heut' nacht!"

"Weshalb war er hier? Was tat er?"

Lorenzo schwatzte gern. So setzte er sich auf den Stuhl, auf dem gestern noch der Alte gesessen, und erzählte:

"Das ist eine lange Geschichte, junger Herr. Mir hat er sie oftmals erzählt. Nie hätt' ich je geglaubt, daß er ein Mörder wäre! - Und doch, er hat seinen Herrn, den Grafen Orsighieri, erstochen. Wenn ich offen sein soll - er hat recht getan, ich hätt' nicht anders gehandelt. Und würdet Ihr, junger Herr, nicht auch den erschlagen, den Ihr im Bett Eurer Liebsten findet? - Doch höret, die Sache ging so zu:

Der Graf Orsighieri, ein reicher Herr aus Florenz, kam in unsere Stadt, wo's ihm so gut gefiel, daß er sich einen schönen Palazzo kaufte, am großen Kanal. Das mag nun einige zwanzig Jahre her sein. Ein junger Mann war immer um ihn. Dem diktierte er allerhand, woraus der junge Mann dann Bücher machen mußte. Das war Signor Elefante, Barbaro Elefante. Sie sagten alle damals, er allein sei es, der die Bücher schreibe, er sei viel klüger als sein Herr und ein Dichter dazu. Und hübsch war er auch! Groß und schlank, mit braunen Locken, die ihm so keck in die Stirn fielen, daß alle Mädel rot wurden, wenn er an ihnen vorbeiging. Und trotzdem er sie alle haben konnte, sogar die vornehmen, hielt er's nur mit einer. Colomba hieß sie. War die Tochter eines Gondoliers. Ihre Mutter besorgte die Wäsche im Haus des Grafen. Colomba - sie nannten sie alle Colombina, weil sie so zierlich flattern konnte mit ihren kurzen Röcken - begleitete die Mutter oft in den Palazzo Orsighieri. Da lernte Barbaro sie kennen. Bald verliebte er sich in die Kleine und sie sich in ihn. - Sie wurde seine Geliebte. Alle Mädel beneideten sie um ihren Schatz. Barbaro aber meinte es ernst mit ihr und versprach ihr die Ehe als Belohnung für ihre Hingabe.

Colombina schien jedoch höher hinaus zu wollen, und als der Graf ihr viel Geld versprach, da ließ sie ihre Kammertür offen.

Eines Nachts überraschte Barbaro die beiden. Er stieß dem Grafen, seinem Brotherrn, den Dolch ins Herz. Auch die Kleine stach er nieder. Da kam Barbaro hierher in die Bleikammern. Ich war damals gerade Schließer geworden, und einer meiner ersten Kunden war Barbaro. - Ich hatte scharf aufzupassen in den ersten Monaten. Denn da versuchte er oft, sich umzubringen oder zu fliehen. Nach und nach aber gab er sich drein, und bald mochte ich ihn ganz gern. - Er war so still und bescheiden, junger Herr, daß es eine rechte Freude war, so einen Sträfling zu pflegen. Und so gut war er! Zwei Drittel seiner Pension überließ er mir, denn wißt, ich hab' Frau und Kinder, und der Verdienst ist knapp! - S'ist recht schade, daß er nun schon tot ist! - Ja, ja, die Bücher, junger Herr! Hab's immer schon gesagt, daß er sich nicht den Kopf verkeilen sollte mit dem dummen Zeug! -

Kann Euch bloß den guten Rat geben, junger Herr, macht's nicht so wie der Signor Elefante! Lesen ist das reine Gift! Da sollen ganze Stöße dicker Bücher in den kleinen Kopf hinein, das geht nimmer! Und da muß der Mensch ja eines Tages verrückt werden, wenn der Kopf platzt vor lauter Büchern und das Gehirn runterläuft in den Magen! Ach, übrigens, die Kleine, die Colombina, die genas wieder. Der Graf war gleich mausetot. - Und ein Kind soll sie auch von Barbaro haben, manche freilich meinen, sie hätt's vom Grafen. Später hat sie dann einen braven Mann geheiratet. Schuster war er, den mußte sie schließlich nehmen, weil kein anderer sie mehr wollte. Den armen Mann hat sie bald in die Grube gebracht! - Ja, die Weiber, junger Herr! - Hütet Euch nur vor ihnen! …

Ich freilich - ich hab's gut getroffen; meine Giulia, die ist treu und gut. Und ein Essen kocht sie Euch! Und feine Verbindungen hat sie! Ich kann Euch sagen: schlau ist sie. Wenn ich mal keine Lust habe, Dienst zu tun, und gern mit meinen Freunden auf den Fischfang gehen möchte - ich bin nämlich leidenschaftlicher Fischer, das hab' ich wohl von meinem seligen Vater, der war nämlich Fischer von

Beruf - also, dann sagt sie gleich: 'Geh' nur zu, Lorenzo - ich werde zu dem Signore Messer Grande gehen und dich entschuldigen!' - Und was soll ich Euch sagen, junger Herr? - Das Teufelsweib geht dann einfach zu dem gestrengen Signore, und wenn ich tags darauf wiederkomme, dann fragt er mich noch, ob's schön gewesen und ob ich viel gefangen! - Seht Ihr, junger Herr, ich hab' mehr Glück gehabt in der Liebe, als der arme Barbaro. - Ihr müßtet mal mein Weibchen sehen! Wie Milch und Blut, und stramm, sag ich Euch! Und jung auch! Könnt' fast ihr Vater sein! - Aber da sitz' ich nun und schwatz' Euch was vor und vergeß' meine ganze Arbeit. Meine Kinder werden schon ungeduldig! Hört nur, wie sie klopfen … Ja - ja, komme schon - ja doch, ja - Accidenti al primo novembre … Könnt Ihr nicht warten?"

Unter noch kräftigeren Flüchen schlurrte er mit Klappern und Klirren seiner Schlüssel und Näpfe zur Tür. Blickte noch einmal zu dem jungen Lord zurück und rief im Flüsterton:

"Ich vergeß' ihn nicht, Euren Brief, junger Herr!"

Dann hatte er die Riegel vorgeschoben und sein schleppender Gang verhallte bald. Andere Türen und Riegel klappten und schallten, bis wieder die gewohnte Stille unter den Bleidächern lag, diese jahrhundertalte Ruhe der schweren, heißglühenden Platten, unter denen nackte Menschenleiber verdorrten, umnachtet vom Wahnsinn, der ihnen mitleidig die Qualen und Martern ihrer beispiellosen Verzweiflung nahm, bis endlich die restlose Erlösung kam: der Tod!

Beß hatte sich erhoben. Die Wunde setzte schon ein Häutchen an. Er versuchte ein paar Schritte - es ging schon ganz gut.

Nachdem er das Zimmer abgeschritten, ging er ans Fenster, sah hinaus. Wie weit, wie endlos weit ging sein Blick! Flog über tausend Dächer und Kanäle, über die Lagunen, die sich in der Ferne vermählten mit der hellen, blauen Himmelsglocke. Und ganz hinten am Horizont sah er es weiß durch den Dunst leuchten. Das waren die Schneegipfel der Alpen. - Grausam, den Gefangenen dieses entsetzlichen Kerkers solche Aussicht zu geben! Mußten sie nicht doppelt leiden beim Anblick dieser unendlichen Freiheit, die sich da so verlockend, so strahlend in ewiger und sich hart versagender Schönheit streckte?

Stuart trat zurück. Er überdachte seine Lage: Frei wurde er wohl, darum bangte er sich nicht mehr. Aber die Angst um Babby machte ihn ruhelos. Nur für Minuten verließ sie ihn; dann war sie wieder da, stieg mit einer Blutwelle hoch in ihm auf, daß ihm das Herz stillstand, die Kehle ihm zugeschnürt wurde.

Vergebens suchte er sich einzureden, daß er sich in Geduld fassen müßte, bis die Stunde der Freiheit gekommen, daß er bis dahin nichts unternehmen könnte, als auf Nachricht zu warten. Die Sehnsucht wurde größer noch als die Angst. Wie ein wildes Tier im engen Käfig lief er von Wand zu Wand, stieß hart mit dem Kopf an, sein Schrei der Sehnsucht prallte ab an den dicken Steinen, ermattet sank er auf sein Lager. Die Wunde sprang wieder auf, sein Schreien erstarb in Schluchzen.

Die Frühlingssonne brannte mit Macht auf das Bleidach von Stuarts Gefängnis. In den Kammern von Stein und Balken brütete trockene Hitze. Dicker, stinkender Staub der Zersetzung qualmte unter den Dächern. Die Ermattung, die über Beß gekommen, hatte ihn stumpfer gemacht von Tag zu Tag. Seine Verzweiflung war mit untergegangen in der Erschlaffung seines Körpers. Er verbrachte den Tag in einer Art Schlafes, den er mit offenen Augen schlief, und der erfüllt war von wirren Träumen.

Über seinem Bett hing, wie das Bild einer Heiligen, die Miniatur der Geliebten.

Des Nachts erst, wenn die Kühle der Wasser auch in seine Höhe stieg, raffte er sich auf, sog die Frische der Nebel und Dünste an dem kleinen Fenster. Dann wurde auch die Sehnsucht wieder rege in ihm, seufzend sah er hinaus in die weiß schimmernde Nacht, horchte auf die Geräusche der schlafenden Stadt. Wie nah, und doch wie fern klang das verlockende Plätschern der verspäteten Gondel unter ihm! Umsonst rüttelte er an den dicken Stäben. Die gaben nicht nach, trotz Alter und Rost. Die Hand, die an ihnen schob und ruckte, war auch zu schwach geworden, um ihnen gefährlich zu werden. -

Sechs Wochen waren vergangen. Trotz Walters regelmäßigen Nachrichten wollte Stuart die Hoffnung auf Erlösung schwinden. Er wußte, daß Babby lebte und in der Stadt war. Weiter konnte oder mochte ihm Walter nichts sagen. Das stand in dem zweiten Brief, ganz kurz. Die anderen sprachen überhaupt nicht von ihr. Beß las die Briefe kaum noch, er wußte vorher, was sie enthielten: Ermahnungen, Worte der Freundschaft, Versprechen für sichere Befreiung. Lorenzo hatte sein Schwatzen bald aufgegeben. Es war ihm zu einseitig geworden.

Eines Tages griff Beß zu den Blättern des Alten. In schöner, sorgfältiger Handschrift waren sie geschrieben. Die Geschichte seiner Liebe erzählten sie. Vergilbt und verstaubt raschelten sie unter Stuarts Händen gleich Herbstlaub. - Wie hatte dieser Mann geliebt! Mit der Glut des Dichters beschrieb er, wie er zugrunde gegangen an dem Leid, das die Liebe über ihn gebracht. Wie seine Jugend, sein Schaffen an ihr zerschellten. Nun saß er, ein Wrack, hier oben auf der steilen Klippe und sah, wie es langsam zerfiel, das stolze, mutige Schiff seines Lebens, mit dem er einst hinausgefahren in die Welt, fremden, in Träumen gesehenen Küsten entgegen.

In diesen Blättern des Unglücklichen fand Stuart sein eigenes Schicksal. Auch er war so hinausgezogen wie jener, mit geschwellten Segeln der Hoffnung. Das weite Meer glänzte im strahlendsten Licht, bot Sonnenküsten, wohin er blickte. Da war auch er aufgefahren auf den trügerischen Fels. Würde er je frei werden? Würde sein Schiff nicht auch bersten wie das von Barbaros?

Ihm graute, wenn er daran dachte. Er sah den Alten vor sich, wie er an seinem Bett gesessen, mit Augen, die voller Güte waren, aus denen es aber auch flackern konnte wie Wahnsinn. War das nicht sein eigenes Bild, das Bild seiner Zukunft, seines Endes?

Er las weiter, das Schicksal des Unglücklichen packte ihn, denn dem seinen schien es verwandt.

Blatt um Blatt wandte er, da fand er plötzlich einen Brief zwischen den Seiten. Zittrig und ungelenk, mit den großen Buchstaben eines Kindes, blickten ihn die Zeilen an:

Geliebter!
Verzeihe mir. - Schwer hab' ich gebüßt. Und tragen werde ich mein Leben lang, was ich dir tat! Nie wieder werde ich glücklich sein, wie ich es war durch Dich. - O, mein Geliebter! - Wie unselig war ich, als ich dieses Glück zerstörte, geblendet von meiner Eitelkeit Dich betrog, den ich noch heute liebe wie einst, den ich nie, nie vergessen werde!

Vergib mir die schwere Schuld! Vergib sie mir des Kindes halber, unseres Kindes, das mir der Himmel schenkte vor wenigen Wochen. Wenn Barbara - so taufte ich die Kleine im Andenken an Dich, ihren Vater - einst groß sein wird, dann will ich ihr erzählen von der Schuld ihrer Mutter, auf daß sie nicht so namenlos unglücklich werde wie Deine Dir in den Tod getreue

Colombina

Barbara! - Das Kind der Ungetreuen hieß wie seine Geliebte! Ein Zufall! Der Name Barbara war nichts Ungewöhnliches. Warum also wollte dieser dumme Gedanke, der ihn da plötzlich durchzuckte, nicht weichen? - Wahnsinn, was er da immerzu denken mußte: Colombina, die Mutter Barberinas, der Alte - ihr Vater! - War es schon soweit mit ihm? Brauchte er nur einen Monat dazu, wo der Alte Jahre nötig gehabt? - Wütend sprang er auf, ballte die Blätter zum Klumpen, warf sie hinaus durch die Stäbe.

Er preßte den heißen Kopf in die Hände, nahm sich fest vor, den törichten Gedanken zu bannen. Aber es gelang ihm nicht. Immer wieder rief es in ihm: Sie ist sein Kind, sein Kind! - Er, der Unglückliche, der Narr - ihr Vater! -

Und die Nacht ging ihm dahin mit solchem Rufen. In Schweiß gebadet fand Lorenzo morgens den Lord. Bemühte sich um ihn - der junge Herr barg ihm ja vielleicht eine hübsche Summe!

Da packte ihn Stuart am Arm, schrie ihm mit heiserer Stimme ins Ohr:

"Sagt mir, was wurde aus der, der Liebsten von dem da?" Zitternd deutete er auf die Stelle, wo die Leiche des Alten gelegen.

Lorenzo erschrak. Was war das mit dem jungen Herrn! Sollte der Geist des Toten ihn verfolgen? Aber er durfte den anderen nichts merken lassen von seiner abergläubischen Furcht; Kranke sind wie Kinder, sie müssen ihren Willen haben - so antwortete er scherzend:

"Die Colombina meint Ihr, junger Herr? - Nun, ich sagte Euch wohl schon, die nahm einen Schuster zum Mann, die Kleine ... Ach, keiner spricht heut mehr von ihr. Sie ist längst vergessen!"

"Wie hieß ihr Mann?" Stuart sah dem Schließer stier ins Auge.

"Wartet mal, junger Herr, ja, richtig - jetzt hab ich's: Donino ... Campanini ..."

"Was??" schrie Stuart ihn an, daß er vor Schrecken zurückwich. "Was sagt Ihr?? ... Campanini??"

"So war der Name, junger Herr! - Und wißt Ihr, die berühmte Tänzerin, die Campanini, die soll seine Tochter sein, sagen sie hier. - Aber es gibt noch eine ganze Menge Campaninis in der Stadt. - Allerdings, manche haben mir zwar erzählt, die Columbina, das sei ihre Mutter!"

Aber Stuart hörte nicht mehr, was Lorenzo sagte. So war er doch zur Wahrheit geworden, dieser Gedanke, der ihn gepeinigt hatte, mit unerklärlicher Macht! Nun fiel er von ihm, der ungeheure Druck, der sich auf seinen armen Kopf gelegt hatte, daß er meinte, den Verstand zu verlieren.

Der Alte - ihr Vater! - Hätte er es gewußt damals, als jene gütigen Augen ihn so fremd-zärtlich angeblickt, als jene müde, welke Hand ihm fühlend über die Stirn gestrichen! Als der alte Mann den Unbekannten, von dem er nicht wußte, ob er nicht vielleicht ein Verbrecher war, gepflegt wie ein Samariter, mit einer Barmherzigkeit, die von der Größe dieser Seele sprach, die zugrunde gehen mußte in Nacht und Einsamkeit! - Zu spät kam der Dank, den er ihm nachschickte! - Der Vater seiner Geliebten, mit dem das Schicksal ihn zusammengeführt in seiner Todesstunde! - Er fühlte, wie er ihn liebte, diesen Märtyrer! Ihm auch dankte er die, in deren Augen das Glück der Welt lag, ihm auch dankte er, daß die Geliebte ein Herz barg, dessen Reichtum ihn beschenkt mit Seligkeit und Glück! -

Und Stuart ging still umher in den nächsten Tagen. Er dachte an den Alten. Mit welcher Kraft hatte der ein Menschenleben getragen, das Kreuz, dessen Last ihm jetzt schon so unsagbar schwer schien! -

Des jungen Lord Wangen waren hohl und bleich geworden in diesen Wochen. Mit weiten, glanzlosen Augen starrte er vor sich hin oder auf das kleine Bild mit dem lockenden Köpfchen, auf das er seine trockenen, brennenden Lippen drückte. -

Die Glut unter den Dächern wurde schlimmer, je näher die Sonne stieg. Allen Saft sog sie aus den Menschen, die verdammt waren, da oben zu hausen. Ungehört verschallten die Jammerrufe und Verzweiflungsschreie der Unglücklichen. Das war die Hölle! - Nein, die Hölle kannte noch Erbarmen, denn sie hatte Flammen für die Sünder, Flammen, die sie verzehren mußten. Die Erde hat größere Teufel denn die Hölle! -

Nun konnte Beß nicht einmal mehr trinken. Sein Gaumen war wund, verbrannt. Und wenn Lorenzo nicht dagewesen wäre, ihm gewaltsam das Wasser in die Kehle zu schütten, er wäre elend umgekommen. Lorenzo aber wachte, er wußte ja, was es galt!

Und eines Tages raunte er dem Halbtoten zu: "Heut abend, junger Herr! - Seid bereit!"

Aber Stuart hörte die Worte nur im Traum. Und als der Abend gekommen, und mit ihm Nacht und Dunkel, da wußte er nicht, wie ihm geschah, als Lorenzo ihn packte, ihn fast trug über Gänge und Treppen. Die Besinnung war ihm geschwunden. Nur ein sanftes Schwanken und Wiegen fühlte er noch, hörte eine Stimme, deren Klang ihm vertraut war.

Das Schwanken und Wiegen kam von der Gondel, die ihn in die Freiheit führte, und die Stimme, die kam aus dem Mund seines Freundes, der hatte seinen Kopf sanft gebettet auf seinem Schoß. -

Eine Woche wohl brauchte Beß, sich zu erholen. Die beste, sorgsamste Pflege umgab ihn. Sein Freund wich nicht von seiner Seite. Auf dem Rand des Bettes saß er, blickte in das blasse, abgezehrte Gesicht, das er gekannt blühend in den Farben des Frühlings. "Meine Schuld …", raunte es in ihm, "ich verriet dich, verriet dich aus Liebe zu dir! - Wie kann ich dir je vergelten, was du gelitten!"

Und er beugte sich über ihn, legte ihm die Hand auf die heiße Stirn. - Endlich konnte der junge Lord aufstehen. Walter führte ihn auf den Balkon. Da sah Beß Rosalba Carriera. Sie blickte auf, als sie seine Schritte hörte, er sah in ein paar matte, glanzlose Augen. Sie erkannte ihn nicht. Zögernd, stockend schritt er auf sie zu, ihr zu danken für die Gastfreundschaft. Seine Stimme verriet ihr, wer ihr nahte, sie streckte ihm die Hand entgegen:

"Nun sagt es mir nur noch mein Ohr, daß Sie es sind, mein junger Freund!"

Da wußte er es: Sie war blind! - Wortlos blieb er vor ihr stehen, dann sank er vor ihr auf die Knie, preßte seinen Mund auf ihre Hand. Und nun stürzten ihm die Tränen herunter, daß sie ihre Hand netzten. Diese Tränen dankten ihr, aber sie schwemmten auch die Bitterkeit hinweg, die sein eigenes Unglück in seine Seele gelegt. Klein erschien ihm das vor der erschütternden Größe dieses klaglosen Schmerzes.

Rosalba legte die Hand auf den blonden Kopf vor ihr:

"Wie haben Sie gelitten, mein armer, armer Freund!"

"O, Signora - sprechen Sie nicht von mir! - Vor Ihrem Leid muß meines verstummen!"

"Wie froh bin ich, daß Sie frei wurden! - Nun bleiben Sie noch ein paar Tage bei mir, bis Sie sich erholt haben, bis Sie kräftig genug zur Reise sind. - Und dann kehren Sie mit Ihrem Freund zurück in die Heimat, zu Ihrer Mutter. Wollen Sie mir das versprechen?"

Stuart drückte bewegt ihre Hand.

"Ihr Freund soll bei Ihnen sein, wie in den früheren Jahren", fuhr die Malerin fort, "die Treue seiner Freundschaft, die Liebe Ihrer Mutter wird Sie vergessen lassen, was Sie hier erlebt."

Dann schwieg sie. Nach einer Weile stand sie auf, tastete mit ihrem Stock in das Zimmer, ihr Studio, zurück. Ging den alten Weg zum Piano, das sie öffnete. Leise glitten die schmalen, weißen Hände über die Tasten. Akkord auf Akkord schwang sich durch den hohen, weiten Raum. Die Töne entrückten Rosalba der Welt und ihrem Leid. Und dann fiel ihre Stimme ein. Ganz zart klang von ihren Lippen die Klage, deren Weh sich auflöste in Harmonie:

Du Echo meiner Klagen,
Du treues Saitenspiel!
Nun kam nach Sonnentagen
Die Nacht - der Sorgen Ziel.
Klingt mit mir, sanfte Saiten,
Helft mir mein Leid bestreiten,
- Versenkt mein Leid
In Eure Ewigkeit ...

Er wagte nicht mehr zu fragen nach der Geliebten. Rosalbas Blick ließ Beß schweigen. Aber Walter las die Frage in seinen Augen. Und sie nahm ihm die Freude, daß er den Freund wiedergefunden.

Stuart ward in dem Haus der Malerin gesund. Die Kräfte kamen zurück. Aber wenn auch der Körper wieder das wurde, was er gewesen, die Seele wurde es nicht. Daß sie nicht heilen wollte, das verriet der Schleierblick seiner Augen. Und mit den Kräften war ihm die Sehnsucht gewachsen. Würde sie je weichen?

Der Tag der Abreise stand fest. Die Vorbereitungen waren getroffen. Da drang bis in den stillen Palazzo eines Tages die Kunde von der Verhaftung der Tänzerin, von ihrer gewaltsamen Entführung. Nachbarn und Dienstleute mochten sie hereingetragen haben. So kam sie auch zu Stuart. Und da brach ihm die Sehnsucht, so mannhaft zurückgehalten bisher, mit Macht aus dem Herzen. Da vergaß er, was er Rosalba versprochen, vergaß, daß die Mutter auf ihn wartete.

Er mußte zu Babby. - Ihr nach! Koste es, was es wolle!

Walter wollte ihm in den Weg, da stieß er ihn beiseite, zum zweiten Mal! Und als er aus dem Haus stürzte, vorbei an dem Freund, da fiel Walter die Schuld ein, an der er schwer trug. So lief er ihm nach, ihn zu begleiten, ihm beizustehen.

Ohne Abschied zogen sie davon. Denn Beß ließ keine Zeit. So lud er Undank auf sich.

Pfeilschnell fuhr die Gondel dahin. Schoß aus dem Canale Grande hervor, vorbei an Sante Maria della Salute,

Piazetta, San Giorgio, hinaus auf die Lagunen, der Küste zu. Beß sah sich nicht um. Er kehrte den Rücken dieser Stadt, die ihn mit ihrer Peitsche geschlagen. Seiner Sehnsucht Flügelschlag auch hatte ihn weit schon getragen. Über das Meer hinweg, die Berge, auf den Weg, den die Geliebte zog.

Walter aber hing fest an dem Bild der Stadt. - Da lag sie im Dunst ihrer Wasser. Hoch ragte der Campanile aus ihren Steinen, ließ seine Stimme erschallen über den Dächern, die sich um des Riesen Füße drängten. Klagend und mahnend woben seine Klänge, die brechenden, durch den Schleier, den der Abend auf die Stadt senkte.

Schwarz und drohend gebeugt stand er, der Himmelsträger, gegen den leuchtenden Abend. Als wollte er die Stadt, die seine Stimme verlacht, erschlagen.

Er läutete den Tag zu Ende. Und als die Glocken verhallt waren, da verschwand die Stadt, als wäre sie wieder untergetaucht in ihr Zauberreich.

So dünkte es Walter. Denn nun, wo nur Wasser und Himmel um ihn waren, glaubte er einen Traum, was ihm begegnet in der Stadt der stillen Wasser und leuchtenden Steine. -

Nacht war es, als der Sand knirschte unter der Gondel. Sie waren in Mestre. Dort erfuhren sie, daß drei Damen vor zwei Tagen von Venedig gekommen wären und in guten Reisewagen ihren Weg auf der Straße nach Osten genommen hätten.

Da kauften sie schnelle Pferde und jagten den Karossen nach.

Neuntes Kapitel

Von Palmanova, der Feste Venetiens an der österreichischen Grenze, führte der Weg hart am Abhang talwärts, mitten durch das weiße, strahlende Licht der Aprilsonne, leuchtend und schimmernd im Frühlingsglanz. Vorüber an Weinbergen, die sich zaghaft grün schon färben wollten. Das Land feucht und saftig, strotzend von Fruchtbarkeit. Ab und zu tauchte ein Haus mit weißen Wänden und braunrotem Dach aus den weiten Feldern.

Blumen im hohen Gras, struppiges Gebüsch und hohe Pappeln säumten den welligen Weg, der einförmig weiterzog wie ein freudloser Wanderer, einem Ziel entgegen, das ihm gleichgültig war.

Über die Felder brauste der Lenzsturm, hart, machtvoll und warm. Alles bog sich dem Wilden, die Blumen, die Pappeln, die Büsche. Am hellblauen Himmel trieb er die Wolken heran, schwarz und schwer. Die dürstende Erde zog sie zu sich herab, sie lechzte nach ihrem warmen Naß, und in dichten, schrägen Strahlen gaben die vollen Wolkensäcke ihren Trank her.

Das einzig Ruhende in dieser Landschaft war der Weg. Um ihn, über ihn, war nur Bewegung. Alles arbeitete an dem großen Werk des Frühlings, voller Hast und Unruhe, voller Eile, fertig zu werden. Unaufhörlich murmelte und brauste es auf den Feldern, schwankte hin und her, ewig und unabänderlich, das bewegliche Unbewegte. Ein warmer, starker Geruch stieg in die Luft, wie ein Ausschwitzen überreichlicher Kräfte. Aus dem uferlosen Meer des Himmels klang es wie ein geheimnisvolles, übermütiges Lachen und mischte sich in das Ächzen der Felder. Das Sonnenlicht funkelte in den Millionen Tröpfchen auf den Blättern und Halmen, blitzte aus den Tümpeln des Weges.

Jetzt hat der Weg das Tal ganz erreicht, läuft durch die Ebene von Friaul der Stadt entgegen, deren Türme in der Ferne auftauchen. Sie liegt gut hier unten in der Weinebene, die alte Stadt Görz. Ihre Häuser und spitzen Kirchen hat sie schutzsuchend um das düstere, starke Schloß der alten Grafen von Görz geschart. Und das sieht über sie hinweg, drohend und bewußt seiner Aufgabe, die Schwachen zu schützen.

Müde ist der Weg geworden. Die hohen Berge, die tiefen, steinigen Täler waren ihm beschwerlich genug. Nun winkt ihm die Stadt zu kurzer Rast. Nur eine Brücke trennt ihn noch von der Gastlichen. Über den reißenden Isonzo führt sie, der aus den Alpen herniederschäumt, lärmend und stürzend in seinem übereiligen Lauf. Sein ganzes Bett braucht er um diese Zeit. Über zweihundert Fuß breit wälzt er sich dem Meer entgegen. Seine Wasser gurgeln und sprühen weiße Gischt in die Luft, drehen sich in wilder Luft um schwarze Felsblöcke, springen und fallen taumelnd in die Tiefe.

Und dann werfen sie ihre Brust gegen die alten Pfeiler der Brücke, spülen ihnen den Boden fort. Wie die wilden

Wasser sie hassen, die ihnen hemmend in den Weg traten! In blinder Wut rennen sie immer wieder gegen das morsche Holz. Sie wissen es: Eines Tages werden sie siegen! Aber die alte Brücke hält ihnen stand. So manches Jahr führt sie schon den schweren Kampf gegen die übermächtigen Feinde. Als sie jung war, lachte sie der kleinen zornigen Schaumköpfe unter sich. Jetzt aber ist sie alt geworden. Alt und müde des langen Streitens. Nun steht sie mit unsicheren Füßen mitten im Heer der ewig Jungen, während über sie der Frühling dahinbraust. Auch ihn haßt sie und seine Zeit, die alles um sie her verjüngt, erneuert, kräftigt, achtlos aber an ihr vorbeizieht, ihren kranken Körper, das Menschenwerk, verächtlich übersehend. -

Der große Reisewagen mit den vier Schecken hat langsam die Höhe erklommen. Schon steht die Sonne tief. Nun liegt plötzlich das Talbild vor ihm mit der Silhouette der Stadt in der Ferne. Die Pferde stehen still, müssen sich verschnaufen.

Der Mann, der neben dem Kutscher auf dem Bock sitzt, steigt herunter. Er reckt sich, streckt die starken langen Arme in die Luft, biegt den mächtigen Körper nach hinten. Dann ist er mit einem Schritt am Wagenschlag, öffnet sacht die Tür, zieht den Dreispitz vom Kopf und spricht ins Innere: "Mesdames, nur ein Weilchen. - Der verd..., äh, - hohe Berg, wollt' ich sagen, liegt den Gäu... Pferden in den Knochen!"

Dies sagte er auf französisch, das er vollkommen zu beherrschen schien, aber sein Akzent war von einer Härte, welche die drei Damen Campanini erschrecken mußte.

Die eine von ihnen, Marianna, meinte denn auch auf italienisch: "Das muß ein Preuße sein! - Welch ungeschlachter Riese! Wie hart er spricht!"

"Capisco italiano, Signorina", antwortete lächelnd der Riese, "Sie haben recht", fuhr er in derselben Sprache fort, "ich bin Preuße. Sogar Märker bin ich. Nämlich aus der Mark Brandenburg, in der Berlin liegt, wohin die Damen reisen. - Ein feines Land, sag' ich Ihnen! Und eine schöne Stadt! - Ach, ich bin viel in der Welt herumgekommen, als ich noch meinen früheren Herrn, den General Wurmbrandt - Sie haben gewiß viel von ihm gehört! Das war ein großer Herr -, als ich damals den Herrn General begleitete auf seinen Reisen, aber das kann ich Ihnen sagen: Ein so schönes Schloß, wie das Berliner, sah ich nirgends! - In Paris nicht, in Wien nicht - nirgends! - Und schöne Boulevards gibt's da! - Aber das Großartigste, das ist die neue Oper in Berlin. - Ich war mit meinem Herrn gewiß an vielen glänzenden Höfen, aber so einen, wie den des jungen König Friedrich - den sah ich noch nie! Und Seine Majestät selbst! Was für ein charmanter, junger Herr! So gnädig und gut zu seinem Volk. Wer dessen Freund ist, der hat's gut! Und denken Sie: so jung noch und hat schon ein großes Land erobert, eine ganze Armee geschlagen ..."

"Sagen Sie mir, Signor Mi - Mir ..."

"Maier!" half der Brandenburger.

"Signor Maja - sagen Sie mir, finden wir wohl eine gute Herberge in der Stadt da unten? Meine Töchter sind müde, sie wollen die Nacht in der Stadt zubringen."

Maier kniff die Lippen zusammen. Das war ihm durchaus nicht recht. Er sollte ja eilen, wollte erst in Laibach übernachten. Doch schnell besann er sich seiner Instruktion.

"Ja, wenn die Damen es wünschen, dann könnten wir ja im 'Schwarzen Adler' zur Nacht bleiben. Ein gutes Albergo und ein freundlicher Wirt."

"Ben', Signor Majro, fahren wir dahin."

Maier verbeugte sich, schloß die Tür und schwang sich wieder neben den Kutscher.

"Das habe ich ganz gut gemacht", dachte er. "Genau so, wie's in der Instruktion des Herrn Grafen steht."

Und während die Pferde langsam anzogen, griff er in seine Rocktasche, zog ein dickes Papier hervor, das er bedächtig entfaltete und las.

"Hier steht es", murmelte er. Halblaut las er:

"Nummer 6. - Wird der Maier seine Zurückreise nach Wien, so viel als es ohne die Tänzerin Barberina zu sehr zu fatiguiren geschehen kann, zu beschleunigen suchen."

"Wenn sie also müde ist", schloß er sein Sinnen, "muß ich schon hier ausspannen lassen. - Und die Kleine schien wirklich recht marode! - Aber so ein verbissenes Gesicht hat sie heute nicht mehr, wie die ersten Tage! Hat ordentlich die Ohren gespitzt, als ich ihr da so schön von Berlin schwatzte! - Ha, ha! Der Herr Graf würde sich sicher gefreut haben, wenn er das gehört hätte! - Denn er schreibt doch da ausdrücklich noch zum Schluß:

"Als welche Barberina er auf alle Weise zu flattiren, ihr die Reise bequem machen und sie in guten Humeur zu setzen suchen, auch ihr versichern wird, daß sie in eine schöne Stadt, an einen großen Hof und in eines gnädigen Königs Dienste käme, worin sie alle Ursache vergnügt und zufrieden zu sein haben wird." -

Befriedigt faltete Maier das Papier zusammen. Der große Wagen holperte immer schneller der Ebene zu. Der Wind pfiff um Maiers Ohren, die langen Mähnen der Schecken flatterten, der Kutscher rief sein "Hü, Hü!" durch den Lärm der Räder und Hufe. Die Pappeln und Büsche flogen vorbei, Vögel jagten erschrocken kreischend in die Höhe, das Wasser in den Pfützen klatschte und spritzte auf. Rasch und unvermittelt sank die Dämmerung auf das Land.

Die Damen im Wagen machten das Schwanken des schweren Gefährts mit, krampfhaft hielten sie sich an den Polsterriemen, fielen aber doch ab und zu übereinander. Endlich ging der Wagen ruhiger. Das Tal war erreicht. Noch dunkler wurde es hier unten. Jetzt konnte man wieder ein Wort verstehen. Und da die Alte solche Gelegenheit nie ungenutzt vorübergehen ließ, meinte sie redselig: "Siehst du, mein Kind, du wirst es gut haben! - Ach, wären wir nur erst da! - Hast du gehört, wie schön Berlino sein soll? - Und der junge König! - Wärst du nur deiner alten Mutter gleich gefolgt, dann hätten wir uns die Blamage erspart! - Ein netter Herr übrigens, der Signor Miro, ein weitgereister Mann. Wie gut er unsere Sprache kann! - Ich glaube, die Preußen sind nicht halb so schlimm, wie das dumme Pack in Venedig sie hinstellt. - Fühlst du dich etwas besser, mein Liebling? - Nein? - Na, warte nur, das geht schon vorüber! - Denk nur nicht mehr an den jungen Laffen! Denk lieber an die herrliche Zukunft, die dich erwartet! - Wie kann man sich nur grämen um einen verlorenen Liebhaber! Dummheit! Zehn, hundert kriegst du für einen, sag ich dir! Sollst mal sehen, wie schnell …"

"Ach, Mutter, so hören Sie doch auf! - Mein Kopf schmerzt, und Sie peinigen mich immer mit demselben Gerede, das ich schon auswendig wüßte, wenn es nicht so albern wäre!"

"Albern! - Das wagst du deiner Mutter zu sagen? - Wenn etwas albern ist, so bist du es, sag ich dir, du ungeratene Göre!"

"Regen Sie sich doch nicht auf, Mutter!" mischte sich jetzt Marianna ein. "Lassen Sie Barbi doch in Ruhe! Sie sehen doch, daß sie sich nicht wohl fühlt!"

"Verbiet' du nur noch deiner Mutter den Mund! Das fehlte noch. Ach, Porco Dio, was hab' ich für Not mit meinen Kindern! - Na, wartet man, ihr werdet schon sehen, wo ihr bleibt, wenn ich mal nicht mehr bin! - So dankt ihr eurer Mutter für all ihre Sorge um euch, für …"

"Sorge nennen Sie das?" Erregt blickte die Ältere der beiden die Alte an. "Soll ich Ihnen vielleicht danken für das, was Sie aus mir machten? - Daß Sie mich dies schändliche Handwerk lehrten, mich verkauften wie eine Dirne …"

"Schweig!" fuhr die Alte dazwischen. "Schweig! So nennst du es, da ich für deine Zukunft bedacht war? - Währst wohl lieber da unten geblieben, im Schusterkeller, was?"

"Ja, Mutter, lieber dort, als …"

Der Rest ging unter in dem Gepolter der Pferdehufe auf dem Holz der Brücke. Trapp, trapp, trapp, klopfte es schnell, während das Rauschen des Isonzo herauftönte.

Da, ein Schrei! Und noch einer! Und plötzlich schwankt der Wagen zur Seite, schlägt hart auf das Geländer, das mit lautem Krachen nachgibt, rutscht tiefer und tiefer, steht plötzlich still. Sand und Steine knirschen unter den schweren Rädern, die vom Wasser umspült werden. Schreckensrufe erklingen aus dem Innern. Maier und der Kutscher sind vom Bock geschleudert worden. Zwei von den Pferden stehen zitternd am Ufer, die beiden anderen sind in der Dunkelheit nicht zu sehen.

Schnell hat sich Maier aufgerafft. Die Brücke ist zusammengebrochen. Gottlob, nur am Ufer. Die Kutsche steht schief im seichten Wasser. Er springt zum Wagenschlag, reißt ihn auf, greift mit starken Armen helfend hinein. Kaum fühlt er ein paar Arme um seinen Nacken, da packt er kräftig zu, watet mit seiner Last ans Ufer. Da setzt er sie ab, die junge, vor Schrecken halbtote Frau. Sie sinkt ins Gras. Maier eilt zurück, daß das Wasser ihm um die Ohren spritzt. Wieder strecken sich ein paar Arme hilfesuchend aus dem Schlag, schlingen sich um seinen starken Hals. Und während er diesen Körper, der ihn schwerer dünkt wie der erste, ans Ufer trägt, gellen in sein Ohr die Schreie der vor Angst fast wahnsinnigen Marianna.

Er setzt sie neben ihre Schwester ins Gras, ruft ihnen ein paar schnelle Worte der Beruhigung zu, dann stapft er zum dritten Mal zum Wagen. "Nun die Alte", meint er, indem er die Arme kräftig spannt.

Aber als er am Schlag steht, recken sich keine wartenden Arme heraus. Maier steigt hinein, sucht nach der Signora. Da stößt er mit den Händen in der Dunkelheit an ihren Körper. Fest packt er an. - Himmel, die ist schwer! Er zieht sie behutsam durch die Tür, lädt die Last auf seine Arme und watet zurück. Keinen Laut gibt die Alte von sich. Liegt so still und schwer, auch jetzt noch, als er sie niedergelegt.

In diesem Augenblick kommt auch der Kutscher herangehumpelt. Er hat eine Verwundung am Bein. Auch am Kopf scheint er zu bluten.

Die beiden jungen Damen sitzen noch immer auf dem Fleck, da Maier sie niedergesetzt. Sie halten sich engumschlungen. Maier beruhigt sie, es wäre nicht so schlimm, sogar der Wagen wäre ganz geblieben - ob sie irgendwo verletzt seien? Stumm nur schüttelten sie mit dem Kopf. Da wendet er sich der Alten zu. Die liegt ganz ausgestreckt da. Die Reifen ihrer Röcke stehen in die Luft, der Wind setzt sich hinein und bauscht sie so hoch, daß Maier in dem schwachen Licht des späten Abends zuerst gar nicht weiß, wo er ihren Kopf suchen soll. Endlich findet er ihn, tastet mit der Hand über ihn hin, fühlt warmes Naß an seinen Händen. Da beugt er sich voller Schrecken nieder, fühlt nach dem Herzen! Gottlob! Es schlägt noch! Nun schnell zur Stadt!

Der Kutscher hat die beiden Pferde eingefangen, zieht sie herbei. Die beiden andern liegen neben den eingestürzten Brückenpfeilern, sie mochten die Beine gebrochen haben.

Sie spannen die Pferde vor. "Hoh, hoh!" rufen sie ihnen zu. Der Kutscher läßt die Peitsche niedersausen. Aber die armen Tiere, denen der Schreck noch in den Gliedern liegt, bringen den schweren Wagen nicht hinan. Wieder und wieder die Peitsche, und "Hoh, hoh!" - Sie stolpern nur, bringen den Wagen keine Handbreit weiter.

Mutlos läßt Maier die Arme sinken. Da war weiter nichts zu tun, als in die Stadt zu laufen und Pferde zu besorgen. Und das war weit genug! Ehe er dort sein konnte, war es Nacht. Und dann noch zurück! Und die Frauen hier allein lassen, allein mit dem verwundeten Kutscher!

Aber es half nichts. Das war der einzige Weg, also vorwärts! Er ruft den Damen zu, daß er sich aufmache, Hilfe zu holen, gibt den Kutscher auf, für die alte Dame zu sorgen, ihr Decken zu geben - da hörte er Pferdegetrappel auf der Brücke. Schnell springt er die Trümmer hinauf, schreit mit mächtiger Stimme den Kommenden entgegen: "Halt! Halt!" - Sie mochten ihn gehört haben, das Klappern der Hufe wird immer langsamer, je näher es kommt. Plötzlich tauchen vor Maier die Silhouetten zweier Reiter auf, ganz dicht, und er hört auf französisch die Frage: "Wer ist da? - Was gibt's?"

"Die Brücke ist zusammengebrochen!" gibt er zurück.

"Dank! Tausend Dank! - Können wir weiter?"

Es klingt ängstliche Eile aus den Worten.

"Ja - sitzen Sie ab und folgen Sie mir hier herunter!"

Die beiden Fremden steigen ab und klettern unter Maiers Führung in das niedrige Flußbett hinab, ziehen die Pferde hinter sich her.

"Nun, Messieurs", sagt Maier, als sie auf dem Ufer waren, "nun möchte ich Sie bitten, mir zu helfen! Mein Wagen steht da unten. Zwei Pferde verlor ich, die übrigen zwei schaffen ihn nicht den Uferrand hinauf - wollen Sie mir Ihre Pferde leihen?"

"Herr - wir haben Eile, - unsere Pferde sind matt - aber - nun, Sie halfen uns, so müssen wir ..."

"Beß!" Es ist nur geflüstert, aber er hört es doch. Dicht hinter sich im Gras. Rasch dreht er sich um, aber nun hört er ein leises "Pst!" - Da wendet er sich schnell an Maier, der mit dem anderen Reiter die Pferde schon hinunterführen will.

Die drei Männer und der Kutscher spannen jetzt die Pferde vor die Schecken. Nach ein paar vergeblichen Versuchen und zerrissenen Stricken gelingt es ihnen endlich, den Reisewagen in die Höhe hinaufzubringen. Behutsam wird die Signora auf die Sitze gebettet. Sie gibt noch immer keinen Laut von sich, nur ab und zu ein leises Stöhnen und Wimmern. In der Dunkelheit greift Beß die Hand der Geliebten, flüstert ihr ein heißes Wort zu, als sie einsteigt.

Stuart schlägt Maier vor, sein und seines Freundes Pferd vor dem Wagen zu lassen. Sie wollen gern den Damen behilflich sein, schneller die Stadt zu erreichen. Dann schwingen sie sich in die Sättel, die Pferde ziehen an, und langsam setzt sich das schwere Gefährt in Bewegung. Maier dankt freundlich den beiden hilfreichen Herren.

Wenige Minuten später fallen die Pferde in Trab. Rasch geht's der nahen Stadt zu. Nun ist es Nacht. Ein paar spärliche Lichter zeigen das Ziel.

Als das Pflaster der Stadt unter den Hufen erschallt, der Wagen mit ohrenbetäubendem Lärm seinen Einzug hält, liegt die Stadt da wie ausgestorben. Irgendwo öffnet jemand ein Fenster, steckt den Kopf mit der weißen Nachtmütze heraus, blickt erschreckt auf das schwarze Ungetüm, welches da über das Pflaster holpert, daß die Fensterscheiben erzittern.

Jetzt ist man auf dem Marktplatz angekommen. Stuart schwingt sich vom Pferd, läuft klopfenden Herzens an den Schlag. Ein Hund springt ihm kläffend in den Weg, ein Mann mit langem Spieß kommt hinter ihm hergelaufen. Fenster werden aufgestoßen, durch die dunkle Nacht hallen Stimmen, ärgerliche, fragende.

Nun kommen sie von allen Seiten herangelaufen, die guten Bürger von Görz, ganz erstaunt, etwas anderes in ihrer sonst so ruhigen Stadt zu hören, als das Schnarchen der Männer und Frauen. Erschreckt waren sie erwacht, und mit dem unklaren Gedanken, daß das Ende der Welt gekommen sei oder der Feind anrückte. Mit Lampen, Kerzen, Fackeln in den Händen versammelt sich die Schar um den Wagen, die Männer in Nachtmützen, Casaquins, Schlafröcken und Hemden, die Frauen eingehüllt in Tücher, die sie in der Eile griffen. Man klettert auf die Trittbretter, leuchtet in das Innere, schwatzt und lärmt, beklagt laut die armen Reisenden, als man von dem Unfall hört, schimpft auf den Postillon, die Pferde, die Brücke, die Dunkelheit, den schlechten Weg, das Wetter … Maier aber breitet die Arme aus, versucht sich durch die dichte Menge zu drängen, hinüber in das Hotel "Zum schwarzen Adler".

Aber riecht es da nicht neben ihm wie verbrannt? Er betastet sich, sieht sich um. Da schlägt auch schon eine helle Stimme auf! Ein mehrstimmiger Schrei ertönt: "Der Herr Bürgermeister brennt!" Und so ist es. Der Schlafrock des Stadtgewaltigen hat Feuer gefangen an der Kerze eines schönen Kindes. Er schreit auf, dreht sich im Kreis. Maier springt hinzu, reißt ihm den Rock herunter, zertritt schnell die Flammen mit seinen großen Füßen. Und nun steht der Herr Bürgermeister in seiner ganzen, prallen Fülle in Unterhosen da, ratlos, vor Schrecken gelähmt. Dann plötzlich rafft er sich auf, als er die lachenden Gesichter um sich sieht. Die Menge bildet ihm ein Gäßchen. Er läuft hindurch, seinem Haus zu, verfolgt vom Gelächter der Untertanen, die ein rechtes Gaudium haben, ihr gestrenges Oberhaupt so menschlich zu sehen. Nun sieht Maier auch den Weg zum Hotel frei. Aber da ist schon der Wirt, seine Mädchen und Hausknechte zur Seite. Man hilft die Signora herausheben. Bei dem Licht der Fackeln und Lampen sieht man erst ihre Verwundung. Das Blut ist durch die Tücher gedrungen, die in der Eile um ihren Kopf gebunden waren.

Vorsichtig trägt man sie ins Haus. Ein Chirurg und ein Bader sind schnell zur Stelle. Bald findet sich auch der Doktor. Er untersucht die Verunglückte. Schüttelt bedenklich sein Haupt. "Der starke Blutverlust", meint er. "Das Schläfenbein scheint gebrochen." Und dann hört ihn Maier noch so etwas von "Priester" murmeln. Endlich scheint die Kranke zu schlummern, das Blut rinnt nicht mehr, ihr Atem geht ruhiger. Marianna will wachen. Zwei lange Kerzen stehen zu Häupten des Betts.

Die Stadt ist wieder zur Ruhe gegangen. Auch in der Herberge ist es still geworden. Maier schläft tief und fest nach all den Mühen.

Marianna ist ermattet eingeschlafen auf ihrem Fauteuil. Die Lichter flackern, ihr Schein huscht über das bleiche Gesicht der Signora in den weißen Kissen. Scharf steht die kleine Nase heraus, die Wangen zu ihren Seiten sanken tiefer.

Da öffnet sich leise die Tür. Auf Strümpfen schleicht es herein, drückt sich wie ein Dieb an den beiden Frauen vorbei und verschwindet durch die nur angelehnte Tür von Barberinas Zimmer. Dann klirrt ein feiner Ton von dieser Tür her. Das war der Riegel, den Beß vor sein Glück schob.

Die Kranke schlägt die Augen auf. Sie irren hinüber zu der schlafenden Tochter und dann weiter zu der verriegelten Tür. Plötzlich richtet sie sich auf. Schrecklich ist der Ausdruck ihres Gesichts geworden. Ein schmaler, dunkler Streifen liegt darüber, vom Verband bis zum Kinn reichend. Jetzt wird er breiter. Das Blut quillt wieder. Sie scheint zu horchen. Und doch ist nichts zu vernehmen. Aber nicht ihre Ohren, ihr Instinkt läßt es sie hören, das leise, leise Geräusch, das aus der Kammer dringt, ein Geräusch von Küssen und erstickten Worten, Ächzen und Knarren. - O, sie kennt es gut das Geräusch! Ihre Hände krampfen in die Decke, die Augen werden größer und größer, immer breiter der Streifen auf ihrem Gesicht. Und jetzt öffnet sich weit der Mund, ein Schrei ertönt in die Stille der Nacht, ein markerschütternder Schrei:

"Barbara!!"

Marianna fährt auf, reibt sich die Augen, sieht erschreckt in das Gesicht der Mutter, springt hinzu, fragt:

"Was ist, Mutter?"

Die Alte streckt den zitternden Arm aus. "Da - da ... " murmelt sie, zeigt auf die Tür. Dann ist sie auf, dringt hinüber. Marianna stützt sie. An die Tür schlägt die Alte mit letzter Kraft. "Barbara! Barbara!"

Nun wird der Riegel zurückgeschoben, die Tür geht auf, Barberina steht vor der Mutter, bleich, erschrocken, im Nachthemd, in der Hand eine brennende Kerze. Aber die Alte drängt an ihr vorüber. Da sieht sie Beß stehen, der kaum fertig ist mit seinen Kleidern, die Haare hängen ihm ins Gesicht. Sie stürzt sich auf ihn, schüttelt wild die Faust. Als sie nach ihm greift, packt er ihre Arme, drückt sie aufs Bett. Mit einem Fluch sinkt sie nieder. Stuart hat die Hand auf ihren Mund gepreßt. Er beugt sich zu ihrem Ohr. "Barbaro!" flüstert er ihr zu. Da weiten sich ihre Augen, entsetzt starrt sie ihn an. "Barbaro!" flüstert er wieder ... "Ich sah ihn sterben - in den Piombi - Ihr seid seine Mörderin!" -

Das Wort warf sie nieder. "Barbaro ...", murmeln die bleichen Lippen. Mit den Händen greift sie wild um sich, reißt sich das Hemd von der Brust, den Verband von der Stirn. Die Augen sind weit offen, irren an der Zimmerdecke umher, der Blick ist verloren wie ihre Gedanken in der Vergangenheit. "Barbaro ... Barbaro ...", kommt es tonlos aus dem Mund. "Ich - deine Mörderin!" - Und da geht ein Schüttern und Schlagen durch ihren Körper, die

Arme greifen in die Luft, daß ihre gespenstigen Schatten riesenhaft über die Wände fliehen. Röcheln und ersticktes Rufen dringen aus dem zerschlagenen Kopf, von dessen Wunde das Blut herabrieselt, in vier, fünf dicken Streifen.

Die drei um sie herum sind gelähmt vor Entsetzen. Sprachlos starren sie auf dieses blutige, schreckliche Bild der Verzweiflung.

Die Alte ist stiller geworden. Mühsam geht ihr kurzer Atem. Der große Blutverlust hat sie todmatt gemacht. Ab und zu nur dringen leise, zerrissene Worte über die Lippen. Immer wieder klingt der Name heraus, jenes Wort, das sie zu Boden geschlagen. -

Die Abrechnung scheint vorbei. Die zur Fratze verzerrten Züge glätten sich mählich, dumpf und kraftlos steigen Sätze eines Gebetes aus der nach Luft ringenden Brust. Ein Lallen nur ist's, aus Angst und Reue geboren. Sinnlos und verwirrt, heilige Worte neben unheiligen, unreinen.

Der Tod legt sanft seinen Finger auf das Loch im Kopf, da rinnt das Blut nicht mehr. Er drückt auch die kurzen Arme zur Seite, streckt die gekrümmten Glieder. Nun läßt er dem Geist noch ein paar Sekunden, er weiß wozu.

Und die Alte hat seine Mahnung vernommen: Ihre Augen winken der Tochter. Widerwillig beugt die sich über der Mutter Kopf, lauscht den leisen, leisen Worten: "Fliehe - mit ihm! ... Werde glück ..."

Da ist die Frist zu Ende. - Was noch an Luft in dem toten Körper ist, das dringt mit einem Mal heraus, wie eine Blase eilt an den Wasserspiegel. Wie ein Zerplatzen war auch der dumpfe Ton, der darauf folgte. Oder sollte das ihre Seele gewesen sein, die da befreit herausfloh aus dem engen Kerker eines Körpers, dessen Lüste und Begierden sie gepeinigt und zertreten hatten?

Nach einer Weile wissen es die drei: Die Alte ist tot. Sie haben keine Tränen. Sprechen nicht von ihr, denken nur vorwärts. Fliehen! Fliehen, ehe Maier Lärm schlagen kann; Barberina weiß, der hat Vollmacht, alle Behörden würden ihm helfen.

Stuart schlägt vor, nach Triest zu reiten. Je zwei auf einem Pferd. Mariannas Augen leuchten: Kalenberg wird den Arm um sie halten müssen! - Beß kennt den Weg. Den Lauf des Isonzo hinunter, bis ans Meer, den Triester Golf. Dann hart an der Küste entlang bis zur Stadt. In Triest findet man immer ein Schiff nach England.

Die Mädchen sagen zu allem "ja". Barberina kleidet sich hastig an, der junge Lord hilft ihr. Marianna aber löst das Täschchen, das auf der Brust der Toten liegt. - Hui! Da ist Geld in Hülle und Fülle! Triumphierend schwingt sie es hoch. Aber die Nähe der Toten wird ihnen doch unheimlich; sie raffen zusammen, was sie brauchen, und ziehen ins andere Zimmer. Stuart will zu Walter, ihn wecken. Er will auch noch schnell nach den Pferden sehen, sie bereit machen. Dann wird er kommen, die Geliebte zu holen.

Die beiden Schwestern sind allein. Voller Grauen schließen sie fest die Tür des Totenzimmers. Sie haben die Kerzen mitgenommen. Nun liegt die Tote da drinnen verlassen, im Dunkel. Durch die Gardinen aber schimmert schon, ganz fahl noch, die Dämmerung. Die Stadt schläft noch, der erste Sonnenstrahl über den Bergen wird sie erst wecken. Ein Hahn kräht in der Ferne, ein anderer antwortet. Vom Rathausturm schlägt es herüber: zwei Uhr.

Es klopft leise. Stuart und Kalenberg treten ein. Walter ist hilfsbereit - er hat viel gut zu machen!

"Seid ihr fertig, Liebling? - Dann kommt!"

Beß faßt das junge, zitternde Weib um die Hüften, drückt sie fest an sich.

Sie steigen leise die Treppe hinunter. Auf dem Hof stehen die Pferde, gesattelt. Der Rappe wiehert leise, stampft hart auf das Pflaster. Und plötzlich steigt er in die Höhe, daß die Funken stieben. Beß und Walter halten ihn, zerren an den Zügeln. Aber der Rappe will sich nicht beruhigen, er stampft mit den Hufen, daß es durch die Stille schallt. In dem Lärm ist es nicht zu hören, wie ein Fenster geöffnet ward, wie bald darauf eilige Schritte die Treppe hinunterkommen. Und da steht er schon auf dem Hof: Maier, den Degen in der einen Hand, in der anderen die Pistole. Die Mädchen schreien laut auf, Stuart dreht sich um, sieht den Gegner. Er stürzt sich auf ihn, Walter zwischen die beiden. Da kracht ein Schuß, einer der Freunde sinkt zu Boden. Der andere vergißt den Feind, kniet über dem Gefallenen.

Die Schwestern sind geflüchtet. Maier hinterher, er treibt sie zurück in die Zimmer, schließt die Tür hinter ihnen ab.

Im Haus, in der Nachbarschaft, ist es lebendig geworden. Maier hat mit den Knechten den andern Fremden schon gebunden. Sie werfen ihn neben den Toten, auf's Stroh, in den Stall.

Und als es Morgen geworden, erscheint der Herr Bürgermeister. Der Brandenburger zeigt ihm die Wiener Pässe, die Vollmacht des Gesandten:

"Die K. K. österreichischen, hungarischen, und böheimbschen Gouverneurs, Commandanten oder Magistraten aller Städte und Dörfer werden ersucht, Inhaber dieses Passes ihre Hilfe, Eskorten und Postpferde, wenn er dieser bedürfen sollte, zu gewähren."

Das hilft! - Und Maier hat's eilig. - O, sein Herr wird mit ihm zufrieden sein! Und Seine Majestät auch! Welch schöne Belohnung harrt seiner!

Er kann nicht warten. Bezahlt Begräbnis und Messen für die Signora im voraus. Schon um Mittag ist alles fertig. Der Wagen wartet, ein neuer Postillon sitzt auf dem Bock, vier frische Pferde sind vorgespannt. Die Demoiselles sollen einsteigen. Aber die eine sträubt sich, sie verlangt, daß man sie zu dem Fremden führe, den Maier erschoß. Ihr Schreien gellt durch das Haus. Vergeblich hat man sie beruhigen wollen. Warum will sie zu dem Toten, wo sie doch den Verlust der Mutter beklagt?

Und als sie sich gewaltsam losreißt und hinunter will in den Hof, da packt Maier sie mit seinen starken Armen, trägt sie in die Kutsche, setzt sich zu den Mädchen, und fort geht's im Trab! Die Görzer bleiben zurück, starren dem Wagen nach, bis er um die Ecke biegt. Sie bestürmen den Bürgermeister mit Fragen. Der aber hat mit dem Amtsrock auch die Amtsmiene heute. Er schweigt, schüttelt den Kopf nur auf alle neugierigen Fragen. Er zahlt's ihnen heim, das Hohngelächter von gestern abend. -

Der Wagen hat das Stadttor hinter sich. Eine kurze Ebene, und dann steigt die Straße schnell in die Höhe. Die Julischen Alpen geht's hinan, auf dem Weg nach Laibach. Die Nacht hindurch fahren sie weiter. Die Pferde werden nur gewechselt. Und so geht's über Berge und Schluchten, wildschäumende Bäche, lachende, frühlingsgrüne Wiesen, weiter, immer weiter. Maier hat gut aufzupassen! Die Tänzerin wird rabiat von Zeit zu Zeit. Ganz krank ist sie vor Kummer. Hat er nicht die Türklinken fest verbinden müssen, daß sie sich nicht hinausstürzte, nachts wachen müssen in den Herbergen? -

Den ganzen April schon hat die Reise gekostet. Und jetzt, Anfang Mai, ist man endlich in Schlesien. Endlich hinter den schwarzweißen Pfählen. Ratibor und Neustadt sind passiert, nun geht's über Breslau nach Berlin. Sechs Pferde sind nötig, den Wagen durch den Schlamm der Straßen zu ziehen. Preußische Reiter traben neben der Kutsche. -

Barberinas Tränen sind versiegt. Trockenen Auges blickt sie hinaus auf die Landschaft. Gleichgültig streifen die müden, entzündeten Augen die endlosen öden Felder, auf denen die schweren Wolken lasten. Die Trostlosigkeit und Melancholie um sie her schmerzen nicht mehr die junge Italienerin. - So leer, wie draußen die Welt, ist auch ihr Herz geworden. Der Tod des Geliebten machte auch ihr eigenes stumm. -

Und als man in Berlin angekommen, da ist sie nicht mehr die Ballerina von Paris und London, da ist sie ein durch tiefsten Schmerz gefestigtes Weib, das mit dem

Leben abgeschlossen. Ihre Züge sind herber geworden, reifer. Die Augen sehen manchmal hart und kalt die Menschen an, doch wer in ihnen zu lesen verstand, der wurde gepackt von dem unsagbar Traurigen, das zuweilen aus dem Grund dieser tiefen Sterne brach. Im Innern dieses jungen Weibes aber war ein Entschluß gewachsen. Auf dem langen Weg der Berge und Täler, in den endlosen Nächten der Verzweiflung war er entstanden, gereift. Nun war er unerschütterlich. - Vergessen! - Vergessen! - Ausfüllen die bodenlose Tiefe mit allem Tand und Flitter der Welt, Gold und Steinen - und Lachen! - Und Tanzen, Tanzen! …

Tanz Barberinas im Freien

Zehntes Kapitel

Die Ölstunde ist vorüber. Die Kaufleute schließen die kleinen Läden. Dunkelheit bricht herein. In den Häusern brennt man die Lampen und Kerzen an. Auf den Gassen wird es stiller. Und als es ganz dunkel geworden, liegen sie da wie ausgestorben. An den Ecken, auf den Plätzen stehen trüb leuchtende Laternen. Sie haben so lange Licht zu spenden, bis der Mond sie ablöst. Sein Aufgang wird gegen Mitternacht erwartet.

Berlin geht frühzeitig zur Ruhe. Der Tag war ja lang und schwer genug, und wenn es Feierabend geläutet, strecken die fleißigen Bürger sich auch bald zum Schlaf. Und schlafen tief und sorglos. Daß sie es können, danken sie ihrem König. Hat der nicht Nachtwächter, volle dreißig an der Zahl, mit einem Wachtmeister an der Tête, angestellt, die für die Ruhe und Sicherheit der braven Bürger zu sorgen haben?

Wie gut und geborgen liegt man doch da auf dem weichen, warmen Pfühl, wenn draußen das wachsame Horn ertönt, wenn der Ruf hereinschallt: "… unsre Uhr hat zehn geschlagen. - Lobet Gott, den Herrn!" - Ja, den wollen sie wohl loben, aber den andern Herrn dabei nicht vergessen, dem sie eigentlich ebenso dankbar sein müssen, - der gute König!

Aber nicht alle Einwohner der königlich preußischen Residenz mochten Gott, den Herrn, loben und ihren König dazu. Die haben um diese Stunde anderes zu tun. - Seht, da schleichen sie dicht an den Häusern entlang, die dunklen, nächtlichen Gestalten. Große Säcke tragen sie über der Schulter, die Diebesbeute steckt darin. Zwar keine Diamanten und Pelze, aber doch begehrenswert genug, allerhand Kram: Messing und Eisen, Schlösser von Häusern, Brücken, Gossen- und Wassertienen.

Da! Zwei von den Dieben erklettern sogar einen Laternenpfahl, löschen das Licht, stecken die Laterne in den Sack! Aber das Verhängnis naht. Nun geht die Jagd los. Und auf dem köllnischen Fischmarkt kriegt man die beiden am Kragen. Sie werden zur nächsten Wache gebracht und in Arrest gesteckt.

Die tapferen Hüter der Ordnung greifen aber nicht nur die Diebe, nein, sie haben strengere Order. Alle Personen, die nach zehn Uhr auf den Straßen angetroffen werden, sind "verdächtig" und die haben sie gleichfalls einzustecken. Wer hätte noch etwas draußen zu suchen nach zehn? Was sich da alles auf den Wachen zusammenfindet! Diebe, Bettler und allerhand liderlich Volk, Dirnen, als Mädchen verkleidete Jungen, ihre Konkurrenten. Ja, Berlin wächst aber auch gewaltig, ist schon eine beachtenswerte Stadt geworden, und da ist es natürlich, daß in ihren Nächten solche lichtscheuen Pflanzen wachsen. Die gehören nun mal in die Großstadt, meinten die Fremden.

Wie still und ordentlich die Stadt daliegt! Hoch in den Sternenhimmel streckt sie ihre spitzen Türme. Gewichtig blickt der Turm der Marienkirche herab auf die schlafenden Häuser zu seinen Füßen. So ganz durchdrungen von seiner Pflicht, diese jungen Kinder da unten zu behüten. Wie schnell sie sich vermehrt haben! Ja, ja, das macht der Glaube! Wo Glaube und Ehrfurcht, da ist auch Segen! Wie eine große dicke Henne mit wachsamem Hals hockt die alte Kirche auf ihrem Platz; die kleinen Häuschen um sie herum, das sind ihre Kücken, die des Nachts in den Schatten der breiten mütterlichen Flügel kriechen.

Und da dehnt sich die mächtige, lange Front des königlichen Schlosses. - Wie schön sind die beiden hohen Portale mit den stolzen Säulen! Und oben, auf dem Sims, stehen die unzähligen Figuren und Vasen, die das ganze so reich machen! Großartiger kann es in Versailles oder Fontainebleau auch nicht aussehen!

So vor dreißig, vierzig Jährchen, unter dem ersten König, da machte das große Schloß freilich noch einen merkwürdigen Eindruck. Da lag es so einsam und verlassen, ein Schloß ohne Stadt, und nur Sand und Büsche ringsherum. Aber jetzt! Der selige König, des jungen Königs Friedrich erlauchter Vater, der hat schon dafür gesorgt, daß Häuser gebaut wurden. Der verschenkte die schönsten Bauplätze und gab noch die Steine und das Baugeld obendrein. Und stolz konnte man sein auf die schönen Straßen! Welche Stadt durfte sich wohl so schnurgerader, luftig-breiter Straßen rühmen?

Auf der andern Seite des Schlosses geht's linker Hand zur Langen Brücke. Ruhig und still fließt die Spree hier durch. Die hat jetzt auch mehr zu tun, seit die Stadt so groß geworden. Nicht nur am Tag die schwere Schiffahrt, auch des Nachts hat sie Arbeit bekommen. Ein neues Amt! Aber keineswegs ein angenehmes, das Weiterbefördern von all dem Unrat, den Abfällen des Tages. Sobald es dunkel geworden, dann kommen nämlich die Berliner und in das früher so klare Wasser gießen sie, was das Licht des Tages scheut. So tun sie auf allerhöchsten Befehl, und wer dem nicht folgt und seinen Stuhl und Topf auf alte Weise in den Rinnstein leert, den trifft eine empfindliche Strafe.

Auf der Langen Brücke ragt die dunkle, mächtige Gestalt eines Reiters in den Sternenhimmel. So schwer und wuchtig, wie er da auf dem starken Streitroß sitzt, ist er auch im Leben gewesen, der Große Kurfürst! Wohlgefällig blickt er auf die wachsende, aufblühende Stadt, das stolze, sie beherrschende und beschirmende Schloß seiner Nachkommen. "Hab mein gut Teil daran!" denkt er befriedigt.

Doch was schleicht da zu seinen Füßen herum? Huscht unter seinem Schatten hin und her in faltigen, weiten Gewändern? Man erzählt sich, daß es des Nachts auf der Langen Brücke nicht mit rechten Dingen zugehe. Allerlei Geister trieben dort ihr Wesen. Die bräuchten für ihre Umtriebe das Dunkel. Haben denn auch die paar Laternen schon ausgedreht. Nun wandeln sie die Brücke auf und ab, dicht unter den Augen des hohen Herrn. Sie fürchten ihn nicht. Nach rechts und links spähen sie, und wehe, wer ihnen begegnet! Dem laufen sie nach, fangen ihn mit Schürzen und anderen Schlingen, raunen ihm die schönsten

Kosenamen ins erschrockene Ohr, wie "mein Schäfiken, mein Engeliken", oder "Zuckerstengeliken meines Herzens". Und wer ihren verfänglichen Reden Gehör schenkt, den schleppen sie in die Nähe zu einsamen Orten. Was tun sie dort mit ihnen, die bösen Geister? Nun, sicherlich beten sie kein Vaterunser! Solus cum sola non praesumitur pater noster! Das Geld nehmen sie den armen, betörten Seelen ab, sagt man. Und das Merkwürdige ist, diese Langebrückengeister scheinen immer weiblichen Geschlechts, ihre Opfer aber stets männlichen! Selbst die dreißig Nachtwächter samt Wachtmeister sind machtlos gegen sie; was vermöchten sie auch gegen Wesen, die im Bund mit dem Bösen stehen, die nicht einmal die Anwesenheit des großen Herrn auf dem Postamente scheuen?

Plötzlich aber stieben alle diese unheimlichen Gespenster auseinander. Ein Reiter sprengt mitten in sie hinein, daß sie mit hellem Geschrei zur Seite springen. Er galoppiert unter lautem Gepolter über die Brücke, jagt am Schloß vorbei, die "Linden" entlang, auf dem Weg nach Charlottenburg.

"Ein Kurier für Seine Majestät!" flüstern die schnell gefaßten Gespenster und kehren zu ihrer unheimlichen Arbeit zurück.

Der Kurier aber - und das war der Reiter, wie die allwissenden Geister richtig vermutet - trabt am Torschreiber vorbei zum Brandenburger Tor hinaus. Hier umfängt ihn die nächtliche Stille des Tiergartens. Das Geräusch der Hufe schreckt das Wild auf. Äste knacken, eilige, flinke Füße laufen in das schwarze Dickicht des hohen Waldes.

Der Reiter eilt weiter. Schweißbedeckt ist er, der Schaum seines Pferdes fliegt hinter ihm her. Die Luft schlägt heulend und brausend an seine Ohren, so schnell ist sein Ritt. Nun biegt er rechts in den breiten Weg ein. Der Wald wird dünner. Ab und zu saust ein Häuschen an ihm vorüber. Der Mond ist aufgegangen. Und in seinem rötlich blassen Schein sieht er in der Ferne das Charlottenburger Schloß aus der Dunkelheit tauchen. Er kommt näher. Gastlich winken ihm die hell erleuchteten Fenster, eines neben dem andern. Seine Majestät hat Gesellschaft. Was mag die Nachricht bedeuten, die da auf so flinken Füßen und zu so später Stunde zum König will? Meldet sie den Einfall der Österreicher in Schlesien? Kündigt Rußland die Freundschaft? - Ach, die Zeiten sind schwer, der Kriegslärm will nicht verstummen! -

Der Kurier wurde sofort vor Seine Majestät geführt. Als ihm die Tür geöffnet ward, scholl ihm lautes Lachen entgegen. Der König saß in einem Kreis von Herren. Er schien der jüngste von ihnen. Sein schmales, etwas blasses Gesicht mit der kräftigen Nase und den großen graublauen Augen war gespannt auf den Eintretenden gerichtet. Auch die übrigen Herren brachen kurz ihr Lachen ab, folgten besorgten Auges dem Kurier, der dem König die Depesche überreichte. Tiefe Stille herrschte. Man hörte das Knittern des Papiers. Während der König las, huschte bald ein Lächeln um den weichen Mund. Da atmete die Gesellschaft auf. Der König ließ die Hand mit dem Brief sinken, nickte kurz dem Kurier zu, der nach militärischem Gruß den kleinen Saal verließ.

"Messieurs", sprach Friedrich, "ich war so glücklich, Ihnen heute die schöne Nachricht von der bevorstehenden Ankunft des Herrn von Voltaire geben zu können. - Nun, nicht allein der Gott der Weisheit und Poesie lenkt seine Schritte nach Norden - auch die Göttin der Schönheit und Grazie ist auf dem Weg zu uns. - Venus ad portas! - Messieurs, in Köpenick schon ist sie! Noch bevor Aurora die rosigen Lider geöffnet, wird Mademoiselle Barberina in unsern Mauern sein!"

Ein allgemeines "Ah!" antwortete dem König, der französisch sprach und auch in der Folge selten sich des Deutschen bediente. "Bravo!" rief der Graf Algarotti.

"Eure Majestät verstehen es, Eroberungen zu machen!" sagte er.

"Ich hoffe, man wird mir diese friedliche Eroberung nicht so streitig machen, wie die kriegerischen", lächelte der junge König. "Ihre Landsmännin, lieber Graf, hat übrigens schon Bewunderer, bevor sie ans Erobern geht. Mir haben's die Berliner nicht so leichtgemacht!"

"Haben Eure Majestät schon das Programm für die Ballerina festgesetzt?"

"Unser verehrter Maestro", der König wies auf einen wohlbeleibten Herrn, der etwa vierzig Jahre zählen mochte, "hat mir schon Vorschläge gemacht. Vorläufig aber habe ich noch nichts bestimmt. Die Demoiselle soll sich erst fünf Tage ruhen. - Ich muß auch bald nach Pyrmont, Sie wissen, werter General, mein Magen revoltiert noch immer. Nach meiner Rückkehr habe ich die Vorbereitungen für die Hochzeit meiner vielgeliebten Schwester zu treffen. Da denke ich, werden wir auch die Terpsichore tüchtig in Anspruch nehmen. Während der Festwoche soll sie in der Oper unseres Maestro 'Cato in Utica' tanzen. - Was schlugen Sie mir noch vor, Meister Graun?"

"Majestät hatten die Absicht 'Artaxerxes' und 'La Clemenza di Tito' zu befehlen."

"Bien, bien. Teilen Sie das dem Baron Sweerts mit. Hasses Musik höre ich immer gern wieder."

"Werden wir das Vergnügen haben, die schöne Venetianerin noch vor Eurer Majestät Abreise bewundern zu dürfen?"

"Sie scheinen Lust zu haben, gefährliche Souvenirs zu wecken, Baron!" Der König drohte lächelnd mit dem Finger.

"Baron von Bielfeld konnte die Ankunft der Ballerina kaum erwarten, Sire! - Wir werden ihn behüten müssen, daß er nicht an dem Feuer südländischer Augen verbrenne!" Der junge Baron machte eine abweisende Handbewegung.

"O, wehren Sie sich nicht, Baron! - Haben Sie vergessen, was Sie mir aus London schrieben von der Primadonna? Daß Sie es nicht wagten, sich ihr zu nähern, aus Furcht, ihren göttlichen Reizen zu unterliegen?"

"Sie sind indiskret, Cäsarion", half Friedrich dem armen Baron. "Aber Sie alle, Messieurs, scheinen mir recht geneigt, dem Stern des Südens willige Trabanten zu werden! - Sie schütteln den Kopf, Chassot? - Nun, ich wette, daß Sie der erste sein werden, die Rolle des Mars bei der Frau Venus zu spielen!"

"Gewiß, gewiß!" kam es von allen Seiten. "Der Rittmeister hat auch die beste Anwartschaft auf diese edle Rolle!" rief der Marquis d'Argens.

"Eh bien, und Sie, teuerster Marquis? Glauben Sie nicht, daß Sie auch recht geeignet dazu wären?"

"Ich, Sire?"

"Gerade Sie, Marquis! Diese Rolle liegt Ihnen sicher besser als die des Partners der Madame Potiphar!"

Alle lachten laut bei diesen Worten, denn sie kannten den Marquis recht gut. Der mochte sich selbst und sein heißes Herz nur nicht kennen, sonst hätte er dem nicht immer die goldene Freiheit gelassen, nach der es sich sehnte, die ihm aber zum Verhängnis werden sollte. Ob er wohl zehn Jahre später sich des Königs Worte erinnerte, als er die Heirat mit der Tänzerin Cochois einging? -

"Ich schlage Ihnen vor, Messieurs", fuhr Friedrich fort, "wir überlassen die schöne Italienerin vorläufig der Hut ihres Kompatrioten, unseres lieben Grafen Algarotti!" - Der Graf verbeugte sich lächelnd. - "Mit seiner echt ciceronischen Beredsamkeit - die wir alle an ihm kennen - wird er in den Lauten der Heimat die Demoiselle von den klassischen Schönheiten der Mark, der athenischen Pracht meiner Residenz überzeugen!"

Unter dem fröhlichen Beifall der andern nahm der Graf dankend an:

"Eurer Majestät Güte ist groß! Noch größer aber Ihr Vertrauen, Sire! - Ich werde danach streben, mich seiner würdig zu zeigen, und sollte ich fehlen - so lassen Sie mich erinnern an die Worte Terentius: 'Homo sum, humani nihil a me alienum puto! Ich bin ein Mensch, nichts Menschliches ist mir fremd!"

"Sie sind ein Diplomat, Comte! - Das nächstemal dürfen Sie mich nicht abweisen, wenn ich Sie bitte, das Interesse Ihres Freundes als Ambassadeur in der Fremde zu verteidigen!"

"Gewiß nicht, Sire! - Für meinen gnädigen König alles! Wenn ich vor kurzem zögerte, eine Mission zu akzeptieren, so rechnen Eure Majestät das meinem Schmerz zugute, den ich empfand, als ich davon hörte, daß ich mich von Eurer Majestät trennen sollte!"

"Gut geantwortet! Mein Kompliment!"

"Sire, ich wäre untröstlich, wollten Eure Majestät an meiner Ergebenheit zweifeln!"

"Nicht einen Augenblick, cher ami. - Auch ich würde ungern meinen lieben Schwan von Padua missen, und sei es nur auf kurze Zeit!" Dabei reichte der König dem Italiener freundlich die Hand, der Graf beugte sich tief über sie.

"Der Baron wartet noch auf Antwort. - Ja, lieber Bielfeld, Sie sollen sie sehen, bevor ich reise. Fünf Tage gebe ich ihr, sich von den Anstrengungen der Reise zu erholen. - Sie soll frisch sein, wenn sie sich den Berlinern präsentiert. - Meister Graun, bestellen Sie meinem Intendanten, daß Mademoiselle Barberina am Dreizehnten aufzutreten hat. Sie soll ihren neuesten Tanz zeigen. Am besten den, welcher Seiner Allerchristlichsten Majestät in Fontainebleau so sehr gefiel. - Nun, sind Sie zufrieden, Baron? - Messieurs, ich bitte Sie, sich am Mittwoch pünktlich um fünf Uhr in der Comédie einzufinden. Ich speise an dem Tag bei Ihrer Majestät, meiner gnädigsten Mutter, und werde von Monbijou direkt in die Comédie fahren."

Die Herren verneigten sich dankend. Kayserlingk, der neben dem König saß, sagte diesem ein paar halblaute Worte: "O, Sire, wir warten alle mit Ungeduld auf den Entwurf der Arie, den Eure Majestät diesen Morgen komponierten. - Mit Eurer Majestät gnädiger Permission möchte ich die Herren mit dem Text bekannt machen."

Und als der König denselben Wunsch in den Mienen der andern sah, nickte er lächelnd: "Laß deine Stimme ertönen, Cygne de Mitau!" "Schwan von Mitau" und "Caesarion" nannte Friedrich seinen Lieblingsfreund, den Baron Dietrich von Kayserlingk.

Kayserlingk stand auf. Mit Wohlklang und Ausdruck sprach er die Verse, in italienischer Sprache:

Beim süßen Klang der Flöte
Verleb ich meine Tage
In stolzer Ruh.
Zu meiner niedern Hütte
Naht sich die Liebe nicht,
- die Liebe nicht.

"Das sind, Messieurs, die Worte zu der Arie, die Seine Majestät uns heute abend zu spielen versprachen", fügte er hinzu.

Die Herren lobten das kleine Gedicht, bestürmten Friedrich, sie nun auch die Musik hören zu lassen. Der junge Komponist gab Meister Graun ein Zeichen. Diener traten herein, entzündeten eine Reihe Kerzen um den Flügel, brachten Notenpulte, öffneten den langen hellen Flügel. Durch eine andere Tür kam Meister Graun zurück, gefolgt von sieben bis acht Männern in dunklen Röcken, welche Violinen unter den Armen trugen. Sie verbeugten sich vor Friedrich, stellten sich an die Pulte. Graun gab ihnen Notenblätter. Die legten sie auf die Pulte, und während der Maestro ihnen den Ton auf dem Flügel angab, stimmten sie leise ihre Instrumente.

Abseits von ihnen stand ein Notenpult, auf das Graun ein paar Blätter gelegt hatte. An dieses trat Friedrich, nachdem ihm der Meister unter tiefer Verneigung eine lange Flöte überreicht hatte. Dann nickte er Graun, der sich an den Flügel gesetzt, kurz zu.

Flügel und Geige gaben ein kurzes Vorspiel. Ruhig und flüssig. Dann verstummten sie. Der König setzte die Flöte an die Lippen, bog ein wenig den Kopf nach rechts und während Geige und Flügel leise einfielen, blies er eine lebhafte Passage. Auf und nieder quollen die sanften, klaren Töne aus seiner Flöte, tanzten ihr Allegro, begleitet von den aufmerksamen Violinen. Den hüpfenden Tönen folgte ein Largo und in seinem gemessenen Tempo schwang die reine, volle Stimme der Flöte lange durch den Saal, schwebte durch die hohe, geöffnete Tür hinaus auf die Terrasse, die blendend weiß im Schein des Mondes lag. Die Nachtigallen in den Büschen des Parks hielten erregt inne und lauschten diesen seltsamen Tönen. Warm und weich fiel das gelbliche Licht aus den Fenstern in den weißen Garten mit seinen dunklen Bäumen, vermählte sein Gold mit dem Silber der Mondnacht. Mai war es. Süße Blütendüfte schwebten gleich Wolken durch den Garten, die Kastanien hielten stolz ihre hellen Fackeln in die Höhe. Schwarz und zackig lagen die wunderlichen Schatten der Taxusbäume auf den glänzenden Rasenflächen. In dem leisen Wind flatterten weiße Blüten hernieder, fielen so still wie Schneeflocken.

Und drinnen spielte der König weiter. Ein Adagio. Wie Klage und Sehnsucht klang es. Mit großen fragenden Augen blickte er dabei durch die Tür in den Park hinaus. Achtete der Noten nicht auf seinem Pult, hatte die Menschen um sich her vergessen, spielte nur und spielte. - Die Geigen waren verstummt. Nur Meister Graun konnte dem König noch folgen; leise, ganz leise tat er das …

Und während das Adagio Seiner Majestät durch den Saal im Charlottenburger Schloß tönte und hinausdrang in die Maiennacht, hielt vor dem schlesischen Tor der Residenz ein Reisewagen.

Der Torschreiber ersuchte den Begleiter der beiden reisenden Damen, deren Namen, Stand und Herkunft in sein Buch einzutragen. Dann visitierte er das Gepäck, gab ihnen den Torzettel und ließ den Wagen passieren.

In seinem besten Schlaf war der alte Mann gestört. Um solche Stunde anzukommen! Da hätten sie auch noch den nahen Morgen abwarten können, die beiden Mamsells.

Gähnend suchte er sein Lager auf. Kam dabei an dem dicken Torbuch vorbei. Er wollte es zuklappen. Erst aber den Sand abstreichen. Mit müder Hand tat er das und da las er den Namen, diesen langen, fremd klingenden Namen, der ihm doch so merkwürdig bekannt war.

"Barberina Campanini, fon Profession italiänische Dänzerinn aus Wenedig, nebst Schwester."

Die Barberina! - Also endlich war sie gekommen! - Schade, daß er sie nicht genauer angesehen. - Das mußte er seiner Frau vermelden. - Er dachte nicht mehr ans Schlafen, weckte die schnarchende Gefährtin, teilte ihr die große Neuigkeit mit.

Am frühen Morgen schon wußte es ganz Berlin, daß die Tänzerin gekommen. Mit der Milch wurde die Nachricht in die Häuser gebracht. -

Barberina aber stieg in dem Hotel "Zum König von Portugal" in der Burgstraße ab. Müde sank sie aufs Bett. Endlich am Ziel! An welchem? - Hatte sie noch eines? - Sie dachte an den Toten. Aber als der alte Schmerz wieder aufzuckte und die Hand ausstreckte nach der kaum geschlossenen Wunde, riß sie mit jener Kraft, die ihr eigen, die stürmenden Gedanken zurück, hieß sie einen andern Weg gehen. Den Weg, den sie sich vorgezeichnet mit fester Hand. Doch hart und bitter wurden ihre Züge, als sie an den jungen König dachte, der sie hierherschleppen ließ.

Dann fiel plötzlich der Schlaf über sie, aber der Ausdruck auf ihrem Gesicht blieb. - Sie träumte. Träumte von dem jungen König. Aber nicht er war es, der auf dem Thron saß, sie selbst nahm den hohen Platz ein. Und zu ihren Füßen stand er, die Krone auf der stolzen Stirn. Er erhob sein Auge zu ihr. Dann beugte er ein Knie vor ihr, nahm die leuchtende Krone vom Haupt und bot sie lächelnd ihr dar. Da streckte sie abwehrend die Arme aus, stieß ihn zurück, ihn und das funkelnde Ding in seinen Händen. Das war der erste Traum, den sie in des Königs Stadt hatte. -

Der, dem dieser Traum galt, hatte eben die Flöte niedergelegt. Enthusiastischer Beifall folgte der andächtigen Stille. Ernst schritt Friedrich durch die Freunde auf die Terrasse hinaus. Keiner wagte ihm zu folgen. Der König blickte stumm in den Garten. So stand er eine Weile. Dann strich er mit der Hand über die Stirn, drehte sich entschlossen um, trat in den Saal zurück.

"Messieurs, es ist spät geworden. - Gehen Sie, zu lange hielt ich Sie schon auf. Sie werden müde sein."

Als sich die Schar verabschiedete, unter Reverenzen rückwärts schritt zur Tür, nickte Friedrich ihnen zerstreut zu. Er sah über sie hinweg. Plötzlich aber winkte er zwei der Herren zu sich.

Der eine von ihnen war sein Kanzler, der andere sein bester General. Sie folgten dem König, der schnell in sein Arbeitszimmer schritt.

Hier lag auf einem großen Tisch eine Landkarte, erhellt von hohen Leuchtern mit flackernden Kerzen. Friedrich trat an den Tisch, beugte sich auf die Karte, deutete auf eine bestimmte Stelle.

"Messieurs, dies ist die Route nach Böhmen. - Hier ist das Ziel. - Prag. - Anfang August wird meine Armee Böhmen okkupiert haben. - Nun lassen Sie uns die Details beraten …"

Brandenburger Tor zu Berlin
zur Zeit des Romans

Elftes Kapitel

𝒟as war der dreizehnte Mai des Jahres 1744, da Barberina nach einer Pause von einem halben Jahr wieder zu tanzen hatte. In sechs Monaten, verlebt fern der Kunst, mag der erste Hofmaler des Königs viel verlernen, ja selbst der Adler kann die Kraft, den Schwung der Flügel verlieren. Und wieviel mehr muß eine Tänzerin einbüßen, deren Kunst eine stumme ist, der als Dolmetscher seelischer, künstlerischer Regung die Glieder nur zu dienen haben? Die Glieder, die durch ständigen Gebrauch und tägliche Übung geschmeidig und dem Gedanken schnell ausdruckswillig zu erhalten sind?

Und wenn nun diese Glieder steif werden wollten in einem unbequemen Reisewagen, auf der Fahrt von der Dauer eines Monats? Muß es da einer Tänzerin nicht schwer werden, nun plötzlich ohne genügende Vorbereitung ihre alte Kunst, von den Gliedern fast vergessen, zu zeigen?

Wenn aber erst eine Tänzerin in solchen sechs Monaten große seelische Leiden durchgemacht hat - denn auch Tänzerinnen haben bisweilen Seelen oder Herzen, wenn sie auch einem größeren Kreis meist nur ihrer Beine Schönheit enthüllen - wenn also eine Tänzerin sozusagen nicht nur körperlich, sondern auch seelisch nicht mehr so geschmeidig ist, wird es ihr da nicht schwer und bitter sein, ihre fröhliche Kunst einem Pläsierhungrigen Publico zeigen zu müssen?

Fünf Tage der Ruhe! Aber das junge Weib, mit ihren dreiundzwanzig Jahren in der Blüte der Schönheit, der Kraft stehend, hatte diese fünf Maitage nicht dazu gebraucht, die schlanken Glieder zu strecken, den müden Körper zu ruhen - sie hatte die kurzen und doch endlosen Tage dazu benutzt, ihr Programm noch einmal - zum letzten Mal - durchzugehen, es niederzuschreiben, aber nicht auf vergänglichem Papier und mit Tinte, welche die Zeit verblassen läßt, sondern es einzugraben dort, wo auch eine Tänzerin Liebe, Sehnsucht und Haß zu empfinden pflegt. Das Programm ihres Lebens. Das, welches ihr der Schmerz geboren hatte.

Und als dieser dreizehnte Mai gekommen, und Barberina in einer Portechaise nach dem Theater getragen wurde, da war sie siegesbewußt und frei von Ängsten. Jenes Programm, das sie nun immer, immer, auch wenn sie es nicht gewollt hätte, mit sich tragen mußte, es gab ihr eine Festigkeit, die überraschend für sie selbst war und nie zuvor gefühlt. Die empfand sie als eine kleine, kleine Trostgabe des Schicksals. -

Da wird die Courtine der Schloßbühne auseinandergezogen - der "Zwischentanz" der Demoiselle Barberina! - Hei, wie schön ist das! Beinahe so wie früher! Selbst das alte, bezaubernde Lächeln will ihr gelingen! Wie gut die Beine dem Willen folgen! Wie leicht die Arme werden! Als ob sie zu Flügeln würden! - Wie wohl tut dies Biegen und

Bücken, dies Drehen und Hüpfen! - Trunken macht es! - Schneller noch und wilder! - Wie herrlich, dies Hingeben und Recken, dies Schmiegen in lockende Töne! - Das ist es! - Hier find ich's - vergessen, vergessen! - O, immer weiter so! - Kein Wille mehr, kein Wunsch - nur weiter, weiter - tanzen - tanzen! ... Wann war es doch? - Weit, weit liegt es, da hinten, da unten - immer ferner wird es - nichts, nichts sehe ich mehr ... O, wie selig, euch zu entfliegen, ihr Gedanken, zu eilen, zu steigen in blaue, blaue Himmel, in endlose Weiten! - Nun bin ich frei! Frei! Frei! - Und doch fliege ich noch weiter, so schön ist's, das Fliegen, das Freisein nach all dem Jammer, den ich da unten ließ! -

Und atemlos folgen tausend Augen dem herrlichen Taumel, diesem wundervollen, braunlockigen Geschöpf, jeder einzelne mag glauben, dieser blutrote Mund lächle ihm zu, diese glühenden Schattenaugen in blassem Gesicht blitzen in die seinen, diese schlanken Marmorarme winken ihm. Was ist es, das da oben funkelt und sprüht, lächelt und winkt, wirbelt und flieht?

Das ist keine Tänzerin mehr, eine Göttin ist es, ein Symbol, vor dem man das Knie beugen möchte in stummer Andacht - das Glück muß es sein! Es ist das Weib! Das Weib, wie es Träume und Sehnsüchte schufen, das Weib in seiner ganzen, urgewaltigen, göttlichen, ewigen Macht! Da schweigen die Lippen, das Herz steht still, die Augen nur schauen und schauen, sie trinken und trinken mit unerlöschlichem, nie offenbartem Durst ...

Als die Tänzerin hinter den Kulissen in den Sessel sank, hörte sie wie im Traum das nicht enden wollende Klatschen, Stampfen, Rufen. Die Wogen des Beifalls drangen an ihr Ohr, wie das Rollen der Wogen dem Vogel schallt hoch über dem Meer.

Wie betäubt war sie. Und erschöpft. Aber diese Erschöpfung, diese Müdigkeit taten so wohl. Wie von weichen, sorgenden Armen war sie umgeben. Die Augen hielt sie geschlossen, sah nicht auf die respektvollen, besorgten Personen um sie her, hörte nicht auf die Glückwünsche.

So lag sie wohl eine ganze Weile. Da drang eine Stimme laut und dringlich in ihr Behagen, öffnet ihr die Augen. - Monsieur le baron de Sweerts, der Intendant!

"Seine Majestät lassen Mademoiselle bitten, in Allerhöchstihre Loge zu kommen."

Was? Der König ...

"Seine Majestät warten mit Ungeduld."

Da erhob sie sich. Ließ sich umkleiden. Trat vor den Spiegel, ordnete sorgfältig Frisur und Toilette.

Der Herr Intendant klopfte leise an die Tür.

"Mademoiselle - Seine Majestät warten!"

Sie reichte ihm die schlanke Hand. Er faßte die Fingerspitzen, hob sanft ihren Arm empor, sie zu führen, graziös, im rechten Abstand, wie bei Hof.

Sie schritten durch den Gang, dann die hell erleuchteten Stufen hinauf. Barberina blickte plötzlich auf ihre Hand, die der Baron hochhielt. Von dieser weißen Hand hatte es eben so glühend, so leuchtend geblitzt. Da sah sie: Der Smaragd hatte den grünen Blitz geschleudert, in ihre Augen hinein, brennend, blendend. - Beß! - Sie zuckte zusammen.

"Mademoiselle - was ist Ihnen?"

"O, nichts ... nichts, Monsieur le baron."

Wieder hatte sie es niedergerungen. Nun zwang sie das Lächeln herauf. - Der Smaragd der Königin! Der Glücksbringer! Teures, liebes Andenken, Vermächtnis eines Toten! Sie kommen nicht wieder, die Toten, du hast sie überdauert, du grüner, blitzender Stein! Und funkelst wie einst, wie damals, als du jene weiche Frauenhand ziertest, der du das Unglück brachtest! - Nun, so bringe mir Glück, du! - Doch schrecke mich nicht mehr mit deinem Blitzen!

"Bonjour, bonjour, Mademoiselle! Mein Kompliment! Mein allerhöchstes Kompliment! - Ich bin begeistert!"

Tief verneigte sie sich, schickte sich an, den Hofknicks zu machen, doch da griff er sie bei der Hand, der König, zog sie hoch, führte sie zu einem Sessel.

"Ihre Majestät ..." murmelte sie, überrascht, verwirrt, hatte die Wimpern gesenkt ... "Welche Stimme! Welche strahlenden, hellen Augen", durchzuckte es sie.

"Sie sehen mich überrascht, entzückt, hingerissen, Mademoiselle, vor Ihrer Kunst bleibe ich stumm - Sie sind eine Zauberin! Wie muß ich Ihnen danken, daß Sie kamen, Ihre sonnige Heimat mit unserm grauen Norden vertauschten!"

Diese Worte - in französischer Sprache - klangen so herzlich und aufrichtig, daß die junge Tänzerin aufblickte und alle Scheu schnell überwand. Nun tauchte sie ihren Blick in das helle, freundliche Augenpaar und ganz frei klang es von ihren Lippen, in derselben Sprache, mit reinstem Akzent:

"O, Sire, so viel Gnade verdiene ich nicht. Eure Majestät muß ich um Pardon bitten …"

"Ich habe Sie darum zu bitten, Mademoiselle. - Und darf ich die Hoffnung haben, es zu finden?"

"Eure Majestät sind zu gnädig. - Wie sollte ich antworten, Sire!"

"Ma foi, Mademoiselle, ich weiß recht gut, ich habe viel gutzumachen. - Meinen Sie nicht auch, Messieurs?"

Die Herren um den König machten eine unsichere Bewegung, sie wußten nicht, ob sie zustimmen durften, sonst hätten sie sich verbeugt.

Inzwischen hatte die Vorstellung ihren Fortgang genommen. Der König jedoch wandte der Bühne den Rücken, er schien gesonnen, das Gespräch auszudehnen. Fragte die Tänzerin nach der Oper in Paris, ihrem Auftreten in London, ihrem Land.

Immer freimütiger wurden ihre Antworten. Immer wärmer ihr Interesse an dem Gespräch. O, sie wußte mit Prinzen und Königen zu konversieren. Aber ihr erst so ernstes Gesicht wurde dabei immer heiterer - wo blieb der Groll, der Haß gegen den Re di Prussia? Vergaß sie so schnell?

Friedrich war näher und näher an die Tänzerin gerückt. Tat er das, damit sie ihn besser verstünde? Denn er sprach leise, die Komödie nicht zu stören. Oder zog es ihn näher zu ihr?

Diese dunklen Augen schienen so unergründlich! Wie eine Lockung lag es in ihnen, ihr Mysterium zu ergründen. Und immer tiefer mußte er seinen Blick in sie senken. -

Das Lächeln dieses Mundes! Wenn die Perlen der Zähne aus seinem Dunkelrot schimmerten! Auch die schienen zu winken, zu locken. Die Grübchen, die dann so flink kamen! Welchen Charme sie bargen! Die Stimme klang so eigen, so melodisch, nicht hell, nicht tief, und wie Silberglockengeläut tönte es aus ihr! Welch kostbares Wesen! Welch ein Genuß, mit ihr zu plaudern! Wie gewandt, wie zierlich kam die Antwort, sie schien so natürlich diesem Wesen voller Anmut und Grazie ...

"Mademoiselle, wollen Sie mir die Ehre geben, morgen mein Gast zu sein in Charlottenburg?" Er mochte nicht abreisen, ohne sie noch einmal gesehen zu haben.

"O, Sire ..." Die Tänzerin verneigte sich tief. "Meinen alleruntertänigsten Dank ..."

Der König faßte ihre Hand, beugte sich ein wenig und zog sie langsam an seine Lippen. Und als er sie endlich freigab, flüsterte er: "Auf Wiedersehen, meine schöne Venetianerin! Und bis morgen!"

Unter drei Reverenzen nach rückwärts mit spitzen Fingern die bauschigen Plis ihrer Robe hebend, zog Barberina sich zurück. An der Tür stand Monsieur l'intendant, bot respektvoll den Arm, führte sie fort. -

Die Komödie war zu Ende, der Hof verließ unter einem Fanfarentusch den Saal.

Da ging das Gemurmel los. "Eine halbe Stunde plauderten Seine Majestät mit ihr!" - "Engelsschön ist sie!" - "Welch ein Erfolg!" - "Kommen Sie schnell zum Ausgang, wir müssen sie noch einmal schauen!"

Und alles drängte sich vor die schmale Pforte. Endlich

kam die Ersehnte. Die Männer schoben einander zur Seite, rissen sich los von den Armen der ängstlichen Frauen, zogen tief die Hüte vor der lächelnden, grüßenden Primadonna. Man lief neben der Portechaise her, rief: "Willkommen!" - "Es lebe Donna Barberina!" Die Frauen schimpften auf ihre Männer, auf das fremde Frauenzimmer, dem ihre Gatten nachliefen. Hundert Verehrer hatte sie und hundert grimme Feindinnen. Was war sie denn, daß sie im Triumph einherzog? Eine Tänzerin doch nur, und ein schönes Weib! Ja, was galt das beides aber in jener Zeit!

Baron von Bielfeld und Freiherr von Kayserlingk benutzten denselben Wagen zur Rückfahrt.

"Hat sie sich verändert, Baron? - Wie war sie früher?"

"O, gewiß, sie hat sich verändert! Aber zu ihrem Vorteil. Ist es möglich, daß sie noch schöner werden konnte? - Oh! Welche Schönheit!"

"Gemach, gemach, Baron! - Doch was sagen Sie zu Seiner Majestät? - Embrassierten Seine Majestät nicht sogar die Hand der schönen Sylphide? Bei den Göttern, das ist das erste Mal, daß ich Seine Majestät so interessiert sah - an einer Frau!"

"Und morgen kommt sie nach Charlottenburg! - Wird offiziell im Château empfangen!"

"Wie beleidigend für Ihre Majestät, die Königin …"

Am nächsten Morgen brachte Marianna der Schwester die Schokolade ans Bett.

"Und hier, carissima, sind ein paar Zeitungen, die für dich abgegeben wurden. - Verstehst du diese schreckliche

Sprache schon ein wenig, ich kann kein Sterbenswörtchen lesen." Barberina nahm die Zeitungen, buchstabierte mühsam: "Berlinische Nachrichten von Staats- und gelehrten Sachen." - "Welch entsetzlich langer Titel!"

Ihr Auge fiel auf eine mit Rotstift umrandete Notiz. Sie sah ihren Namen breit gedruckt. Die junge Ballerina hatte Sprachentalent. Sprach französisch wie die Muttersprache. Wie schnell hatte sie englisch gelernt in London! Und auf der Reise hatte sie schon eine ganze Reihe deutscher Worte aufgeschnappt. Zur Not ging's schon, das Sprechen. Aber das Lesen? Das fiel schon schwerer. Bei diesen Schnörkelbuchstaben!

Der schlanke Finger mit dem glänzenden, rosigen Nagel strich von Wort zu Wort. "Berühmte Tänzerin Barberina!" las sie da. Und: "Ihre göttliche Kunst." ... "Seine Majestät waren höchst kontentiert" ... "Einem distinguierten Publico zu extraordinärem Pläsir ..."

Sie nahm das andere Journal zur Hand. Las die dicken Buchstaben: "Berliner Privilegierte Zeitung". Standen da nicht Verse mit ihrem Namen als Überschrift? "In Donnam Barberinam" - lateinisch. Da verstand sie schon etwas. Nicht alles zwar, aber so ungefähr den Sinn. Überhaupt, wo dicht neben ihrem Namen so schöne, leicht verständliche Worte kamen, wie:

Juno gradu placuit, specie Venus, arte Minerva:
Barbara divarum singula tenet
Nil Te nobilius vel Venus ipsa dabit!

Das mußte besonders flattierend sein! Ihr Name so dicht neben denen der Göttinnen! - Doch da gab es noch eine ganze Anzahl Briefe. Sie öffnete sie mit geübter Hand. - "O, eine Liebeserklärung! - Weg damit! Sie hat besseres vor! Hatte sie nicht heute morgen beim Erwachen an den Traum denken müssen, den ersten Traum in der fremden Stadt? Hat der erste Traum nicht eine hohe Bedeutung?

Aber der nächste Brief war wieder solche Liebesepistel. Dio, welch Französisch! Sie zerriß ihn. Der dritte. "... je vous adore! ... Himmel, welch ein Unsinn! Nun öffnete sie nicht mehr die anderen. Warf sie Marianna zu, die ein kindliches Vergnügen hatte, solche Ergüsse zu lesen.

"Hier, vielliebe Sorella - ein Gedicht für dich, auf französisch …"

"Laß, zerreiß es, wirf es zu dem anderen Zeug."

"Nein, höre nur, es ist wirklich hübsch …" Und Marianna las:

O unvergleichlich schöne Barberina,
Der seiner Düfte süßeste Parnassus weiht,
Vernimm, was meine Verse sagen.
Nicht deine Schönheit will ich preisen,
Die Armor sich erschuf, als seiner Waffen beste!
Denn mit den Augen schon allein
Entflammest du die Herzen und
Mit deinen Reizen …

"Halt, halt, Marianna! - Ich kann nicht mehr, das muß endlos sein! Hör auf, ich bitt' dich …"

"Dann lese ich's eben allein! Du bist recht töricht, welch feines, sinniges Poem!"

Und während Marianna auf dem Bettrand sitzend weiterlas, die Lippen leise bewegend, erhob sich Barberina, streckte wohlig die weißen Glieder. Wie gut hatte sie geschlafen! Lange, lange hatte sie nicht so fest, so traumlos geruht.

"Den Schluß, den Schluß, Barbi, hör' nur den charmanten Schluß:

Beneidet wirst du, Barberina,
Von Cupido und Grazien!

"Ist das nicht entzückend? - Ich zerreiß' es nicht, das schöne Poem, heb' es auf für dich!"

"Sag' lieber der femme de chambre, mein Bad zu richten."

"Subito, subito, Carissima ..." Marianna eilte davon. Bald hörte Barberina im Nebenzimmer das Geräusch plätschernden Wassers. Nach einer Weile klopfte es leise. Eine Frauenstimme rief:

"Mademoiselle, das Bad ist präpariert."

Barberina warf einen weißen Spitzenumhang um die Schultern, ging ins Nebenzimmer, ihr Boudoir.

Da stand die schöne ovale Wanne mit den zierlichen Bocksbeinen. Am Tag war sie verdeckt. Ein großes blauseidenes Polster lag dann auf ihr, machte sie zur Chaiselongue. O, der "König von Portugal" konnte sich sehen lassen! Ein Hotel, wie es in Paris kaum ein besseres gab.

Das junge Weib ließ Umhang und Hemd niedergleiten. Aus dem weißen Schaum der zarten Wäsche stieg sie in die Wanne. Sah wohlgefällig auf ihr Spiegelbild, das der große Trumeau in seinem hübschen Rocaillerahmen widerstrahlte. - O ja, sie war schön! Die Göttinnen konnten es sich wohl gefallen lassen, ihre Namen neben den ihren zu setzen! Stolz hob sie die Brust, reckte den weißen, schlanken Leib, freute sich an den Linien, die er willig zeigte, voller Kraft und doch voll Weichheit und Grazie, während das Kammermädchen und Marianna mit feinen, feuchten Batisttüchern ihn umschmeichelten.

"La toilette de Venus!" Sie dachte im geheimen voller Eitelkeit an Meister Bouchers Gemälde in Paris. Und da fielen ihr auch die Worte Seiner Hoheit, des Prinzen von Carignan ein, als er ihr das Gemälde geschenkt hatte.

"Schöner als Venus!" hatte er ihr damals ins Ohr geflüstert und sie dabei mit brennenden Augen angesehen. "Der arme Prinz", dachte sie weiter, während ein Lächeln um ihre Lippen zuckte, "er hat sich schnell ruiniert."

Und als das Bad vorüber, der Frisiermantel angelegt war, setzte sie sich vor den Toilettentisch.

Der Coiffeur trat ein.

"Kein Puder! Und nicht hochfrisiert! Laßt die Haare möglichst natürlich!"

"Ihr ergebenster Diener, Mademoiselle - wie Euer Gnaden befehlen."

Schwer fielen die braunen Locken auf die Schultern. Der Coiffeur zeigte sein Kennergesicht.

"Euer Gnaden haben das schönste Haar, das ich in

meinem Metier je gesehen. - Ein Freude, Euer Gnaden zu coiffieren." Er verbeugte sich, daß sein Zöpfchen hoch in die Luft fuhr, lächelte verbindlich in den Spiegel.

"Die ganze Stadt spricht von Euer Gnaden glorreichem Erfolg, ein unvergeßlicher Tag! Geruhten Euer Gnaden bereits, die Journale zu lesen?"

"Ich verstehe zu wenig deutsch."

"Dürft ich mit Euer Gnaden Erlaubnis übersetzen?" Er zog ein paar Zeitungen aus der Tasche.

"Nein, danke …"

"Monsieur le baron de Sweerts lassen Mademoiselle respektvollst um eine Audienz bitten."

Das Zimmermädchen überreichte mit einem Knicks die Karte.

"Führe sie Monsieur le baron in den Salon. Ich lasse Monsieur le baron bitten, ein wenig Geduld zu haben."

Der Intendant bittet um eine "Audienz"? - War sie denn eine Principessa? War sie nicht vielmehr eine von den Angestellten der königlichen Bühne? Wurden die hier in Preußen von ihrem Intendanten um "Audienz" gebeten, wenn er ihnen etwas zu sagen hatte?

Inzwischen ging Monsieur l'intendant in dem Salon auf und ab, mit kurzen, schnellen Schritten. Der Herr Baron schien sehr exaltiert. Die Schöße seines Fracks schlugen im Takt auf die kurzen, kräftigen Waden. Er schüttelte von Zeit zu Zeit den nachdenklich gesenkten Kopf, daß der Puder der Perücke aufflog, der steife Zopf hin und her wackelte. Er konnte es nicht fassen! Seine Majestät, die sonst so sparsam, fast - mit ergebenstem Respekt zu sagen

- geizig waren gegen Allerhöchstihro Artisten! - Eine königliche Laune, dieser Kontrakt, den er da in seinen Händen hielt?

Die Zofe öffnete die Tür. Barberina trat ein. Sweerts verbeugte sich.

"Mademoiselle - Ihr ergebenster Diener ..."

"Monsieur le baron - Ihre ergebenste Dienerin ...", und sie erwiderte die Verbeugung durch einen reizenden, ebensotiefen Knicks.

"Seine Majestät geruhen, diesen Kontrakt allergnädigst der schönsten Künstlerin für die Vorstellungen zu präsentieren."

Mit zierlicher Reverenz überreichte er das Papier.

"Seine Majestät bitten des weiteren, die Höhe der Summe von der Gage selbst fixieren zu wollen."

Barberina hielt das schöne Papier in Händen, die vor Überraschung zitterten. Sie selbst sollte bestimmen, wie viel der König ihr zu zahlen hatte? War das jener König Friedrich, von dem man ihr erzählt hatte, daß er seine Komödianten behandle wie Stallknechte? - Und nun bat er sie - und in welchem Ton! - die Chiffre auf ihrem Engagement selbst niederzuschreiben? - Der Traum! - Ihr Traum!

Sie lächelte Monsieur le baron zu. Immer freundlicher, herzlicher. - "Welch liebenswertes, verführerisches Frauenzimmer!" dachte der. Und auch er lächelte immer vergnügter und angeregter.

"Eh bien, teuerster Baron, was ist da zu tun? Was soll ich schreiben? Haben Sie eine Idee?"

"Mademoiselle", der Hofmann drückte, sich verneigend, die Hand mit der langen Spitzenmanschette auf die Gegend seines himmelblauen Fracks, wo sein Herz vermutet werden mußte, ganz bestürzt sah er aus - "Mademoiselle, Ihr devoter Diener, aber ich muss Ihnen die vertrauliche Mitteilung machen, daß ich absolut ignoriere, welche Ziffer Mademoiselle …" - und der Rest ging in Gemurmel unter. - O, er würde nicht die Courage haben, einen Ratschlag zu geben! Er roch den Braten! Seine Majestät konnten eine gar finstere Miene machen, um Allerhöchstihro Unzufriedenheit auszudrücken! - O nein, davon ließ man die Hände!

Die Künstlerin sah seine Verlegenheit. Da kam der Übermut, die Siegessicherheit - sie lachte silberhell auf:

"Alors, teurer Baron, dann geben Sie mir die Feder …"

Diensteifrig reichte er ihr den Schwanenkiel.

Sie tunkte ein, setzte an, wo die Lücke gähnte.

Monsieur le baron lugte mit hochgezogenen Brauen über die Schulter.

"Wa - as?" Er fuhr zurück. "Fünftausend Reichstaler?? Ist es möglich? - Welche Impertinenz! Was denkt sich die von den Finanzen der königlichen Schatulle?"

Barberina spürte seine Erregung. Sie warf den Kopf herum. "Nun?" lächelte sie ihm zu.

"O, Mademoiselle", er lächelte verbindlichst, "ausgezeichnet …"

"So bringen Sie das Seiner Majestät mit meinem alleruntertänigsten Dank zurück …"

Sie hatte sich erhoben, reichte ihm mit entzückender Gebärde die Hand.

Und nachdem der Herr Intendant die Hand seiner Tänzerin an die dicken, leise bebenden Lippen gedrückt hatte, ging er wie ein Krebs zur Tür, verneigte sich tief, schwenkte den Dreispitz im Halbkreis bis zur Brusthöhe:

"Mademoiselle - Ihr ergebenster Diener ..."

"Monsieur le baron - Ihre ergebenste Dienerin ..."

Und schelmisch lächelnd derselbe tiefe Knicks.

Monsieur l'intendant rollten vom "König von Portugal" direkt zum König von Preußen. Und wenn ihm das Herz erwartungsvoll geschlagen hatte auf dem Weg zu der portugiesischen Majestät - jetzt schlug es ihm bis zum Hals auf dem Weg zu der preußischen.

"Fünftausend Reichstaler! - Soviel bekam ja nicht einmal der Kanzler! Das war mehr, als alle Beamten zusammen erhielten! Mon dieu, mon dieu! Was wird Seine Majestät sagen! - Fünftausend Reichstaler! - "

Aber Seine Majestät sagten nichts, gar nichts! Nickten nur leise mit Allerhöchstihrem Kopf. Waren nicht im geringsten erstaunt.

"Es ist gut ... mein lieber Sweerts ... es ist gut ..."

"Seine Majestät bitten hier herüber, ins Teezimmer, Mesdames."

Komtesse Teschen rauschte voran. Eine bejahrte Dame, hatte Seine Majestät schon gekannt, da Sie noch nicht laufen konnten. Komtesse Teschen war bereits recht altersschwach, hörte schon sehr, sehr schwer und sah auch nicht mehr gut. Aber das sah man doch noch. Daß Seine Majestät einen großen Fehler begingen, der Komtesse Teschen diese Position zuzumuten. Dame d'honneur bei einer Tänzerin! Aber wen kümmert's! Seine Majestät hatten befohlen, und da hieß es parieren! Denn die alte Komtesse Teschen war eine gute Preußin. Unter Friedrich Wilhelm hatte die Hofdame gelernt, Allerhöchste Orders zu respektieren. Das war ihr in Fleisch und Blut gegangen unter dem Soldatenkönig. Seine Majestät wußten das auch recht gut, sonst hätten Sie wohl eine andere Dame erwählt.

In der Frühe war der Befehl erst gekommen, in die stille Zurückgezogenheit der alten Hofdame war er gedrungen als ein Alarm. Königsdienst! Da hatte sie die alte Staatsrobe hervorgeholt und die verstaubte Staatsperücke, ohne Zaudern und Zögern - Königsdienst! Dann war sie in die königliche Karosse gestiegen, hatte das junge italienische Frauenzimmer abgeholt. Nun war sie hier, stapfte in geblähtem Hofstaat an ihrem Krückstock durch die Gallerie, die junge Mamsell mit den schwarzen Augen zur Seite.

Und als die beiden Damen jetzt in den Teesalon traten - Komtesse Teschen kannte ihn gut, noch von Zeiten der seligen Großmutter Seiner Majestät her, der Königin Sophie Charlotte - da kamen Seine Majestät mit schnellen Schritten auf sie zu, verhinderten die alte Frau, den Hofknicks zu machen.

"Meine liebe Teschen - welche Freude, Sie wiederzusehen!"

"Eurer Majestät gnädigster Ruf ist an mich ergangen."

"Nun das freut mich, liebe Teschen, Sie bei so excellenter Gesundheit zu sehen ..."

Er nahm die Hand der alten Dame, führte sie zum

Sessel. Aber dann überließ er sie - nach großer, allgemeiner Präsentation der Gesellschaft - auch den andern, den Freunden, so ziemlich denselben Herren, die an jenem Abend um ihn waren, da die Nachricht von der Tänzerin Ankunft gekommen.

Barberina ließ er schon den Hofknicks machen, freute sich an ihren guten Manieren. Und während die Diener den Tee herumreichten, saß er der Ballerina zur Seite. Heute, bei Tageslicht, fand er sie noch reizvoller wie gestern beim Kerzenschein.

"Nun, ma belle demoiselle, waren Sie zufrieden mit dem Erfolg?"

"O, Sire, das war ich bereits, als Eure Majestät mich gnädigst in Höchstdero Loge rufen ließen! - Erlauben mir Eure Majestät, meinen untertänigsten Dank abzustatten für Eurer Majestät übergroße Gnade. Eure Majestät bereiteten mir heute morgen eine gar angenehme Überraschung."

"Eh, mademoiselle, kennt wahre Kunst nicht ihren Wert am besten selbst? - Doch warum so bescheiden, ma belle Amaryllis? - Künstlerinnen wie Sie haben ein Recht darauf, daß Könige ihnen tributpflichtig sind!"

"Eurer Majestät gnädige Worte machen mich glücklich. Es ist mein heißester Wunsch, stets zur Zufriedenheit Eurer Majestät meiner bescheidenen Kunst zu dienen …"

"Und hoffentlich recht lange!"

"So lange, wie Eure Majestät geruhen, mich Eurer Majestät ergebenste Dienerin zu benennnen."

"Versprechen Sie nicht zu viel, Mademoiselle!" drohte lächelnd der König.

"O, Sire, es wird mir ein leichtes sein, das zu halten."

"So? Sind Sie dessen so gewiß?"

"Ich nehme mir die Freiheit, es Eurer Majestät zu versichern." Kokett schlug sie die Augen auf.

"Eh, bien, Mademoiselle, dann lassen wir uns erst nach eine angenehmeren Unterkunft umschauen. - Der 'König von Portugal' sorgt zwar, wie mir berichtet wurde, recht gut für seinen schönen Gast, doch der König von Preußen kann es noch besser!" - Friedrich wandte sich um.

"Knobelsdorff!"

"Majestät?" - Ein hochgewachsener Herr hatte sich erhoben, stand vor dem König.

"Kennen Sie das hübsche Haus in der Bährenstraße, das einst meinem verstorbenen Conseiller Lelièvre gehörte?"

"Eurer Majestät zu dienen."

"Es steht leer?"

"Seit Februar, Sire."

"Sehr gut, lassen Sie es möblieren und in Stand setzen. Aber so schnell als möglich. Mademoiselle Barberine wartet mit Ungeduld darauf."

"In zwei Wochen, Sire, wird Mademoiselle das Haus beziehen können."

"Großartig, werter Baron! - Und vergessen Sie nicht die Ställe!"

"Wie Eure Majestät befehlen." Knobelsdorff trat mit einer Verbeugung zurück.

"Warten Sie, Baron! - Sagen Sie Ihrem Freund, dem Meister Pesne, sich der Plafonds anzunehmen. - Doch nein, ich werde es ihm selbst sagen. Er ist doch noch im Schloß beschäftigt?"

"Monsieur Pesne ist dabei, das große Deckengemälde im neuen Flügel zu vollenden, Sire."

"Très bien, da sehe ich ihn ja morgen noch." Friedrich nickte seinem Baumeister und Freund dankend zu.

"Sind Sie zufrieden mit mir, Mademoiselle?"

"Sire, Eurer Majestät Gnade läßt mich verstummen."

"Egoismus von mir!"

"Eure Majestät belieben zu scherzen."

"Keineswegs! Nennen Sie das nicht Egoismus, wenn ich darauf rechne, die Visite der Göttin der allerfröhlichsten Kunst zu erwidern? - Und könnte ich das wagen im Haus Seiner gestrengen Majestät, des 'Königs von Portugal'?"

"Sire, Eure Majestät werden willkommen sein wie der Gott der Sonne den Kindern Floras."

"Wissen Sie aber, Mademoiselle, daß Phöbus eine sehr schlechte Angewohnheit hat?"

"Welche, Sire? Nach meiner Kenntnis hat der liebenswerte Gott nur leuchtende, wärmende Eigenschaften."

"Er weckt die Kinder Floras mit einem - Kuss!"

Da sah sie dem jungen König übermütig in die hellen Augen: "Eh bien, Sire, darum war er stets nur um so mehr willkommen - den Kindern Floras!"

Und er fing den verheißungsvollen Blick, der ihren Worten folgte. Seine Stimme bebte leis' verräterisch:

"Dann ist es mein Wunsch, daß nie Wolken sich legen mögen zwischen den Gott und die - Blumen."

"Es ist auch der meine, Sire."

"Und um ganz sicher zu gehen, werde ich dem Maître Pesne auftragen, auf dem Plafond eines gewissen Zimmers im Haus der Bährenstraße das Bild des Gottes mit der schlechten Angewohnheit zu malen. - Die Kinder Floras werden ihn dann stets wolkenlos erblicken."

"Auf umso freundlichere Aufnahme darf der Gott rechnen, je menschlicher, je natürlicher Meister Pesne sein Antlitz darstellt, Sire."

"Doch wenn der Gott persönlich käme?"

"Dann, Majestät, werden die Blumen ihm sogar - die schlechte Angewohnheit verzeihen!"

Und wieder blitzte es dabei aus den schwarzen Diamanten. Da sprach er ganz dicht an ihr Ohr und flüsterte es fast:

"Der Gott ist ungeduldig … Er kann seinen Aufgang kaum erwarten …"

Und sie fühlte, wie heiß des jungen Königs Hand brannte, als sie heimlich über die ihre strich …

Doch die Teestunde war vorüber. Komtesse Teschen hatte sich erhoben, die Herren mit ihr. Schnell war Barberina an der Seite ihrer greisen Beschützerin.

Ganz zerstreut klangen die Abschiedsworte Seiner Majestät zu der Teschen. Aber die verstand sie ja auch kaum, trotz des Höhrrohrs.

Und als Barberina wieder daheim war, dachte sie noch lange an die Konversation im Teezimmer zu Charlottenburg. Und da stand wieder der Traum vor ihr auf. Wollte er sich erfüllen? O, sie weiß genau: zum kleinen Teil gewiß!

Das Knie wird er beugen vor ihr, der stolze, junge König, der - Sonnengott! Und wird er wirklich so willkommen sein wie Phöbus den Blumen? Sie horchte auf Antwort. - Doch das Herz schwieg, es hatte ja keine Stimme mehr, war ja längst tot! Aber der schnelle Verstand, der rief ein freudiges, flinkes "ja" - "Vergessen wird er dich auch lehren!" rief er ihr noch hinterher ...

Und Phöbus? ... Phöbus war untergegangen, durch das Dunkel der Sehnsucht aber eilten seine pfeilschnellen Gedanken dem Ziel vorauf, dem Sonnenaufgang entgegen. Und er wußte es, er würde ihn erleben. War er nicht ein Gesetz der Natur?

Und diese Überlegung gab ihm Trost, schenkte Phöbus die Ruhe, die er für die Kur in Pyrmont so nötig hatte. -

Der Sieger von Mollwitz hatte einst die Siegerin von Paris und London überlistet. Der König hatte einst die Tänzerin gefangen nehmen lassen.

Jetzt hatte die Heldin von Paris und London den Heros von Mollwitz überlistet. Jetzt war der König der Gefangene der Tänzerin!

Auge um Auge - so lieben es die Frauen ...

Zwölftes Kapitel

König Friedrich war aus Pyrmont zurück. Früher als er geplant hatte. Alles rief ihn nach Berlin, die Vorbereitungen für die Kampagne, die Vermählung seiner Schwester Ulrike und - das Haus in der Bährenstraße, das längst vollendet, wie man ihm berichtet.

Ganz Berlin rüstete sich, das hohe Fest der Hochzeit würdig zu feiern. Der preußische Hof war so stark beschäftigt, daß er den Kriegslärm vergaß. Alle Kaufmannsgewölbe wurden gar bald erschöpft an Stoffen, gestickten Zeugen, Quasten und all dem, was zu der ausgesuchtesten Pracht gehört. Man machte die schönsten Zimmer auf den Schlössern zu Berlin, Charlottenburg und Monbijou zurecht, worinnen die feierlichsten Lustbarkeiten vor sich gehen sollten. Der König befahl seine Lieblingsopern und suchte selbst verschiedene Komödien aus, die während der Zeit dieser Vermählungsfeier aufgeführt werden sollten. Alle fremden Gesandten ließen sich prächtige Kleider und kostbare Equipagen machen. Die Damen vornehmlich beschäftigten sich Tag und Nacht mit ihrer Toilette. Ihre Gesichtsfarbe litt sogar bei der vielen Arbeit und bei dem starken Nachsinnen, und die natürliche Schönheit lief Gefahr, unter so ängstlichen Sorgen um die künstliche zu erliegen.

Der schwedische Hof hatte seinerseits den berühmten Grafen von Tessin zum Ambassadeur ernannt, die feierliche Anwerbung um die Prinzessin zu tun und zugleich Seine Königliche Hoheit, den Prinzen von Preußen zu ersuchen, bei der priesterlichen Einsegnung die Person des schwedischen Thronfolgers vorzustellen.

Denn der Kronprinz von Schweden selbst konnte nicht kommen. Die Hochzeit aber mußte - so will es die Tradition - in der Stadt der Prinzessinbraut stattfinden.

Alle Kostbarkeiten, die zur Aussteuer der Prinzessin bestimmt waren, wurden in einem Zimmer auf dem Schloß drei Tage hintereinander jedermann gezeigt, ob arm, ob reich. Alle, welche die Neugierde angetrieben hatte, solche zu besehen, sagten, daß Seine Majestät nichts gespart hätten, eine so geliebte Schwester auf eine ihrer hohen Geburt und demjenigen Rang, welchen sie dereinst in Schweden zu bekleiden hatte, gemäßen Weise auszustatten.

Die Hunderttausend Taler Mitgift wurden in guten, vollwichtigen Dukaten in die Hände des Herrn Ambassadeurs geliefert, welcher eine Vollmacht bei sich hatte, sie in Empfang zu nehmen.

Von der Ankunft der schwedischen Herren bis zum Tag der Abreise der Prinzessin wurde ein jeder Tag durch eine andere Lustbarkeit bemerkenswert. Gastereien, Bälle, Opern, Komödien, Spazierfahrten und andere Belustigungen folgten ohne Aufhören aufeinander.

Endlich erschien der große Festtag, an dem die Trauungszeremonie vor sich gehen sollte. Der ganze Hof versammelte sich nachmittags um sechs Uhr in dem Paradezimmer des Berliner Schlosses. Die Pracht dieser hohen Versammlung verblendete fast die Augen; ein jedes hatte seine äußersten Kräfte angewendet, um im völligen Glanz zu erscheinen. Die jungen schwedischen Edelleute, an der Zahl sechsunddreißig, waren kostbar und mit einem unendlichen Geschmack gekleidet. Der König trug einen blauen Staat, der ganz und gar mit Silber bestickt war. Die Prinzessin kam zuletzt zum Vorschein. Sie war über alle Maßen schön und ganz mit Edelsteinen bedeckt.

Nachdem der Prinz und die Prinzessin die Majestäten begrüßt hatten, näherten sie sich dem Altar, welcher unter einem kleinen Thronhimmel errichtet war und erhielten daselbst von den Händen des Beichtvaters der königlichen Frau Mutter, welcher ein Lutheraner war, die Einsegnung. Ein dreifaches Losbrennen der Kanonen von den Wällen verkündigte den Einwohnern von Berlin dieses Hochzeitsfest, und die Prinzessin erhielt von dem ganzen Hof die Glückwünschungen, sowohl wegen der eben vor sich gegangenen Zeremonie als auch wegen der wirklichen Vollziehung des Beilagers, welches sie in Schweden zu gewärtigen hatte. Dann folgte die Tafel und auf die Tafel der Tanz. Dies königliche Fest ward mit einer solchen Pracht und Herrlichkeit begangen, wovon man noch niemals in Berlin zuvor gesehen.

Was war aber Berlin auch jetzt! Was war aus dem Kurfürstenstädtchen geworden! Holte man aus seinen Mauern doch die zukünftige Königin von Schweden!

Und wie sicher diese junge Stadt sich dünkte auf ihren frischen Lorbeeren! Als ob es keine Feinde auf der Welt gäbe, die mißgünstig blickten auf sein aufstrebendes Ländchen da oben im sandigen Norden, dieses Ländchen, das keiner einst haben mochte. Die Stadt lachte und feierte, als ob die feindlichen Armeen nicht existierten, die sich schon von drei Seiten zum Anmarsch rüsteten!

Aber warum sollte man nicht die Feste feiern wie sie fallen? Und gab es unter den Berlinern doch manch einen, der mit Sorgen in die Zukunft sah, so schwand ihm schnell alle Furcht und Besorgnis, wenn er dem jungen König in die Augen schaute. Die blickten so ruhig, aus ihnen strahlte eine so sorglose Heiterkeit, daß er schnell das Fürchten verlernte.

Wie leutselig, wie fröhlich der König in den Festtagen war! Und doch wußte man, daß ihm der Abschied von der Schwester schwer wurde. Aber er trennte sich von ihr, weil es das Wohl seines Landes verlangte, und das liebte er noch mehr wie die Schwester. - Die Politik! Sie ist ein feines Spinnennnetz, in der so mancher arme Falter sich zu Tode flattert! Möge Gott dich bewahren, du schöne, junge Prinzessin, die Wünsche des ganzen Volkes ziehen mit in die Fremde. So wirst du nicht einsam sein ...

Diese Festwoche aber wurde zu einer Triumphwoche für die fremde Tänzerin. In dem Trubel und dem vielen Schauen hatte man ihrer fast vergessen. Tänzerinnenlorbeer welkt so schnell! - Aber sie selbst brachte sich wieder in Erinnerung. Und gelang es ihr nicht, die ganze glänzende Hochzeitsgesellschaft in ihren Bann zu ziehen, daß sie die Augen von der lieblichen Braut wandte und nur noch in ihre dunklen, sündigen Feuersterne blickte?

Hatten die sechsunddreißig schwedischen Edelleute nicht sogar die Etikette, ja die gute Sitte ihrethalben arg verletzt, als sie der Italienerin ganz allein ein Bankett gaben, und noch dazu in den Räumen des schwedischen Gesandtenhotels in der Wilhelmstraße?

Aber Seine Majestät gingen ja mit dem besten Beispiel voran. Am Mittwoch hatten Sie doch selbst - mit Respekt zu sagen - die Etikette verletzt. Das war in Charlottenburg. An dem Tag, da die Hochzeitsfeierlichkeiten ihren Höhepunkt erreichten.

Ein denkwürdiger Tag! - Der König hatte an die vierhundert Gäste nach dem Schloß gebeten. Die hatten sich, soweit sie Platz fanden, in der großen Orangerie zu versammeln. Die ganze Galerie war mit Rosen, Bändern und Kränzen von lebendigen Blumen und mit Lampen von verschiedenen Farben gezieret, in jedem Fensterbogen sah man einen blühenden Orangenbaum, der nicht nur das Auge entzückte, sondern auch in dem großen Saal einen wunderbaren Geruch verbreitete. An dem einen Ende der Galerie war ein kleines, artiges Theater errichtet, auf dem Seine Majestät ein Schäferstücklein aufführen ließen, das mit sehr schönen Tänzen untermischt war. Der unvergleichliche Sänger Solimbeny entzückte die Gäste mit seiner gottbegnadeten Stimme. Aber als seine Landsmännin, die Signora Barberina, auftrat, da kannte der Beifall keine Grenzen mehr.

Nach diesen Vorführungen begab sich alles auf die Terrasse. Welch zauberhafter Anblick wurde da den Gästen zuteil! Der ganze Garten war erleuchtet, zwischen den Bäumen hingen Girlanden von vielen hundert bunten chinesischen Lampen. Solche erhellten auch die mächtigen Tafeln, die auf der Terrasse, unter dem wolkenlosen dämmernden Julihimmel errichtet waren. Für mehr als dreihundert Personen war gedeckt worden. Das herrlichste Geschirr schimmerte auf dem Schnee der langen Linnentücher. Dort, wo die höchsten Herrschaften Platz nahmen, gab es Teller und anderes Geschirr aus lauterem Gold, das in dem bunten Licht glühte und brannte. Aber auch die anderen Tische trugen unter Blumen kostbares Gerät, schweres, weißes Silber, das wundersam erklang, als man es benutzte.

Auch Barberina gehörte zu denen, welche sich an Tafeln setzen durften, wie sie noch niemals in Preußen gesehen waren, selbst nicht unter der Regierung des glänzenden, prunkliebenden Herrn Friedrichs des Ersten.

Algarotti hatte Barberina zu Tisch geführt. Rechts von ihr saß Solimbeny. Fröhliches Gelächter tönte durch den Märchenpark, ein Duft von Blumen, feinen Parfums und edlen Speisen lag über diesem Bankett festlich geputzter Menschen, deren seidene Gewänder, Staatsröcke und Uniformen mit dem Farbenglanz der bunten Lichter wetteiferten. Diamanten sprühten ihre Blitze durch die Dämmerung, weiße Arme und Nacken leuchteten so hell wie das Tafellinnen, gepuderte Perücken stäubten ihre wohlriechenden Wölkchen in die Luft. Die Wangen glühten schon von dem Wein, so warm war dieser Sommerabend. Kein Lüftchen rührte sich, Mücken und Motten surrten um die Lampen, Schwalben schossen in tiefem

Flug über die Köpfe der Gäste, aus der Ferne tönte Musik und Singen; das kam von den vielen tausend Bürgern, die rings um den Park unter Zeltdächern zechten und lärmten; auch sie waren Gäste des Königs.

Da wurde mancher Toast auf die Gesundheit der jungen Braut ausgebracht. Aber der allerschönste war der Seiner Majestät, ihres zärtlichen Bruders. Eine kleine Ode hatte er der Schwester gewidmet. Und als sie die Verse hörte, da liefen ihr die Tränen über das junge Gesicht.

Barberina lernte an diesem Abend den Herrn François de Voltaire kennen. Er saß ihr gegenüber. Sie mußte immerfort in sein mageres Gesicht blicken, dessen scharfe Züge beständig in Bewegung waren. Sein Anblick war eigentlich eine rechte Enttäuschung für sie. Sie hatte sich den von aller Welt vergötterten Dichter ganz anders vorgestellt. Sie fand, der Lorbeerkranz paßte nicht gut auf diese Stirn voller Runzeln und Falten. Die Augen eines echten Poeten hatte er auch nicht. Dafür waren sie zu klein, liefen zu flink umher. Aber trotzdem ließ sie kein Auge von seinen dünnen Lippen. Denn alles, was er sprach, klang so überraschend und so voller Esprit, daß sie bald die Falten und die scharfen Äuglein vergaß.

Algarotti erzählte ihr, was alle Welt wußte. Daß nämlich dieser berühmte Dichter, den Seine Majestät über alle Maßen verehrten, an einer unglücklichen Liebe krankte, und daß ihm das Hochzeitsfest der Prinzessin schmerzlich sein müsse. Voltaire wäre hoffnungslos in die Prinzessin verliebt, hätte ihr auch schon poetische Liebesdeklaration gemacht, eine über die andere, sei aber stets mit Spott abgewiesen worden. Die Prinzessin hätte seine Verse mit Gedichten beantwortet, und es hieße, daß Seine Majestät deren Verfasser wären. Er, Algarotti, sei aber überzeugt, es hätte den Dichter nicht so sehr gekränkt, daß seine Liebe keine Erwiderung gefunden, sondern, daß der König sich über ihn lustig gemacht. Da wäre Voltaires Eitelkeit tief verletzt worden, und das vergäße er Seiner Majestät nimmer.

Voltaire war besonders aufmerksam gegen Barberina. Seine Komplimente waren so witzig und schmeichelhaft dazu, daß sie die gern entgegennahm.

Gerade, als Voltaire von seiner Reise nach Berlin erzählte und berichtete, daß ihm kurz vor der Grenze der Reisewagen gebrochen wäre, so daß er gezwungen wurde, in seidenen Strümpfen auf einem in der Eile aufgetriebenen Maulesel über die preußische Grenze zu reiten und er sich der Grenzwache als Monsieur Don Quichotte ausgegeben hätte, trat der König an den Tisch. Er setzte sich neben Voltaire, Barberina gegenüber.

Das erregte nun natürlich in der ganzen Gesellschaft größtes Aufsehen, das ständig wuchs, je angelegener Seine Majestät mit der Tänzerin plauderten. Der König schien vergessen zu haben, daß an der Fürstentafel sein Sessel leer blieb, daß die Abreise der Prinzessin bevorstand.

Nach dem Mahl promenierte man im Garten. Auf der Spree wurde ein herrliches Feuerwerk abgebrannt. Tausendfältig strahlte der stille Spiegel des Flusses all die Sonnen, Monde und Sterne wider. Ganz dunkel war es geworden, aber noch immer nicht gab der König das Zeichen zum Aufbruch.

Barberina war von mehreren Herren umgeben, dem Grafen Algarotti, Herrn von Voltaire, der nicht mehr von ihrer Seite wich, dem Grafen Chasot und dem Baron Bielfeld.

Und plötzlich stand der König wieder neben ihr. Er wandte sich lächelnd an Voltaire und sagte:"Frankreichs größter Poet hatte einst einen wunderbaren Traum. Er sah sich selbst mit einer Krone auf dem Haupt, das sonst der leichtere Lorbeerkranz nur schmückt. Nun, da er König war, hatte er den Mut, einer Prinzessin seine Liebe zu erklären, sie sollte seine Königin sein. Dieser poetische Traum ging teilweise in Erfüllung - meine vielgeliebte Schwester rüstet sich, den Reisewagen zu besteigen. In Stockholm wartet ihrer die Krone."

"Sire", sagte Voltaire, seinen Ärger mit vollkommener Grazie bekämpfend, "uns armen Poeten gibt zuweilen der Traum, was uns das Leben nicht gönnen mag!"

Da legte ihm Friedrich leicht die Hand auf die Schulter und in noch ironischerem Ton und mit einem gesuchten Pathos antwortete er mit diesen Versen:

Ein Held kann träumen, daß er den Rhein überschritten,
Ein Kaufmann, daß er sein Glück gemacht,
Ein Hund, daß er den Mond zerbissen -
Aber daß Voltaire in Preußen glaubt König zu werden,
Führwahr, das heißt selbst Träume mißbrauchen!

Unter dem Lachen der anderen verbeugte sich Voltaire vor dem König: "Sire, wenn Eurer Majestät Verse stets auf so guten Füßen laufen, dann brauchen sie keinen Arzt mehr."

Nach dieser dreisten Antwort schwiegen die Umstehenden erschrocken. Friedrich aber lachte nur und sagte:

"Doch, doch - sie mögen ihn nicht missen, denn ist ihr Arzt nicht auch der liebste Freund ihres Vaters?"

Und dabei blickte er Voltaire freundlich in die Augen. - So war Friedrich. Nach beißendem Spott ein Wort, so warm an Klang, daß aller Groll gleich schwinden mußte.

Voltaire auch mochte schnell vergessen, denn was er jetzt mit viel Anmut zur Antwort gab, sprach sehr dafür:

"O, Sire, er ist nur Freund, wie es der Mond der Sonne ist. In ihrem gütigen Glanz kann er nur leuchten. Denn schenkt sie ihm nicht mehr ihrer Strahlen Wärme, muß er verblassen."

Doch Barberina schien es, als ob es um des Dichters Mund bei diesen Worten merkwürdig zuckte, wie von innerer Überwindung. In seinen Augen sah sie auch eine schnelle Flamme aufzucken, wie ein böses, grünes Licht. Sie konnte sich aber auch getäuscht haben, es mochte der Abglanz einer bunten Lampe sein.

Friedrich hatte das wohl nicht bemerkt, denn freundschaftlich schob er seinen Arm unter den Voltaires und zog ihn mit sich.

Man promenierte weiter unter den hohen Bäumen, durch deren Laub der bunte Schein der Lampions brach. Raketen stiegen zischend in die Luft, gossen hundert Sternchen aus dem Himmel hernieder, Lachen und Scherzen erscholl auf den Wegen, Gitarrenklänge und leiser Gesang drang durch die Büsche.

Friedrich ging jetzt zur Seite der Tänzerin. Neben ihm Voltaire. Der König sprach von seinem Lieblingsthema, dem Theater, der Oper. Versprach Voltaire, seine Werke in Berlin spielen zu lassen. Seine Majestät wollten auch ein eigenes Theaterstück aufführen lassen, eine Satire, des Namens "Der Modeaffe", aber vorher sollte Voltaire sie durchsehen, verbessern. Im intimen Zirkel der Freunde natürlich sollte diese Komödie gespielt werden.

"Sie sehen, lieber Voltaire, meine Kinder können den Arzt nicht entbehren."

Plötzlich aber wandte Friedrich sich zu der Tänzerin und sagte mit eigenem, nur ihr verständlichem Ausdruck:

"Diese Nacht will bald zu Ende gehen. - Phöbus wartet schon ungeduldig, sehen Sie nur, Mademoiselle, das verräterische Licht dort hinten."

Dabei blickte er ihr tief in die Augen. Die andern sahen unwillkürlich nach der zarten Helle über den Baumwipfeln. Barberina aber senkte ihren Blick in die Augen des Königs. Und da bemerkte sie wohl das verräterische Licht, von dem er gesprochen.

"Sire, die Kinder Floras harren seiner mit ebensolcher Ungeduld - da - sehen Eure Majestät nur, traurig lassen sie die Köpfchen hängen …"

Und im selben Augenblick hatte sie eine große, dunkelrote Rose gepflückt, die sie mit einer Verneigung dem König überreichte. Er nahm nicht nur die Blume, sondern auch die Hand, die er sanft drückte. Und während er den Duft der Rose einsog, sagte er scherzend, aber nicht ohne leises Beben in der Stimme:

"Künden Sie den Blumen, Ihren Schwestern, daß der Gott sich naht, sie wärmend zu kosen!"

In die kleine Pause, die gerade jetzt entstand, fiel Voltaires Stimme nachdenklich, leichthin:

"Oft sah ich schon das Frührot. - Meist löschte es siegend das Licht meiner kleinen Arbeitslampe. - Noch nie aber sah ich es so strahlend, wie hier unter diesen Bäumen, trotzdem uns noch die Schleier der Nacht umhüllen. - Haben Eure Majestät nicht auch diese Impression?"

Und er sah dem König ins Auge, ein feines, ironisches Zucken um die scharfen Mundwinkel.

Da wußte auch Barberina, daß Voltaire schnell durchschaut, wer Phöbus war und wer die Blumen.

"Mein lieber Voltaire", hörte sie Friedrich sagen, "aus Ihnen spricht wieder der Poet, der nicht nur in Träumen erlebt, was uns anderen Sterblichen fern bleibt und fremd, der auch mit wachen Augen mehr sieht wie wir. - Oder sollte die Nähe unserer schönen Siegerin die Helle ausstrahlen, von der Sie schwärmen?"

"Eh, Sire, das ist leicht möglich. - Wurde einst mein gnädigster König Ludwig doch geblendet, als er in das Licht dieses strahlenden Sternes blickte." Und mit bedeutsamem Lächeln fügte er hinzu:

"Wenn selbst Kronen widerstrahlen vom Schein des seltensten Sternes, der je geleuchtet, wie sollten da eines armen Dichters Augen nicht an den jungen Tag glauben, wenn rings noch finster die Nacht?"

Friedrich nickte lächelnd:

"Sie haben recht, Voltaire! - Glücklich, wem selige

Träume beschieden, glücklich, wem freundliche Sterne das Dunkel erhellen."

Die kleine Gesellschaft mit dem König in der Mitte war an der Schloßterrasse angelangt, begleitet von den Grüßen der Gäste, die ehrerbietig zur Seite traten.

Da kam ein Mann eiligst auf den König zu, verbeugte sich, sagte Friedrich leise ein paar Worte. Es war der Graf Gotter. Friedrich stand auf den untersten Stufen der Terrasse. Er wandte sich um, sprach mit lauter Stimme:

"Mesdames et Messieurs - das Fest ist aus ... Ihre Königliche Hoheit, die Frau Kronprinzessin von Schweden verläßt unser Land!"

Dann winkte er lächelnd Barberina zu, grüßte die anderen und eilte die Stufen hinauf ins Schloß.

Alles machte sich zur Heimfahrt bereit. An den Ausgängen fuhren unzählige Kutschen vor. Eine schwere Staatskarosse hinter einer leichteren Berline, ein Phaeton folgte. Begleiter ritten neben den Gefährten einher, auf dem Weg nach Berlin.

Eine schier endlose Reihe von Wagen aller Art rollte die noch nächtlich dunkle Straße zwischen dem hohen Wald entlang - da ertönte ein helles Fanfarensignal durch das Knarren, Rattern und Stampfen. Und bald darauf sauste es vorüber, mit acht trabenden Pferden, ein mächtiger, prachtvoll geschwungener Reisewagen, umgeben von vielen Reitern. Dann folgten noch vier andere Wagen, noch andere Reiter. Gedankenschnell blitzte dieser Zug an der Wagenkette vorbei, verschwand wie ein Traumbild in der Nebeldämmerung des Morgens. Das war der Hochzeitszug. Er entführte wie eine schöne Beute die junge Prinzessin mit ihren Hofdamen nach Stralsund.

Barberina hatte ihr Haus in der Bährenstraße bezogen. Es war ein großes, wohlaptiertes Wohnhaus von drei Etagen. Hatte einundzwanzig Zimmer und Kammern, eine große Küche im Erdgeschoß, Stallungen für zehn Pferde, Remisen für vier Wagen, gewölbte Keller, gutgedielte Böden, und einen großen Hofraum mit Garten und Brunnen. War also ein vornehmes Haus, in welchem es sich sehr angenehm logieren ließ. Zwar kein Schloß, aber Barberina mochte ja weder eine Pompadour noch eine Mademoiselle Clairon werden. Das schien nicht in ihrer Natur zu liegen. Oder war sie doch nicht klug und ehrgeizig genug dazu?

Die Möbel waren zum Teil neu. Die gebrauchten stammten von Seiner Majestät. So auch der Salon. Er war in den Lieblingsfarben des Königs: die Holzteile versilbert, die Bezüge aus dunkellila Damast. Der König hatte auch für wunderschöne Teppiche, Bilder und allerhand Bronzen, Vasen und hübschen Kleinkram sorgen lassen. Es war mit viel Liebe und Geschmack ein Nest geschaffen, wie eine schöne Frau es liebt. Barberina und ihre Schwester waren entzückt, als sie zum ersten Mal durch die Räume schritten mit dem Herrn von Knobelsdorff als Führer. Besonders lange verweilte die Künstlerin in dem Bodouir mit dem anstoßenden Schlafkabinett. Gerade über dem Bett prankte der Phöbus auf Wolken, so zart und duftig, wie sie in Berlin nur einer malen konnte: der Meister Antoine Pesne. Der Gott war umgeben von Göttinnen und Amoretten, die seinen Triumphzug bildeten. Blumen streuten sie unter die goldenen Räder seines Wagens. Und blickte der lächelnde Sieger nicht mit Augen herab, deren Blick und Farbe ihr recht bekannt schon waren?

Knobelsdorff lächelte, als er Barberina den Plafond betrachten sah. Lächelte sehr diskret. Dann wies er auf die erste der Göttinnen. Meinte, daß deren dunkle Augen gar angenehm mit all den hellen Farben kontrastierten ...

Hier in diesem Allerheiligsten war aber nicht nur Meister Pesnes Gemälde so hell und duftig. Die Möbel auch und die Draperien zeigten leichte, fröhliche Farben. Lachsfarbene Töne, seladongrüne, und dazu das Weiß der Spitzen, Verschnürungen, Girlanden. Zierliche Rocailleschnitzereien an den gewölbten Füßen des Sofas, der Stühle und Fauteuils, des Sekretärs, des Toilettentisches, der Kommoden. Überall goldener Bronzebeschlag. Der Teppich, ein Prachtstück persischer Arbeit, zeigte auf hellgrauem Grund wunderlich hellgrüne Löwen und rosafarbene Götzen.

Im ganzen Haus waren Blumen und Blattgewächse verteilt, das Musikzimmer barg einen schönen, weißlakkierten und mit kleinen Heckenrosen geschmückten Flügel. Die Dienerschaft - eine Zofe, ein Koch, ein Stallmeister und zwei Lakaien - stellte sich untertänigst der jungen Herrin vor. Barberina bat den Baron von Knobelsdorff, ihr erster Gast zum Frühstück zu sein.

Es ward bald Mittagszeit. Barberina setzte sich mit Marianna und dem liebenswürdigen Baumeister an den schönen Tisch im Speisezimmer. Das Menü war ausgezeichnet. Es gab ein paar italienische Spezialitäten, eine Aufmerksamkeit des Kochs. Aber welche Überraschung! Da standen ein paar Flaschen "Vino di Cypro" und "Vino di Capo d'Istria" auf dem Tisch! Ihre Lieblingsweine! Und als sie den langentbehrten Trank voller Lust schlürfte, da fühlte sie, welche Macht ihm inne wohnte. Er spülte jene Reste hinweg, die noch geblieben waren, und die manchmal alte Schatten heraufbeschwören wollten, Schatten, die sich so düster machten in all den sonnigen Farben ihrer reizenden Umgebung.

Knobelsdorff plauderte viel von ihrer Heimat. Erzählte, wie er Italien mit dem Skizzenbuch durchstreift, auf der Suche nach klassischen Motiven für Seiner Majestät Bauten. Von Venedig auch schwärmte er, und es stellte sich heraus, daß man gemeinsame Bekannte in der alten Stadt hatte. Dieses erste Mahl verlief schnell unter anregendem Gespräch, so lieblich begleitet von dem Feuer des Südweins. Und als der Baron sich verabschiedet, da war die junge Frau wie in einem Rausch, aber einem Rausch, nicht nur des Weins, sondern auch des Glücks.

Singend und lachend eilte sie von Zimmer zu Zimmer, entdeckte immer neue, überraschende Sachen und Sächelchen, stöberte in der allerliebsten Bibliothek herum, wo sie die reizendsten Komödien- und Poembücher fand.

Da wurde ihr ein Bote Seiner Majestät gemeldet. Sie ließ ihn eintreten. Er übergab ihr ein Päckchen und einen herrlichen Strauß dunkelroter Rosen.

Sie öffnete es. Ein kleines Etui aus weißem Samt lag darin. Als sie den Deckel aufhob, stieß sie einen Schrei des

Entzückens aus. Eine Kette funkelnder Diamanten blitzte ihr entgegen. Sie hob sie empor. Drei lange, tropfenförmige Rubine hingen von dem Kettchen hernieder. Aber in dem Etui war noch mehr. Entzückt griff sie nach den beiden Ohrringen aus Diamanten und denselben Tränenrubinen, lief vor den Spiegel, legte die Kette um den Hals, hakte die Ringe in die kleinen, rosigen Ohren. Und erst dann, als sie sich genügend bewundert und sich fest überzeugt hatte, daß ihr dieser königliche Schmuck gut stand, öffnete sie das Briefchen, das der blitzenden Sendung beilag.

In großen, dünnen Schriftzügen stand da von des Königs eigener Hand:

Ich habe, Mademoiselle, den Baron Sweerts ganz genau instruiert, daß er Ihnen in keiner Weise lästig fallen solle; ich bitte Sie nur, so liebenswürdig zu sein, tanzen zu wollen, wenn die Balletts der Oper es verlangen; was die Comédies anbetrifft, soweit sie wenigstens ohne Ballett sind, haben Sie die Wahl zu tanzen, wie es Ihnen beliebt.
   Adieu, charmante Barberina,
   bis zum ersten Souper!
   F.

War es möglich? Sie traute ihren Augen kaum! Der König gab ihr die hohe Gage und bat sie, tanzen zu wollen? War es nicht wie ein Traum, was sie da erlebte? - Ihr Traum war es! Dieses reizende Haus mit all seinen Schätzen, wie durch Zauber entstanden, es war ihr eigen, diese blitzenden Diamanten an ihrem Hals - ein König sandte sie ihr, dieses Briefchen - ein König bat sie, zu tanzen? Und das alles in der Stadt, vor der sie sich gefürchtet, wie vor einem Exil, das alles ein Geschenk des Königs, den sie gehaßt? - O, sie liebte diese Stadt jetzt, wo sie ein Glück in ihr fand auf all das Unglück, ein Glück, größer noch, wie in der Glanzzeit von Paris. Ein König zu ihren Füßen! O, sie haßte nicht mehr diesen jungen König, der sie einst mit so harter Hand angepackt, noch bevor sie ihn kannte, dem sie die Schuld gegeben an dem Kummer, der über sie hereingebrochen. Hatte sie nicht Unrecht gehabt, war er nicht unschuldig an dem Ungemach jener Zeit? Hatte er denn nicht nur sein Recht gesucht, wenn auch mit Gewalt? Durfte man das einem König verübeln? Und suchte er nicht jetzt, ihr durch übergroße Güte und wahrhaft königliche Freigebigkeit die schlimme Zeit zu ersetzen? - Wenn sie an ihn dachte, dann meinte sie, die Liebe dieses jungen Königs und Siegers, die gar deutlich aus seinen Worten schaute, die sie aber noch viel bestimmter in seinen Augen gelesen, die das schönste in diesem unregelmäßigen, aber so feinen, anziehenden Gesicht waren, diese Liebe, die jäh und mit heller Flamme aus ihm schlug - die könnte sie erwidern.

Nachdenklich blickte sie in den Schoß. Durch die Fenster fielen die schrägen Strahlen der Nachmittagssonne. Da stach es ihr plötzlich scharf und grün in die Augen, daß sie die unwillkürlich schließen mußte. - Der Smaragd des Toten! - Warum ließ er ihr nicht den Frieden, nach dem sie verlangt, der endlich über sie gekommen? Warum mußte er sie wieder schrecken mit seinen geheimnisvollen, furchtbaren Blitzen? War der nicht tot, der ihn ihr einst gegeben? Tote kehren nicht wieder, stören nicht das Glück der Lebenden! Und doch unternahm es der grüne Stein, der Stein der Königin, schreckend und mahnend in ihr Glück zu rufen! Barberina mochte die Augen nicht öffnen, sie hatte den Kopf zurückgeworfen, die Diamantenkette funkelte und leuchtete, wie drei Blutstropfen hingen die Rubine von der weißen Kehle herab, bebten leise, als flössen sie auf der schwer atmenden Brust. Und ohne die Augen zu öffnen, zog sie den Ring vom Finger, das Andenken ihrer Liebe, der Liebe ihres Lebens. Er rollte zu ihren Füßen. Da stieß sie mit dem Fuß nach ihm, daß er unter ein Möbel klirrte. - Nun atmete sie auf, tief, wie befreit. -

Sie ging hinüber in ihr Boudoir. Ließ sich umkleiden zum Abend. Sie erwartete ja den König! Und machte sich schön, so schön, wie es sich geziemte, einen König zu empfangen. Aber wenn sie an ihn dachte und seine Liebe, deren leises Echo sie in ihrem Herzen zu vernehmen geglaubt, dann lauschte sie vergeblich auf jenes bange, mächtige Klopfen in ihrer Brust, jenes süße, unnennbare Gefühl, das sie durchströmt, als sie einst ihn erwartete, den sie nun gelernt hatte, zu den Toten zu zählen. Ganz ruhig blieb sie. So ruhig, daß sie die Furcht überkam vor dieser Ruhe des Todes. Da griff sie hastig nach dem Wein der Heimat. Und endlich fühlte sie, wie die Blässe ihres Gesichts von ihr wich, wie das Blut wieder durch die kalten Hände rann, das Blut, welches geschwiegen hatte, als sie an den königlichen Gast gedacht.

Und als der späte Abend gekommen und mit ihm der König, allein in einem kleinen geschlossenen Wagen ohne Wappen, ohne betreßte Lakaien und Kutscher, da konnte sie ohne Zwang den Gruß des jungen, lächelnden Königs erwidern, als sie ihn am Fuß der Treppe, auf dem Hof empfing. Konnte dem Glanz seiner Augen mit einem leuchtenden Blick begegnen. -

König und Tänzerin setzten sich zu Tisch. Diskret servierten die beiden geschulten Diener. Friedrich hob das Glas mit dem Lieblingswein, dem Sillerychampagner, stieß es leise gegen das Glas der Hausherrin. Es gab einen guten Klang:

"Auf Ihre schönen Augen! - Möge dem ersten Souper zu zweit noch manch ebensolches folgen!"

Sie dankte, setzte den Kelch an die Lippen, trank ihn bis zur Neige.

Der König plauderte viel und so scherzhaft, daß er sie ganz fröhlich machte und sie hell in sein Lachen einstimmte. O, er war so klug, zu klug fast für seine zweiunddreißig Jahre. Aber oft brach sie doch durch, seine Jugend, sprang unvermittelt über die Zäune, die Geburt und Stellung ihr gezogen. In solchen Augenblicken mochte sie ihn am liebsten. Seine Ursprünglichkeit kleidete ihn besser noch als die Krone. Die Lebhaftigkeit, mit der er erzählte, riß sie mit. Und doch entging es ihr nicht, daß eine nervöse Unrast ihn beherrschte, gegen die er vergeblich kämpfte. Seine Hand zitterte, so oft er das Glas hob. Doch sie fühlte den Grund, las ihn in seinen Augen, in denen Wünsche glänzten, die sie stolz machten.

Die Zeit eilte im Flug. Leise klang es vom Kamin herüber, elf silberne Schläge. Das Souper war zu Ende. O, es war nicht wie jenes Mahl, auch ein erstes, in Venedig, das stumm fast verlaufen, dessen Speisen den Tisch wieder so verlassen hatten, wie sie gekommen waren. Diesmal schnürte ihr nichts die Kehle zu, aber es zitterte in ihr auch nicht die heimliche, sehnende Erwartung auf das, was sie nach dem Souper erwartete.

Und als sie allein waren, der König und sie, im Salon den Kaffee eingenommen und nun nicht mehr neugierige Ohren zu befürchten hatten, da hatte er sie gefragt, ob sie wohl meine, hier, in seiner Stadt, leben zu können als eine glückliche, von ihm geliebte Frau? Ob es ihr gefalle in diesem Haus, das er ihr zu eigen gegeben, ob sie ihm erlauben wolle, sie zu besuchen, wenn seine Sehnsucht ihn zu ihr triebe, seine Sehnsucht nach ihr, die er gefühlt, seit er sie erblickt und die immer nur gewachsen? Und als sie stumm mit den Kopf genickt, da hatte er ihre Hände ergriffen, hatte ihre Arme mit Küssen bedeckt, so glühend, daß es heiß sie durchströmt, daß sie die Augen schloß und sich willenlos diesen Liebkosungen überließ. Und als sie so dalag, ihn, den jungen König zu ihren Füßen wissend, und die Liebesworte hörte, die bald erstickt sich in seine Küsse mischten, da umspielte ihre Lippen ein leises, leises Lächeln, da mußte sie wohl an jenen Traum denken, und das Lächeln kam von seiner Erfüllung und von dem wundersamen stolzen Siegesgefühl, das in ihr aufstieg, sie überkam wie ein Rausch von einem Glück, das übergroß war, restlos groß, dem sie sich hingab mit bebendem Entzücken.

In diesem Rausch ließ sie es geschehen, daß er sie wortlos in seine Arme nahm, ihr Gesicht, Mund und Nacken küßte, sie langsam hinüberführte in das Zimmer mit den weißen Möbeln und Spitzen. Noch immer hatte sie die Augen geschlossen, gab sich dumpf jenem Glück hin, von ihm, dem König, dem jungen starken König, geliebt zu sein. Da lösten sich auch ihre Arme, hoben sich und warfen sich um ihn, dessen Wärme sie spürte wie ein Feuer, das auch auf sie überspringen wollte. Sie fühlte das wilde Schlagen seines Herzens an dem ihren, er lag an ihrer Brust, in ihren Armen hielt sie ihn, einen König - einen Menschen! Einen Menschen mit heißem Verlangen nach Liebe und Sinnenfreude, einen zuckenden, nach Erfüllung drängenden Körper umspannte sie mit begehrenden Armen. An ihr Ohr schlugen die Worte, die ihr vertraut waren und doch so neu. Worte, die immer, immer die gleichen waren und bleiben werden, so lange zwei sich in Liebe umfangen.

Seine Glut wollte sie ergreifen, sie vergaß, wer es war, dem sie sich gab, wußte nur, daß er sie glücklich machte - so glücklich, so wie sie es nie mehr erwartet vom Leben.

Und in dieser Stunde war ihr, als ob mit Seide und Spitzen auch alles von ihr fallen wollte, an dem sie immerfort zu tragen gefürchtet. Da mischte sich in das dämmernde Glücksgefühl der Wunsch, ihm auch zu danken für das, was er ihr gab, ihr gab als Mensch - nicht als König. Und so schlang sie fester noch die Arme um ihn, gab ihm Antwort auf seine Zärtlichkeiten, nicht nur mit Worten …

Dreizehntes Kapitel

Nun war Barberina schon seit vier Wochen die Geliebte des Königs von Preußen. Und alle Welt wußte es. Es war ein offenes Geheimnis. Zweimal in der Woche soupierte er bei ihr, nach dem Theater, einmal im Kreis seiner Freunde, die sie auf seine Bitte einlud, und das andere Mal kam er allein. Ihr Haus wurde zu einer kleinen Hofhaltung. Alle, die dem König nahe standen, und solche, die sich ihm nähern wollten, drängten sich, von ihr empfangen zu werden. Sie wurde verwöhnt, umschmeichelt, mit Geschenken überladen. Man meinte, daß der Weg nach Charlottenburg durch ihren Salon führte, wie man das an anderen Höfen gewohnt war. Erhoffte von ihrer Gunst die Gnade des Königs. Sprach davon, daß ihr Einfluß auf den jungen Herrscher mächtig sei und ständig wachse. Der König, bisher fern den Frauen - so flüsterte man - liebe zum erstenmal in seinem Leben und seine Liebe hielte ihn so fest, daß er nimmer frei werde. Die, welche abseits bleiben mußten, hatten es leicht mit ihrer Entrüstung, wenn sie laut die arme Königin in dem einsamen Schloß Schönhausen bedauerten, wenn sie dem König vorwarfen, ein schlechtes Beispiel seinem Volk zu sein.

Er aber, dem solche Reden galten, überhörte sie, wenn sie je an sein Ohr drangen. Und meinte recht zu haben, wenn er sich so hoch stellte, daß keine Worte und Schmähungen zu ihm hinauf dringen konnten. Er gab sich ganz dem Glück hin, das er gefunden zu haben wähnte. Die Stunden, die er an Barberinas Tisch verbrachte, umgeben von denen, die er seine Freunde nannte, ließen ihn die Sorgen der Politik vergessen, sie schenkten ihm, dem das Leben nur eine so kurze Jugend gegönnt, eine zweite, die köstlicher war als die erste, weil er sie, ein Reifer, mit Bewußtsein genießen konnte.

Jene intimen Soupers in der Bährenstraße! Wenn er an der Seite dieses graziösen Wesens saß, dessen Schönheit ihm eine nie versiegende Quelle ästhetischen Genusses wurde, ihm, dem die Form so viel war! Und ihm gegenüber der saß, dem seine Künstlersehnsucht gehört, seit er gelernt hatte, die Dichtkunst zu lieben, der ihm Orakel war und unerschöpflicher Weisheitsbrunnen: Voltaire!

Zu des Königs linker Seite saß ihm der Lieblingsfreund, "Caesarion", der Graf von Kayserlingk. General Rothenburg, der Graf Algarotti, der Marquis d'Argens, der Chevalier von Chazot fehlten nie bei diesen platonischen Gastmahlen, wie Friedrich sie nannte. Hier durfte man ungezwungen sagen, was man mochte, der König wollte hier kein Herrscher sein, sondern ein Gast wie die andern auch. Von Politik zu sprechen war streng verfehmt, nach stillschweigender, stummer Übereinkunft.

Man scherzte und trank, deklamierte des Königs Lieblingsdichter, Racine, Molière, Boileau, Voltaire. Übte sich in der Kunst des feinen Witzes, suchte den Esprit des andern zu übertrumpfen, auch wenn es der Seiner Majestät selbst war. Und Friedrich ließ es geschehen, war der erste in der Anerkennung, im Lob und erklärte sich mit gutem Humor für besiegt, wenn er eingesehen, daß er unterlegen.

Barberina aber verstand es, diesen Abenden zu präsidieren, als wäre sie von Jugend auf gewöhnt, mit Königen, Dichtern und Philosophen zu speisen. Woher mochte ihr jener feine Takt kommen, jener Takt der vollendeten Weltdame, der ihr verbot, von sich selber zu sprechen, um nur den andern Gelegenheit zu geben, mit ihrem Geist und ihrer Person zu glänzen? Besonders Leute von der Feder lieben es, das wußte sie, daß der Tisch erhellt wird von ihrem eigenen Licht. Und wenn nun ein Voltaire, ein Friedrich, ein Algarotti um diesen Tisch saßen - welch kluger, liebenswürdiger Diplomatie der Hausherrin bedurfte es da, daß diese Leuchten zu gleichem Recht kamen und sich nicht wandelten in züngelnde Blitze! Welch kluge Zurückhaltung hatte sie sich auch aufzuerlegen, um allen gerecht zu werden, keinen zu verletzen, ihre Liebenswürdigkeit gleichmäßig zu spenden! Denn hatte sie nicht mit scharfem, wachsamen Auge eine leise verräterische Falte auf des Königs Stirn bemerkt, wenn sie den allzu galanten Worten des jungen Chevaliers ein zu freundliches Ohr lieh? Oder wenn sie ihren Blick zu lange senkte in die sehnsüchtigen, dunklen Augen ihres Landsmannes, des Grafen Algarotti?

Der König war eifersüchtig, das fühlte sie mit dem feinen Instinkt der Frauen. Und da war es ein gefährliches Spiel, unter seinen Augen Werbungen ausgesetzt zu sein, die sie nicht ungern entgegengenommen hätte.

Dem Zauber, dem sie alle, alle unterlagen, denen das Glück und die Ehre - jawohl, die Ehre! - zuteil ward, an ihrem Tisch zu sitzen, widerstand schließlich nur einer. Das war Voltaire. Er war der einzig freie in dieser Gesellschaft von Sklaven, die in Ketten schmachteten, die ihnen leicht und angenehm dünkten. Das gab ihm etwas vor den andern voraus. Und er nützte es gehörig aus, zum größten Vergnügen des Königs, der Gefallen an seinen geistvollen, witzigen Neckereien fand, auch wenn er selbst nicht von ihnen verschont blieb. -

So waren schnell ein paar Wochen vergangen. Barberinas Erfolge auf der Bühne waren noch gestiegen, jedes Auftreten der Favoritin war vor einem Haus, dessen Sitze nicht ausreichten. Zwischen den Stühlen, in den Gängen, standen die Enthusiasten, die oft eine weite Reise nicht gescheut hatten, diesen Stern zu sehen, der so hell schien, daß er einen König sogar geblendet.

Friedrich ließ seine Freundin malen, von Meister Pesne, dem talentierten französischen Künstler, der die Mitglieder der königlichen Familie und viele fremde, hohe Fürstlichkeiten porträtiert hatte. In den verschiedensten Stellungen saß und stand sie dem Maler, ja, der König hatte sie sogar gebeten, ihr Altbildnis malen zu lassen. Da malte Antoine Pesne sie als Marmorstatue, die sie in dem Ballett "Pygmalion" dargestellt hatte. In diesem Ballett hatte sie den stärksten Erfolg. So war der Sinn dieser Pantomime:

Ein junger Bildhauer, Pygmalion, hatte eine so herrliche Frauenfigur in Marmor geschaffen, daß er Venus bat, sie zu beleben. Die Göttin erfüllte seinen Wunsch. Barberina hatte sich nun unter den Klängen einer feinen, göttlichen Musik auf ihrem Sockel bewegt, Leben kam in ihren weißen, wunderbar geformten Leib, daß Pygmalion betroffen zurückwich vor seinem Meisterwerk. In dieser Stellung, da sie aus der Erstarrung des Marmors erwacht, malte sie Pesne. Friedrich hatte bestimmt, daß dieses Bild einst das Musikzimmer schmücken sollte in dem kleinen Lustschloß, das er sich in der Nähe Potsdams zu erbauen geplant hatte. -

Aber jene Abende in der Bährenstraße nahmen ein jähes Ende. Der König reiste ab zur Armee. Zulange schon hatte er gesäumt, es wurde ihm schwer von Berlin zu gehen. Doch die Pflicht rief, und so hieß es Abschied nehmen. Auf wie lange? - Er weiß es nicht. Er zieht in den Krieg, sein Land zu verteidigen und die Provinz, die er erobert vor zwei Jahren und die man ihm wieder entreißen will.

Die Stunde kam, da er Barberina Lebewohl sagte. Zum letzten Mal lag sie in seinen Armen in jener Nacht, da die letzten Truppen die Stadt verlassen hatten. Eine weite Stille lag in den leeren Straßen Berlins, die noch vor kurzem gehallt hatten von dem Lärm der rasselnden Kanonen, den Hufen der Kavallerie, dem harten Schritt der preußischen Grenadiere, diesem ganzen gewaltigen Apparat des Mordes.

Und als Barberina die Arme um ihn schlang, den sie liebgewonnen, weil sie ihn bewundern mußte, weil sie ihm dankbar sein wollte, daß er sie so hoch gestellt über die andern Frauen, da fühlte sie, daß es ihr nicht ganz leicht war, ihn ziehen zu lassen, dahin, wo ihn der Haß seiner Feinde mit tausend Gefahren umgeben würde. -

Als aber der Winter gekommen, die preußische Armee die Winterquartiere bezogen hatte, eilte Friedrich nach Berlin zurück. Das alte Leben begann. Barberina trat auf, die Abende in der Bährenstraße wurden wieder zur lieben Gewohnheit des Königs.

Auch auf Bällen und Maskeraden begegnete Barberina dem König. Auf der großen Redoute in der Oper hatte er die Maske abgenommen, hatte mit ihr getanzt, war Hand in Hand mit ihr durch die glänzende Gesellschaft geschritten, die sich verneigte vor ihr, ihr huldigte wie einer Königin.

Barberina war auf dem Gipfel ihres Glücks. Und ihres Ruhms auch. Die Liebe des Königs war nur noch stärker geworden, er hatte ihr Geschenke über Geschenke gemacht, ihre Gage überstieg längst die Besoldung von zwei Kanzlern.

Da hatte sie, langsam zuerst, jenes Leben wieder aufgenommen, das sie einst, an der Seite der Mutter, in London und Paris geführt. Sie blieb dem König nicht treu. Warum betrog sie ihn? Sie wußte es selbst nicht. In dem ständigen Rausch, in dem sie jetzt lebte, warf sie sich fort, verschenkte sich, verkaufte sich, wie es ihr gerade die Laune des Augenblicks eingab. Der König war ja wieder fern im Schlachtfeld. Er hörte von all dem nichts, denn es fand sich niemand, der den Mut oder die Feigheit besaß, den Angeber zu spielen.

Sie wurde die Königin in Berlin. Trieb es an ihrem Hof, wie es ihr gefiel. Von allen Seiten eilte man zu ihr, um ihre

Gunst zu werben. Männer von Rang und Namen boten ihr die Hand, nicht nur ihr Vermögen. Aber lachend schlug sie die Anträge aus. Es gefiel ihr, die Geliebte des Königs zu bleiben, dieses Königs, des Siegers von Hohenfriedberg, dem die schrankenlose Begeisterung seines Volkes gehörte, das ihm zujubelte, wenn er, mit neuen Lorbeeren geschmückt, in seine Stadt zurückkehrte. Sie war stolz darauf, daß ihr dieses Herz gehörte, das Frauen vergebens zu erobern getrachtet, daß er, der die Frauen gemieden, das Knie vor ihr, ihr allein, gebeugt.

Warum betrog sie ihn dann? Sie hätte die Frage nicht beantworten können. So dunkel, so gewunden sind die Wege auf denen Frauengedanken schreiten und stürzen, daß sie es selbst nicht wissen, woher sie kommen. War es Begierde, Lust an dem, was ihr verboten? - Liebe war es nicht, wenn sie den jungen Chasot erhörte, für Algarottis Unglück Rat wußte, wenn sie es sich gefallen ließ, daß junge Leute von fremden Höfen ihren Eintritt in die Welt der kundigen Führung der schönen Italienerin überließen. Von einem zum andern jagte sie, von Genuß zu Genuß, nicht ganz so wie einst in Paris mit kluger Berechnung und dem goldenen Ziel vor Augen, sondern etwas trieb sie, das ihr selbst dunkel war, eine Macht, eine Sucht, als ob sie, von Erinnerung gequält, die sie sich selbst nicht zugestand, ein Glück suchte, das sie nicht vergessen konnte. Unter Lebenden suchte sie den Toten. So flog sie von einem Arm in den andern, von einer Enttäuschung zur andern, und doch wurde sie nicht müde des Suchens, ohne das sie nicht mehr sein konnte. Denn nun, da ihre Laufbahn die Höhe erreicht und es keinen Gipfel mehr gab, den es sich lohnte, war sie ja wunschlos geworden. Und als es so weit gekommen, als sie da oben auf der Höhe saß, was gab es da weiter zu tun, als hinunter zu blicken und sich alter Wege stiller und schöner Täler zu erinnern, die von hier oben noch begehrlicher und glücklicher und windgeschützter aussahen, als sie ihr dünkten, da sie an der Hand des Lebens sie durchwandert?

Den Sommer des Jahres 1745, während der König im Feld lag, hatte Barberina auf dem Schloß zu Zerbst zugebracht. Einer Einladung folgend, die ihr unter Überreichung eines Halsschmuckes im Werte von viertausend Talern gemacht war. In Zerbst hatte sie ihr Berliner Leben fortgesetzt. Nur ungern kehrte sie jetzt nach Berlin zurück, wohin der König sie rief, der auf dem Marsch nach der Hauptstadt war. Friedrich hatte mit seinen zweiundzwanzigtausend Mann bei Soor zweiundvierzigtausend Österreicher geschlagen. Er hatte, wie er nach Berlin schrieb, "bis über die Ohren in der Suppe gesessen". Um ihn herum hatten Eisen und Blei die schrecklichste Ernte gehalten. Mit der Kaltblütigkeit des Philosophen hielt er in diesem Todeshagel, bis die Schlacht entschieden war. "Mir tut keine Kugel was", schrieb er scherzend nach Berlin und bestellte Ersatz für seine Feldbibliothek, die bei Soor in die Hände der Österreicher gefallen. Man sollte die Bücher in Paris bestellen, ihr Papier und Einband seien dort besser als in Holland. Es handelte sich um die Werke Voltaires, Bossuets, Rousseaus und Gressets. Auch Cicero und Horaz mußten besorgt werden.

Diesen Befehl und die Siegesnachricht überbrachte der eilige Kurier, der in derselben Stunde aufgebrochen war, wie der, welcher Mademoiselle Campanini den Sieg und die Rückkehr des Königs zu melden und einen Brief zu überbringen hatte, in dem Friedrich sie bat, sofort nach Berlin zu reisen. Der König glaubte, nun sei der Friede gesichert. Und da packte ihn die Sehnsucht nach zwei Dingen: der schönen Italienerin und seinen Büchern. Einen Tag nach der Schlacht schon hatten die beiden Kuriere sein Lager verlassen.

Friedrich ließ seine Soldaten in die Winterquartiere einrücken. Ein paar Infanterieregimenter waren schon in Berlin angekommen.

Und eines Tages hielt er selbst seinen Einzug, an der Spitze der Leibgarden. Im Triumph kam er gezogen. Ihm folgten die Kanonen, die dem Feind abgenommen waren, vierundachtzig erbeutete Fahnen flatterten hinter ihm her. In der Garnisonkirche, wohin man sie brachte, fand die Dankesfeier für den Gott der Heerscharen statt. Abends versammelte sich der Hof bei der Königin Mutter. Es war offene Tafel. Der Hof huldigte dem jungen Sieger. Friedrich blieb nicht lange auf dem Fest. Er zog sich bald zurück, bestellte jenen dunklen, einfachen Wagen, der ihn schon oft dahin geführt hatte, wohin es ihn heute so mächtig rief. Eben wollte er den Wagen besteigen, da wurde ihm eine Botschaft überreicht. Der Offizier, der sie persönlich abgegeben, stand atemlos, die Hand aufs Herz gepreßt, mit Staub und Schweiß bedeckt vor dem König, der den Brief erbrochen.

Und während Friedrich die wenigen Worte las, veränderte sich schnell der Ausdruck seines Gesichts. Das leise, glückliche Lächeln, das eben noch auf ihm gelegen, verschwand plötzlich. Er steckte den Brief in die Tasche, sagte dem Diener ein paar Worte und schickte den Wagen zurück. Hastig ging er ins Schloß. Ließ seinen Kabinettsminister und die Generäle kommen. Zwei Stunden später brachen die ersten Truppen auf. Ihr Getümmel alarmierte die Stadt.

In des Königs Vorgemach versammelten sich die Prinzen, die Minister, die Generäle und Adjutanten, der alte Fürst von Anhalt-Dessau war der erste, den der König gerufen. Als er aus dem Zimmer des Königs trat, umringte man ihn, bestürmte ihn mit Fragen, sah bestürzt in seine finstere, verschlossene Miene. Er gab keine lange Erklärung. Seine Majestät habe in Erfahrung gebracht, daß seine Feinde planten, ihn in Kürze von fünf verschiedenen Seiten zu überfallen. Die stärkste der fünf Armeen dringe auf der Seite von Crossen vor, um Seine Majestät von Schlesien abzuschneiden; eine andere rücke in Oberschlesien ein, eine dritte in der Niederlausitz, eine vierte gegen Leipzig und die letzte rüste sich zum Marsch gegen Berlin. Und des Schreckens nicht achtend, der seinen knappen Worten gefolgt, bahnte der alte Fürst sich seinen Weg durch die Menge, schnitt alle weiteren Fragen kurz ab. "Ich muß nach Sachsen, meine Herren, nach Sachsen …" Das waren seine letzten Worte. Andertags in der Frühe reiste er nach Halle ab.

Fünf Armeen! Das war das Ende! Die Schreckensnachricht in ihrer ganzen Größe drang in die Stadt, verbreitete überall Schrecken und Bestürzung. Fünf Armeen! Welche gewaltige Übermacht! Wohin zuerst? Und eine dieser Armeen wird gegen die Stadt ziehen! Nun kam es doch, das Ende, der Zusammenbruch, an den man zu glauben verlernt in all dem Siegestaumel!

Drei Tage später verließ der König die Stadt. Mit ihm fast alles, was sich an Truppen in Berlin befunden. Mit doppeltem Schmerz sah man die Soldaten ziehen. Wer wird uns verteidigen? Die vier Bataillone, die der König uns gelassen? Zweitausend Mann gegen eine Armee?

Und jeden Tag liefen die furchtbarsten Nachrichten nach Berlin. Von allen Seiten meldete man den Feind. Alle behaupteten, ihn gesehen zu haben, gleichzeitig in den vier Himmelsrichtungen. So groß war der Schrecken in Berlin. Die Stadt wurde kopflos. Alles lief durcheinander, verbarrikadierte die Häuser, vergrub die Schätze, versteckte alles Wertvolle in den Kellern. Die Einwohner aus den Vorstädten kamen mit Sack und Pack in der Stadt an. Sie führten alle ihre Reichtümer auf Wagen und Pferden mit. Viele Berliner dagegen verließen die Stadt, die meisten aber mußten bleiben aus Mangel an Pferden. Reisekutschen, Karossen, Fuhr- und Packwagen, hochbeladen mit Ballen und allerlei Hausrat, ratterten durch die holprigen Straßen. Ihr Anblick genügte schon, um die Furcht der Bürger zur Panik zu machen. Und ähnlich wie in Berlin ging es in Potsdam und Spandau zu. In den Häusern hockte man beisammen, lauschte hinaus auf verdächtigen Lärm, jeder klagte laut sein eigenes Unglück.

Und erst leise nur, im Flüsterton, dann immer mutiger, immer lauter drang es aus Türen und Fenstern, Kellern und Giebeln, strich es zuerst gebeugt und scheu, dann mit erhobenem Kopf die Gassen entlang, ging von Nachbar zu Nachbar, fand immer willigere Ohren, das Entsetzliche: die Anklage gegen den König! - Er, nur er allein trägt die Schuld an unserem Unglück! Da zog er hin, das gefährliche Spiel zu wagen, von dem er nicht mehr lassen konnte, den Ehrgeiz in der Brust nach neuem Ruhm, den Ehrgeiz, der uns verderblich sein wird, da zog er hin und fragt nicht nach uns, läßt uns zurück, schutzlos, liefert uns den Feinden aus! So klang es, was erst wie ein Windhauch durch die Stadt strich, was anschwoll von Stunde zu Stunde, wuchs zum Sturm, der heulend an die Fenster der Männer schlug, in deren Händen die Autorität lag. Und mit Bangen hörten sie die wilde Anklage gegen den König, die frei, ohne Scheu und Scham, aus tausend Kehlen drang, aus Kehlen, die noch heiser waren von dem Triumphgeschrei auf den Sieger von Hohenfriedberg und Soor!

Da berieten sich jene Männer unter dem Vorsitz des Stadtkommandanten, des General von Haake. Es waren der Marschall von Schmettau, Seine Königliche Hoheit der Markgraf Heinrich, der Oberst von Reisewitz und mehrere alte Offiziere. Sie dachten mehr an die innere Gefahr als an den Feind vor den Toren. Ein alter Offizier, dem die Schlacht von Mollwitz den Arm gekostet, fand das Richtige: Man bewaffnete jene Unzufriedenen, holte aus dem Zeughaus alles Schießeisen, drückte es ihnen in die Hände. Da wurden sie stolz, daß man sich auf ihre Hände stützte.

Willig ließen sie sich drillen, diese Preußen-Brandenburger, sechzehntausend Mann gruben und schütteten, schufen Wälle und Zäune, standen stolz auf den Mauern, klopfenden Herzens, lugten dem Feind entgegen.

Die Stadt Berlin war im Jahre 1745 schon von ungeheurer Größe. Zur Hälfte war sie umgeben von einer hohen Mauer aus Ziegelsteinen, und den andern Teil schützten gute Palisaden. Vor jedem Tor errichtete man nun eine Art von Redoute oder Schanze und fuhr dort Kanonen auf. Auf einer Anhöhe dicht vor der Stadt wurde auch eine starke Schanze gebaut, und die Kanonen, die man hier heraufbrachte, beherrschten die ganze Ebene. Hinter der Stadtmauer schlugen die fieberhaft arbeitenden Bürger Gerüste auf. Soldaten und Bürger hatten von hier aus ein gutes, gedecktes Zielen. An der äußeren Seite der Palisaden grub man einen tiefen und breiten Graben. Die ausgeschaufelte Erde warf man in die Innenseite, das gab eine schöne Brustwehr. In gewissen Abständen schauten die Feuerschlünde der schweren Geschütze herüber, meist österreichischen Kalibers.

Alle diese Arbeiten zerstreuten furchtsame Gedanken, von Tag zu Tag fühlte Berlin sich fester, sicherer. Die Bürger arbeiteten mit allen Kräften. So vergingen zwei Wochen. Da waren die Befestigungswerke vollendet. Der Prinz von Preußen flößte durch bloße Anwesenheit Mut ein. Er zeigte sich auch täglich. Seine Königliche Hoheit spazierte auf den Wällen und half auch auslugen nach dem Feind. Eines Tages begegnete er auf solcher Promenade dem französischen Gesandten. Der Marquis fragte den Prinzen, was er hier tue. "Fortifizieren, Monsieur le Marquis." - "Und was tun Sie hier?" - "Auch fortifizieren", antwortete der Franzose, "aber meinen Magen", fügte er lachend hinzu und sah dabei ironisch auf die Wälle der Festung Berlin. Und eigentlich hatte er recht, wenn er die schönen Arbeiten mit skeptischen Blick betrachtete. Die Stadt war zu groß, die Besatzung zu klein, ihren weiten Ring aus Sandhaufen und Zollmauern wider eine Armee zu verteidigen.

Das sagten sich auch bald die Bürger, als sie nichts mehr zu schaufeln und zu zimmern hatten, denn sie hatten jetzt wieder Zeit zum Nachdenken. Mit Bangen sahen sie über die Wälle. Aber die Zeit verstrich, ohne daß der Feind sich zeigte.

Unerträglich wurde diese Belagerung durch eine tückische, unsichtbare Armee ...

Die Stille in ihrem verödeten Haus wurde Barberina immer drückender. Das Echo ihres hastigen Schritts in den leeren Zimmern schreckte sie. Sie war der Verzweiflung nahe. Das tote Haus wurde ihr zum Gefängnis. Wer hatte jetzt Gedanken für Tänzerinnen? Wessen Herz mochte in Liebe schlagen, wenn der Feind vor den Toren lag?

Aber Barberina war nicht nur verzweifelt vor Langeweile, sondern auch vor Schrecken. Mit Grauen sah sie den Panduren entgegen, von denen man erzählte, daß sie Wachskerzen fraßen und Frauen entführten. Und immer bestimmter wuchs der Entschluß in ihr, Berlin zu verlassen, aber nicht ohne ihre Schätze mitzunehmen, soweit sie sich in einem Reisewagen unterbringen ließen. Ihr Ziel war Paris. Der Reisemarschall wurde schnell gefunden. Es war einer von ihren Verehrern, der einzige, der noch seit der Belagerung der Bährenstraße treu geblieben.

Er hieß Toussaint de Bourgh. Hatte eine schöne Laufbahn hinter sich. Vom Apothekarius war er zum Magister irgendeiner kleinen Universität aufgestiegen. Er stammte aus der Altmark, war seiner Behauptung nach ein Nachkomme der Hugenotten. Der Herr Magister war weder jung noch hübsch, aber er besaß außer einer gesunden Leibesfülle, die er dem Bernauer und dem schwedischen Bier verdankte, ein ansehnliches Vermögen. Aber trotz dieses Vorzuges war es ihm bisher noch nicht gelungen, Barberinas Herz zu erobern. Und doch gab er das Werben nicht auf, brachte es nicht über sich, den Hof der Circe zu meiden. Seine Liebe und Treue wurde wenigstens so weit belohnt, daß er sie nach Paris begleiten durfte.

Denn ihr Entschluß stand fest. Was sollte sie noch in Berlin, in dieser dem Untergang geweihten Stadt? Lohnte es sich, in drohender Gefahr auszuharren, auf einen König zu warten, der um seine Krone spielte?

Sie durfte nicht länger zögern. Sie mußte fort. Verlor sie nicht alles, was sie in diesen anderthalb Jahren verdient hatte, wenn sie blieb, wenn die Feinde kamen? Preußen stand vor dem Ruin, das meinte auch der Magister, und der junge König, der die Welt geblendet, mußte den kurzen Ruhm mit dem bezahlen, was er erobert. Vielleicht machte man ihm eine noch höhere Rechnung.

Wenn sie an Friedrich dachte, den sie nie mehr wiedersehen würde, schlich sich wohl ein leises Bedauern in die Abschiedsgedanken. Sie mochte ihn gern, wäre mit Freuden noch länger seine Freundin geblieben. Und das wirklich nicht nur aus äußeren Gründen, die freilich, wenn sie es sich recht überlegte, die gewichtigeren waren. Schnell wurde sie mit dem Entschluß fertig. Sie sah Paris vor sich, das glänzende, fröhliche Paris unter dem lebenslustigen Ludwig. Entsann sich ihrer Triumphe, der Komplimente des Königs der Franzosen. Wenn sie jetzt dorthin zurückkehrte, würde man sie mit offenen Armen empfangen. - Der italienische Stern! So hatte man sie da genannt. O, sie war der guten Aufnahme sicher! Sagten ihr nicht alle, alle, wie schön sie sei, lehrte der Spiegel sie nicht täglich, daß sie jeden Kampf getrost aufnehmen durfte? Ihres Sieges war sie gewiß. - Paris! Es zog sie dahin immer mächtiger, je länger sie daran dachte, je schrecklicher es in Berlin wurde.

Die Schwestern packten, wählten, was sich mitnehmen ließ, trafen - im geheimen - alle Vorbereitungen. Aber als Barberina gerade mitten in dieser Arbeit war, welche die Hoffnung, die Sehnsucht, die Furcht beflügelte, kam ihr plötzlich ein Gedanke, der ihre tätigen Hände in den Schoß sinken ließ. Schwer fiel es ihr aufs Herz: Der Vertrag! Das Engagement, durch welches sie sich verpflichtet auf drei volle Jahre! Wie, wenn der König Sieger blieb - man mußte wohl mit dieser Möglichkeit rechnen -, wenn er zurückkam, sie nicht fand? Würde er sie da nicht sicher zwingen, ihre Verpflichtung einzuhalten? Würde er nicht alles tun, um, wie einst, zu seinem verbrieften Recht zu kommen?

Was hatte er nicht getan, um sie von Venedig nach Berlin zu schaffen! Und damals kannte er sie noch nicht! Jetzt aber, dachte sie, wo er sie kannte und mehr noch, sie liebte, hatte sie ihn doppelt zu fürchten! Sie mußte um jeden Preis in den Besitz des Vertrages kommen. Wie leicht war sein Dasein zu leugnen, wenn er in ihren Händen war! Venedig hatte sie vorsichtig gemacht. Ein zweites Mal ließ sie sich nicht von einem Bataillon Soldaten über die Grenze schaffen! Ohne den Vertrag würde sie nicht reisen. Doch dieses Stück Papier, von dem vielleicht ihre Zukunft abhing - wer sollte es ihr verschaffen? Gutwillig würde man es ihr nicht geben. Also hieß es List gebrauchen!

Barberina sann nach. Doch vergebens erwog sie auch die besten Mittel, die, welche ihr als Weib zu Gebote standen. Denn an wen sollte sie sich wenden? Wo lag der Vertrag, wer verwahrte ihn?

Während sie nachdenklich in die knisternden Flammen des Kamins blickte, klopfte es leise. Sie fuhr zusammen, wie ertappt auf verbotenem Weg. Aber der da hereintrat, den hatte sie nicht zu fürchten. Im Gegenteil, der gab, ohne es zu ahnen, ihren Gedanken und Plänen eine bestimmte Richtung. Sein Anblick brachte die Entscheidung. Er mußte ihr helfen, er war das willenlose Werkzeug, dessen sie bedurfte.

Der Herr Magister trat auf Barberina zu, verbeugte sich umständlich vor ihr, gab einen Kuß auf die Hand, die sich ihm heute besonders freundlich entgegenstreckte. Und als er sein rotes, gedunsenes Gesicht erhob, begegnete er einem so überaus gnädigen Lächeln, daß ihm ganz warm wurde, obgleich ihm noch die Kälte der Straßen in den Gliedern lag.

"Wann werden wir reisen, meine schönste Herrin?" fragte er zärtlich. Er sprach deutsch, trotz aller französischer Abstammung. Und sie antwortete in derselben Sprache, die sie in Berlin schnell erlernt; ihre Aussprache und ihr Akzent gaben ihren Worten einen eigenen Reiz:

"O, ich bin furchtbar traurig! ... Ich werde nicht können reisen ..." Dabei senkte sie den Kopf, machte ein trauriges Gesicht.

"Sie können nicht reisen, Mademoiselle?" rief der Magister bestürzt. Er war ganz erschrocken. Diese Fahrt, Seite an Seite mit der angebeteten Frau, in einem warmen, weichen Reisewagen, diese lange Reise, auf die er sich seit einer Woche gefreut, in die er alle seine Hoffnungen gesetzt - die würde nicht stattfinden? Noch einmal fragte er mit bebender Stimme: "Warum können Sie nicht reisen, teuerste, liebste Mademoiselle?"

Aber wieder war nur ein Kopfschütteln die stumme Antwort. Der traurige Ausdruck auf der schönsten Herrin Antlitz wurde jetzt zum unglücklichen.

Nun drang der Magister in sie, bat, flehte, hatte ein Knie vor ihr gebeugt. Endlich öffnete sie den Mund, an dem die Blicke des Knienden hingen: "Es fehlt mir ein Dokument, ein sehr wichtiges Dokument ...", sagte sie in einem Ton, aus dem Verzweiflung klang.

"Ein Dokument? - Was ist es?"

"Das Papier von mein Engagement."

"Verloren Sie es?"

"O, nein! - Nicht mein Papier - das, welches der König hat." - Und nun erzählte sie ihm die Erlebnisse in Venedig, sagte ihm, daß sie unmöglich nach Paris fliehen könne, ohne ihren Vertrag mitzunehmen.

"Und dann, lieber Freund", schloß sie, "werden wir Ruhe finden, wenn wir reisen ohne das Papier? - Ich zumindest werde sehr unglücklich sein, werde immer denken, daß er mich arretieren läßt. - Ich finde kein Glück mit diese schreckliche Idee in mein Herz!"

Der Magister dachte nach. Schnell durchfuhr es ihn: Er hatte Freunde unter den königlichen Beamten. Mit Geld ließ sich alles erreichen. Jedenfalls könnte er es versuchen.

"Wenn Sie mir erlauben wollten, den Vertrag zu suchen …?" fragte er zögernd.

"O, mein lieber, lieber Herr Magister! - Das wollten Sie machen für Ihre arme Freundin?" Verheißungsvoll blitzte sie ihn an.

"Was in meinen Kräften steht, will ich tun, ich kann Sie nicht so unglücklich sehen!"

"Wie will ich sein dankbar!" Tausend Versprechungen leuchteten aus ihren Augen. - Da wurde er kühn.

"Welche Belohnung harrt Ihres treusten Dieners?" fragte er leise, während seine Blicke sich um ihren Körper schlangen.

"Das sollen Sie selbst entscheiden", lächelte sie und blickte ihn durch den Sammetflor ihrer Wimpern an.

Da sprang er auf, preßte ihre Hand an seine feuchten, dicken Lippen, eilte zur Tür.

"Sie sollen es haben, das Papier!" rief er, die Klinke schon in der Hand.

Barberina hörte seinen hastigen Schritt auf den vereisten Steinen. Sie sah ihm nach, wie er, in einen dicken Pelz gehüllt, die Bährenstraße hinuntereilte, dem Schloß zu.

"Ich werde reisen können", flüsterte sie. Um ihre Lippen zuckte es spöttisch, als sie an den Preis dachte, den sie der Vertrag kosten würde. Dieser Preis war in ihren Augen gesunken, in den ihren aber auch nur. Denn in denen der Welt hatte er seine alte Höhe behalten. Das bewies auch der Herr Magister.

Der lief über den Schloßplatz, die Lange Brücke, dann die Königstraße hinunter, bog ein in die "Contre Escarpe".

Die Kälte trieb dem Magister de Bourgh die Tränen in die Augen. Endlich war er am Ziel seiner schnellen Wanderung. Er öffnete die Tür eines langgestreckten Hauses. Wohltuende Wärme schlug ihm entgegen. Und Wolken von beißendem Tabaksrauch.

"Ho, ho!" - "Der Herr Magister!" - "Einen schönen guten Abend, Euer Gnaden!" - Hierher, Hochzuverehrender!" - So scholl es ihm von allen Seiten entgegen. Er grüßte rechts und links, ging zwischen den Tischen hindurch, spähte durch den blauen Dunst. Dann ließ er sich an einem Tisch nieder, an dem man ihm bereitwilligst Platz machte.

"So ist's recht, komm Er nur zu uns, der Herr Magister!" rief ein alter Offizier, indem er mit der breiten Hand gemütlich auf die weißgescheuerte Tischplatte schlug.

Bourgh schüttelte die Hände, die sich ihm entgegenstreckten. Man empfing ihn besonders freundlich. Das hatte auch seinen Grund. Der Magister war dafür bekannt, freigebig zu sein. Oft hatte er, den alle Welt als reich kannte, das ganze Gastzimmer mit Freibier traktiert. Man wußte, daß man ihm zu schmeicheln hatte, wollte man etwas bei ihm erreichen.

"War heut' mal wieder nichts mit den Panduren", scholl die Stimme des alten Offiziers. "Die kommen gar nicht, die feigen Halunken!"

"Na, na, wart' Er's nur ab, der Herr Obrist! Der General Grün wird nicht mehr lange auf sich warten lassen. Er kann mir's glauben!"

Der Wirt brachte die schäumenden Krüge. "Auf Sein Wohl, der Herr Magister!" Der Offizier stieß mit dem Magister an. "Noch immer keine Nachricht vom Feld?" fragte Bourgh.

"Keine gute", antwortete seufzend ein kleiner Mann in schwarzem Rock. Das war der Kopist Thomas, der sich "Geheimbder Secretarius" nennen ließ.

"Auf solche werden die Herren wohl vergebens warten!"

"Jawohl, jawohl", riefen mehrere Stimmen zugleich.

"Der Herr Magister hat ganz recht", meinte der Kopist.

"Man keene Bange nich, Herr Sekretarius, Herr Federfuchser", sagte der Oberst, "unser Fritz hat schon in schlimmeren Situations gesteckt. - Ihr könnt jammern, so viel Ihr wollt, ich sage Euch allen, der" - und er schlug mit der Faust auf den Tisch, daß die Krüge tanzten - "der haut sich raus! Und wenn das Malefizpack, die Sachsen, auch noch so dicke Freunde mit den Österreichern sind, unsern

Fritz kriegen sie doch nicht unter! Da leg ich meine Hand für ins Feuer!" Erregt, mit rotem Gesicht, trank er sein Bier aus, stand auf, band sich den Degen um, zog sich die Krempen der Stiefel übers Knie. "Ich muß auf die Wälle. Verflucht kalt da oben, wünschte, der Hund, der Grün, käme, daß man ihm den Hintern versohlen könnte. Würden warm dabei werden. - Tut nicht gut, das Lauern!" Er schüttelte dem Magister und den andern Herrn die Hände, ging zur Tür. "Wünsche allerseits einen guten Abend, meine Herren!"

Als sich die Tür hinter ihm geschlossen, rief ihm der kleine Kopist "Großmaul" nach. Der Oberst konnte es ja nicht mehr hören. Der stampfte durch das Schneegestöber die Sandgasse entlang. Ging durch die Frankfurter Gasse den Wällen zu. Die Dunkelheit war durch die fallenden dicken Flocken so tief geworden, daß er sich oft an den Häusern weitertasten mußte. Von dem Fluß herüber dröhnte es wie Kanonenschüsse. Doch sein Ohr wußte sofort: das war das Krachen des berstenden Eises. Kanonen brüllten anders! Die bellten tief und kurz, und nicht so hell und anhaltend, wie es jetzt durch die Nacht scholl. Von Mollwitz und Friedberg her hatte er es noch in den Ohren, dieses feindselige, dumpfe Grollen. Es hatte in ihm immer eine grenzenlose Wut aufsteigen lassen.

Ab und zu hörte er über seinem Kopf, wie man ein Fenster öffnete, oder wie ein Schrei der Furcht und des Entsetzens dem Krachen des Eises folgte und schnell erstarb in der Finsternis. In der Kneipe auf der "Contre Escarpe" war es inzwischen gemütlich geworden. Man hatte die Läden geschlossen. Nur durch die Herz-Luken drangen feine, goldene Strahlen in die Winternacht, beleuchteten die tanzenden Flocken, die unaufhörlich fielen. Nach dem Fortgang des Oberst konnte man freier sprechen. Es waren alles Unzufriedene, die an den drei langen Tischen saßen. Ein paar Beamte, Bürger, Handwerksleute. Ungeniert schimpfte man auf den Feldzug, manch respektloses Wort über den König fiel und fand Beifall. Toussaint de Bourgh gab Lage auf Lage zum Besten. Man trank und trank und qualmte dabei, daß die Gesichter bei dem trüben Lampenschein wie in blauem Nebel schwammen, die Körper verhüllt wurden.

Man ließ den Magister leben, stieß klappernd mit den Krügen an. Und als sie wieder gefüllt waren, erhob sich schwankend der kleine Kopist und gröhlte singenden Tones:

Dies Glas der schönen Barberine,
Die in krausen Locken prangt
Und mit wohlverstellter Miene
Wenig sagt und viel verlangt!

"Bravo, Bravo!" riefen die Zecher. "Sie soll leben, die Schöne des Königs, die Liebste des Herrn Magisters!" schrie lachend ein dicker Brauer. Alle stimmten mit ein in sein Lachen, denn es ging die Rede, daß der Magister die Tänzerin erfolglos verehrte.

Aber der Herr de Bourgh nahm das Lachen nicht übel, er fühlte sich geschmeichelt, daß man Barberina "seine

Liebste" nannte. Nun folgte ein Trinkspruch dem andern. Jeder mußte der Reihe nach irgend etwas leben lassen, das einen Grund zum Trinken gab.

Da sang der dicke Brauer:

> *Es leben unsre Weiber,*
> *Die besten Zeitvertreiber.*
> *Es leben hübsche Jungfern,*
> *Und weil sich nichts drauf reimet,*
> *So leben junge Witwen.*

Und der französische Schneider:

> *Es lebe, was uns günstig ist, im Reifrock und in Hosen,*
> *Es grün' und blühe jederzeit wie Lilien und Rosen.*

Der Magister:

> *Es lebe, was wir oft vergöttern:*
> *Die Ars amandi von zwei Blättern!*

Der Zeitungsbesitzer:

> *Es lebe, wer das tut, was jener Held getan,*
> *Als er und Dido einst in einer Höhle waren;*
> *Was aber taten sie? Wer das nicht raten kann,*
> *Der ist nicht wert, daß er es sollt' erfahren!*

Der Apothekarius:

Es leb', was uns ergetzet,
Unser Herz in Flammen setzet,
Und in dem es uns besieget
Triumphierend niederlieget!

Der Buchhändler:

Es leb' ein gutes Buch und auch ein schönes Weib,
Das eine für den Geist, das andre für den Leib!

Und als die Reihe wieder an ihn kam, sang der Sekretarius Thomas mit seiner hohen Stimme:

Im Trunk fang an, im Kuß beschließ',
So wird das Leben doppelt süß!

Noch eine Weile ging es so weiter, bis keiner mehr fähig war, einen Reim zu finden. Einige von den Gästen standen auf, zündeten schwankend ihre Laternen an und verließen taumelnd die Kneipe. Unter den Tischen lagen andere, den leeren Krug in der Hand.

Der Wirt war neben seinen Fässern eingeschlafen. Nur drei hielten sich noch aufrecht: der Magister, der Brauer und der Kopist.

Endlich erhob sich auch der dicke Brauer, kreuzte mühsam zur Tür, fiel auf die Straße hinaus. Der Magister schloß ab hinter ihm. Nun hörte man das lallende Singen des Betrunkenen vor der Tür. Da lag er im weichen Schnee, schwitzend und dampfend, fühlte nichts von der Kälte. Die Schneeflocken schmolzen auf seinem heißen Gesicht.

De Bourgh setzte sich wieder neben den kleinen Kopisten. Als er sah, daß alles rings um ihn schlief, brachte er seine Perücke dicht an die des Geheimbden Secretarius. - Jetzt war der richtige Augenblick. Im Flüsterton rückte er mit seinem Vorschlag heraus. Und als der halb Bezechte hörte, daß es Tausend Reichstaler zu verdienen gab, reckte er sich, schob den Krug zurück, horchte gespannt auf des Magisters Rede.

Der hatte den Zeitpunkt gut gewählt. "Tausend Taler!" Ein Vermögen für einen Beamten, der zwei Taler sechs Groschen die Woche verdient! Und keine Gefahr dabei! Wer würde je denken daß er, der Geheimbde Rat, den Vertrag aus dem Archiv nahm? Überhaupt, wo das Archiv in aller Hast in den Wagen geworfen und nach Spandau gebracht war, als es hieß, der Feind sei vor den Toren? Der Herr Magister hatte leichtes Spiel. Geheimbder Secretarius Thomas versprach, was von ihm verlangt wurde. Bourgh zog zweihundert blanke Taler hervor, gab sie dem andern. Aber er war vorsichtig, ließ sich quittieren und schriftlich versprechen, das Dokument gegen den Rest von achthundert Talern auszuliefern.

Thomas unterschrieb. So war es in des Magisters Händen. Morgen, wenn der Rausch vorbei, wird ihm de Bourgh das Papier zeigen, dann muß er tun, was der Magister verlangt.

Zufrieden steckte der eine das Geld in die Tasche, der

andere das Papier. Dann gingen sie. Stiegen über den schlafenden Brauer hinweg auf die Straße. Arm in Arm zogen sie durch den dicken Schnee nach des Magisters Haus auf dem Werder. Thomas soll dort ein paar Stunden schlafen und sich dann sofort auf den Weg nach Spandau machen. Und als er ausgeschlafen, und sich auf nichts mehr besinnen konnte, da zeigte ihm der Magister das Papier, drohte, ihn anzuzeigen, wenn er sein Versprechen nicht halte.

Da blieb dem armen Thomas nichts weiter übrig, als dem schlechten Freund den Willen zu tun. Abends war er wieder von Spandau zurück. Unter seinem Flausch trug er ein dickes, versiegeltes Paket. Auf dem grauen Umschlag stand: "Acta der Tänzerin Campanini". Er gab es dem Magister, erhielt seine achthundert Taler.

Bourgh prüfte das Siegel, wollte es erbrechen, denn er war neugierig, welche Papiere außer dem Vertrag noch in dem dicken Paket sein könnten. Doch er gönnte sich dazu nicht die Zeit, so eilig hatte er es, sich seine Belohnung zu holen.

Er lief sporstreichs nach der Bährenstraße. Und als er triumphierend, das graue Paket in erhobener Hand, vor Barberina stand, da sprang sie auf ihn zu, entriß ihm den Schatz und ließ sich willig umarmen.

"Danke, tausend Dank!!" murmelte sie.

Da flüsterte er ihr etwas ins Ohr.

"Die Belohnung?" fuhr sie auf. "Aber wir haben nicht Zeit jetzt", sie entwand sich geschickt den kräftigen Armen, "erst fort, fort aus diesen schrecklichen Stadt!"

Er mußte sich zufrieden geben. "Auf der zweiten Poststation, heute Nacht", dachte er, sich schnell vertröstend.

Zwei Stunden später hielt ein großer, geräumiger Reisewagen, mit sechs Pferden bespannt, vor Barberinas Haus.

Der Magister entstieg ihm, im Reisepelz. Er eilte die Treppe hinauf. Marianna begegnete ihm, ein Hündchen auf dem Arm. Bourgh stürmte an ihr vorbei, riß die Tür auf zu Barberinas Boudoir.

Sie stand vor dem Spiegel, ordnete den Reiseschleier. Die Zofe half dem Kutscher, das Gepäck auf den Wagen zu legen, es fest auf dem Dach und hinter dem Rücksitz anzuschnallen.

Es war alles bereit. Barberina ließ sich von dem Magister an den Wagen begleiten. Er hob sie hinein, setzte sich neben sie. Marianna, mit dem Schoßhündchen der Schwester, dem allerliebsten King Charles auf den Knien, saß den beiden gegenüber. Das war sie dem Herrn Toussaint de Bourgh schuldig. Der Kutscher warf den Schlag zu, kletterte auf seinen hohen Bock, die sechs Pferde zogen an und knatternd und rasselnd fuhr der lange Wagen durch die Bährenstraße, die Wilhelmstraße, bog in die "Linden" ein.

Barberina schob den grünen Seidenvorhang des Fensters zurück, blickte zum letzten Mal auf diese ihr nun so vertrauten Häuser. Tat einen tiefen, tiefen Atemzug. Und doch mischte es sich wie leises Bedauern in das Gefühl der Befreiung, das sie durchströmte. Ein Weilchen dachte sie an jene Stunde, da sie eingezogen in diese Stadt, die sie ein

Exil gedünkt. In den anderthalb Jahren, so dachte sie, hab ich sie vergessen, jene schlimme Stunde. Auch an den dachte sie, der sie vergessen gelehrt. Und ihm wünschte sie - ob nun aus abergläubiger Furcht, es könne ihr schlecht gehen, wenn sie undankbar wäre, oder ob sie es ohne Überlegung tat - sie wünschte ihm den Sieg über seine Feinde. Barberina lehnte sich wieder zurück. Überließ dem zärtlichen Magister die Hand. Sie schloß die Augen, mochte nicht mehr die wohlbekannten und schon vertrauten Gesichter der Häuser und Palais sehen. Denn sie fühlte, wie etwas leise in ihr erklang, es war ihr beinahe, als ob es ihr schwer werde, das Abschiednehmen.

Der Wagen holperte dem Brandenburger Tor zu. Es schneite nicht mehr.

Plötzlich hielt der Kutscher an. Die drei im Innern hörten lautes Rufen und Schreien. Menschen jagten vorüber. Der Magister wurde bleich. "Der Feind!" stammelte er bestürzt. Er öffnete das Fenster.

Da scholl es aus hundert Kehlen herein: "Sieg! Sieg!" - "Hurra! Hurra! Sieg! Sieg! - Es lebe der König! Vivat Friedrich! - Hurra! - " "Es lebe der König! - Sieg! Sieg! - Hoch unser Fritz! - Hurra! Hurra!" ...

Vom Tor her kamen sie gelaufen, Bürger, noch mit den Flinten, dem Säbel in der Hand, Soldaten, Bauern, Frauen und Kinder ergossen sich in die Stadt, wie ein Strom sich stürzend in alle Gassen und Gäßchen, immer anwachsend von Haus zu Haus. Mitten in diesem Menschenstrom, wie eine Felsenklippe, hielt der Wagen. Die Pferde scheuten, stiegen in die Luft, warfen den Schnee nach allen Seiten.

"Vorwärts, Kutscher, vorwärts!" schrie der Magister, den Kopf aus dem rechten Fenster.

"Halt, Kutscher, halt!" klang die Frauenstimme aus dem linken Fenster.

Doch der Kutscher konnte nichts hören in dem Tumult. Er war vom Bock gesprungen, stand bei den vordersten Pferden, fragte nach dem Sieg.

Und Barberina sprang aus dem Wagen. Auch sie fragte. Da hörte sie die große, die glänzende Mär:

"Glorreiche Schlacht!" - "Die Österreicher geschlagen!" - "Der König hat sie gewonnen, die große Schlacht bei Hennersdorf!" - "Hoch unser König!" - "Hurra, Hurra!"

Und kaum hatte sie das vernommen, da sprang sie wieder in den Wagen.

"Zurück, zurück! Nach Haus, Kutscher, nach Haus!"

Der schwere Wagen kehrte im Bogen um. Fuhr langsam den Weg zurück, mitten in der Menschenflut, wie im Triumph, oder wie ein Gefangener.

Drinnen aber lag der Magister vor Barberina auf den Knien. Er schluchzte: "Das Versprechen! - Geliebte, Geliebte, das Versprechen! - Laß uns fort! - Nicht zurück! Nicht zurück! - Fort, fort - ich werde wahnsinnig!"

Zitternd, hilflos, ein Bild tiefster Verzweiflung, lag er da vor ihr. Sie aber entzog ihm ihre Hände, stieß voller Ekel von sich den heißen, nackten, roten Schädel, von dem die Perücke gefallen.

"Ich will nicht - ich will nicht - laßt mich …"

Und als der Wagen um die Ecke der Wilhelmstraße bog, flog der Magister so hart gegen die Tür, daß sie aufsprang. Er fiel hinaus, überkugelte sich in dem weichen Schnee, der Hut flog hinter ihm her. Der Kutscher wollte halten, aber "Weiter, weiter, nach Haus" kam der Befehl der jungen Dame, und da hielt er erst vor dem wohlbekannten Haus in der Bährenstraße.

Von allen Kirchtürmen klangen die Glocken über die weißen Dächer der Stadt. In schnellen, jubelnden Schlägen suchte die eine die andere zu übertönen, und unten, in dem blauen Schatten der Straßen, zogen singende, schreiende, tanzende Volksmengen entlang, strömten Fackeln schwingend, dem Schloß der Königin-Mutter zu, dem kleinen Monbijou.

Am nächsten Tag gab es neuen Jubel; da kam, von des Königs eigener Hand, die Bestätigung des glorreichen Sieges. Der folgende Tag brachte die Kunde von des Königs Einnahme der Stadt Bautzen, der großen Beute der siegreichen königlichen Truppen. Ein Kurier nach dem andern kam in die Stadt gejagt. - "Der Prinz von Lothringen auf dem Rückzug vor den Preußen!" - "Der alte Fürst von Dessau marschiert in Sachsen ein!" - "Die Stadt Leipzig genommen, die Stadtväter übergaben dem alten Haudegen die Schlüssel!" - Schlag auf Schlag folgte, und die preußischen Fahnen, die Adler voran! Und endlich, zum Schluß die große Nachricht: "Der Dessauer hat die Sachsen bei Kesselsdorf vernichtet!"

Berlin war wie im Taumel. Von früh bis spät mußten die Glocken singen. Das Volk umlagerte das Schloß der alten Königin, der Mutter des Helden. Alle Stunden kamen neue Kuriere, dann wurde ein Fenster geöffnet, und eine neue Siegesnachricht ausgerufen. Aber als es hieß, der König sei in Dresden eingezogen, achtspännig, als Triumphator, da kannte der Jubel keine Grenzen mehr. Die alte Königin mußte sich dem Volk zeigen, es schrie bis es heiser war.

Der König in Dresden! Gleich nach seinem Einzug, so erzählten die Boten atemlos, hätten Seine Majestät ein Tedeum singen lassen, dann hätten Seine Majestät die Oper befohlen. Hätten ganz ruhig auf einem einfachen Parkettplatz gesessen, während die Sänger kaum einen Ton herausgebracht, so lag ihnen noch der Schrecken in den Gliedern, das Kanonengebrüll in den Ohren.

Der Kabinettsminister reiste nach Dresden zum König. Da wußte man, daß es Frieden gebe. Friedrich würde ihn schon diktieren. - Und das tat er auch ...

Dann durfte Berlin seinen Helden empfangen. Das wurde ein Festtag, wie ihn die Stadt noch nicht erlebt. Voran zogen hundert Postillons, blau und gelb, schmetterten Hörnerklänge in den sonnigen Wintertag. Dann folgten zweihundert Fleischer zu Pferde, in braunen Röcken, mit Tressenhüten. Dreihundert Jäger und Forstmeister aus der ganzen Umgebung schlossen sich in ihren grünen Kleidern den Fleischern an. Hierauf kamen Soldaten und dann das große Eskadron der Freiwilligen, alle in blauer Uniform. Das waren die Söhne der vornehmsten Bürger. In ihrer Mitte hatten sie den König, der in einem offenen Phaeton saß. Aber das Volk drängte die feinen, blauen Bürgerssöhne zur Seite, stürmte an den Wagen und unter unaufhörlichem Trommelwirbel und Glockengeläute schrie es fortwährend: "Es lebe der König!"

"Es lebe Friedrich der Große!"

Und der junge Sieger hörte das Wort fallen, zum ersten Mal, das Wort, welches ihm später die Welt schriftlich gab. Er lächelte, als er es vernahm, dachte, daß er nun nicht länger der "Friedrich von Potsdam" wäre.

Sein Wagen konnte kaum vorwärts. Dicht neben ihm, zerquetscht, erdrückt in der Menge, steckte ein altes Weib, ein Mütterchen in blauem Kattunkleid, die hageren, nackten Arme hob es hoch empor und dabei schrie es wie besessen mit hoher Fistelstimme:

"Der Große! Der Große! Der Große! ..."

Einer stieß den andern beiseite, die Hand des Königs zu fassen, sie zu küssen. Lorbeerkränze fielen auf den Wagen. Und Friedrich grüßte rechts und links, rief: "Erdrückt euch nicht, Kinder!" - "Nehmt euch vor den Pferden in acht!" ...

Um sechs Uhr abends war die ganze Stadt erleuchtet. In allen Fenstern standen brennende Kerzen und Lampen. In manchen hingen Plakate, von Kerzen und Girlanden umgeben. Auf ihnen war zu lesen:

"Vivat Fridericus Magnus!"

Eines dieser Häuser aber, die am hellsten strahlten, war das bekannte Haus in der Bährenstraße. -

Drei Tage später gab der König ein prachtvolles Friedensfest im Opernsaal, einen großen Maskenball. Und gegen Mitternacht lüfteten er und die reizende Schäferin an seiner Seite die Masken. Es war Signora Barberina, die Tänzerin. - Die Königin hatte diesem Fest fernbleiben müssen. So wurde die Ballerina zur Königin, nicht nur des Balles. Zärtlich, mit großen, feuchten Augen blickte sie denen entgegen, die ihr huldigten, wenn sie sich vor dem König verneigten. Ein kleines Krönchen aus Diamanten blitzte auf ihren dunklen Locken. Sie war sehr schön in dieser Nacht, das mußten selbst die ältesten Damen des Hofes zugeben. -

Auch auf der "Contre Escarpe", in der Stammkneipe, gab es ein Friedensfest. Der alte Obrist präsidierte. Noch stärker schlug er auf den Tisch, noch lauter klang heut' seine Kommandostimme. - Er hatte recht behalten! Man hatte ihm nicht geglaubt! Ha, er kennt seinen König! - Geduckt, am Ende des Tisches, ganz kleinlaut saß der Kopist, der Geheimbde Secretarius Thomas. Der Oberst hätte zu gern den Herrn Magister Toussaint de Bourgh hier gehabt. Hätte ihm so schön seinen Unglauben, sein Unrecht vorhalten können, dem Superklugen. - Schade, daß er tot war; Bauern hatten ihn vorgestern gefunden, dicht vor dem Hamburger Tor. An einem Baum hatte er gehangen, mit blauem Gesicht, steif und glitzernd wie ein Eiszapfen; auf dem nackten Schädel saß ihm eine Krähe. Sie hatten ihn abgeschnitten und zur Torwache gebracht. Da hatte man erkannt, daß es der Herr Magister Toussaint de Bourgh war. Der alte Obrist hatte auf die Weiber geschimpft, als er es erfuhr …

Konzert im Freien
(in der Mitte Barberina)

Vierzehntes Kapitel

Abendlich still und duftig kühl ist die Luft hier oben auf dem Berg von Sanssouci. Die Dunkelheit, die schonungsvolle Dämmerung des schwindenden Sommers will sich herabsenken. Da färbt sich der Himmel gelb, das Gras wird betaut. Alles Geräusch aus der Ferne, das Brüllen der Kühe, das Bellen der Hunde klingt weich ans Ohr, klingt wie eine Glücksbotschaft, so frohlockend, so voller Frieden und Ruhe, als ob der gütige, weite, weite Himmel selbst sie sendet.

Da unten, da drüben breitet sich die Ebene. Wiesen, Wiesen, noch grün im Dämmerlicht, in der Ferne schon grau-violett, in gelben, rötlichen Duft verschwimmend. Dazwischen Felder, schwarz gegen die hellen Gründe und Wälder, dunkel wie die Nacht. Auch ein Fluß da ganz hinten. Ein einsames, hohes Segel auf seinem breiten Rücken. Schweigend und feierlich gleitet es dahin, fort - fort in das Endlose, Unergründliche, das Zeitlose und Ewigfliehende.

Nebel steigen auf, weben schwankend über dem allem, verhüllend, entschleiernd. Unendlich, verloren den Sinnen, spannt sich der ungeheure Himmel über dieser Landschaft, wie ein uferloses Meer, in dem die Sehnsucht nicht Küsten findet, nicht Ziele.

Auf der Höhe des Berges liegt das kleine Schloß. Breite Treppen führen zu ihm. Vorbei an weißen Marmorgöttern und schwarzen Taxushecken. In kühler Pracht, das Gold der Sonne auf seinen hohen Fenstern, steht das Schloß da, niedrig und lang. Seine unzähligen korinthischen Säulen blicken hinüber zu dem Ruinenberg. - Ihr Schicksal? Gestürzte Säulen, auf denen die Schwermut lastet, leuchten rötlich von drüben, liegen quer und schief übereinander, wie gefallene Krieger. Zwischen ihnen der Opferstein, für Götter, die schon lange gestorben.

Vor dem Portal mit den mächtigen Karyatiden geht ein einsamer Posten auf und ab. Jedesmal, wenn er an der Ecke steht, schaut er träumend oder sehnend hinunter ins Land. Da unten bleibt sein Blick hängen. An den Bauernhäusern mit den roten Giebeln, aus denen ein feiner, blauer Rauch kerzengerade in die Höhe fließt. Auf dem hohen, schmalen Helm des Soldaten treiben die letzten Strahlen der Sonne ihr Spiel. Der Helm blitzt und funkelt wie lauteres Gold. Einen Augenblick nur. Dann tritt der Grenadier zurück in den Schatten, marschiert den kurzen Weg bis zur anderen Ecke. Seine weißen Gamaschen stapfen gleichmäßig durch das Halbdunkel.

Plötzlich richtet er sich auf. Spreizt die Beine mit einem Ruck, hält das Gewehr vor die Nase. Eine Gesellschaft schreitet an ihm vorüber. Zwei Damen und mehrere Herren. Einer nur trägt Uniform: der König. Die beiden hellen Seidenschleppen ziehen knisternd hinter ihm her, weiße Perücken, weiße Strümpfe neben ihnen.

Die Gesellschaft geht auf der Schloßterrasse langsam auf und nieder. Drinnen, in den Sälen, entzünden Diener die Kerzen.

Der König spricht wenig. Versonnen geht er voran. Die linke Hand auf dem Rücken. Die rechte hält einen Krückstock, den er seit kurzem trägt. Den Dreispitz hat er tief in die Stirn gedrückt. Aus blassem Gesicht lugen die großen Augen unter der Hutkrempe hervor. Er sieht angegriffen aus. Besonders die Falten um den Mund sind scharf geworden. Er ist erst siebenunddreißig Jahre alt. Und sieht doch fast um zehn Jahre älter aus. Die Kriegsjahre auch haben ihn schneller altern lassen.

Aber sein Gang ist elastisch. Und gerade seine Haltung.

Die kleine Gesellschaft, zwei Damen und fünf Herren, folgt ihm schweigend. Man ist es längst gewohnt, den König plötzlich verstummen zu sehen. In solchen Augenblicken ist es, als ob seine Gedanken nicht mehr dort weilen, wo sein Körper ist. Man sieht es seinen Augen an: über Umgebung, Menschen, sehen sie hinweg, fast leer ist ihr Ausdruck geworden, ihr Blick ist nach innen gerichtet, in jene heimliche, unsichtbare Welt, die größer ist als die sichtbare.

Da bleibt der König stehen, deutet mit dem Stock auf eine Steinplatte zwischen roten Tulpen. Und während er niederstarrt auf den Stein, nickte er leise mit dem Kopf.

"Sie haben recht, Marquis!" sagt er. "Ein schöner Wahn, ein Schloß 'Sanssouci' zu nennen! - Wenn ich dort sein werde …", leise schlägt der Stock auf die Platte, "dann werde ich ohne Sorge sein!"

"Und doch …", setzt er nach einer Weile nachdenklich hinzu, "wer weiß das! - 'Sanssouci' über der Tür eines Grabes - eine Frage an die Ewigkeit …"

Der König ist langsam bis zur anderen Seite der Terrasse geschritten. Hier bleibt er wieder stehen. Sieht auf die Landschaft vor sich. Die Abendschatten sind länger geworden. Zarte Nebelschwaden breiten sich über die fruchtbaren Gründe. Häuser und Türme heben sich aus ihnen, Lichter blicken aus der Ferne, verschwommen und undeutlich klingen die Töne des Glockenspiels von Potsdam herüber, verwehen in der endlosen Weite.

Die junge Frau neben dem König hebt den weißen Arm, deutet auf die Ebene:

"Ohne Sorgen, Sire!"

Der König blickt auf zu ihr.

"Für die anderen, Mademoiselle!" lächelt er.

Dann nimmt er unvermittelt ihre Hand, geht mit ihr voran. Und als die beiden über die Stufen des Portals schreiten, sagt er leise, seinen Kopf dicht über ihren Marmorschultern:

"Ich bin undankbar, Mademoiselle, neben Ihnen gibt es keine Sorgen!"

Ein Blick von ihr dankt ihm. Dieser Blick läßt die nachdenklichen Falten vollends von seiner Stirn weichen, und als man jetzt im Speisesaal um den großen, runden Tisch sitzt, da ist der König ein ganz anderer. Hell und heiter leuchten seine Augen von einem zum anderen. Er ist gesprächig wie sonst, seine heitere Laune steckt die anderen an.

Zur Seite sitzt ihm Barberina, zur Linken der Marquis d'Argens. Dann folgen Algarotti, die Komtesse Teschen, Rittmeister Chazot, jetzt Obristleutnant, Monsieur de Voltaire und Monsieur de Maupertuis, der berühmte Geometer, Präsident der Berliner Akademie. Der Lieblingsfreund des Königs fehlt; "Caesarion", der Baron von Kayserlingk, starb, als der König im Feld war, während des zweiten schlesischen Feldzuges.

Komtesse Teschen ist in diesen Jahren noch schwerhöriger geworden. Ihr alter Kopf wackelt schon wie die Krone eines entwurzelten Baumes, der sich legen will. Aber: "Im Dienste des Königs!" - Sie ist noch immer Dame d'honneur.

An Barberina scheint die Zeit spurlos vorübergegangen zu sein. Sie zählt nun schon siebenundzwanzig Jahre. Und doch, ihre Augen haben den alten jungen, schwarzen Glanz bewahrt, das Gesicht zeigt das Oval, wie es damals Meister Pesne malt. Wie einst auch fallen die braunen Locken in den weißen Nacken, so schwer, so üppig, werfen goldenen Reflex unter der Kerzenkrone, wie einst in der Loge des Königs, an jenem denkwürdigen 13. Mai.

Man speist von sächsischem Porzellan - eine Erinnerung an des Königs Feldzug.

Wie gewöhnlich ißt der König sehr wenig. Er ist zu angeregt in der Unterhaltung, die in französischer Sprache geführt wird, und an der sich auch alle anderen lebhaft beteiligen, bis auf die alte Komtesse.

Ein bißchen Ehrgeiz verrät wohl ein jeder. Sogar der König. Aber das ist nur natürlich, jetzt, wo Monsieur de Voltaire in Sanssouci weilt.

Er ist gefährlich. Die Höflinge denken im geheimen an das Schicksal des Poeten d'Arget. Voltaire vertrieb ihn. Er ließ einfach dem König die Wahl zwischen ihm und dem anderen. Und das entschied.

Nur Barberina gibt sich keine Mühe. Sie sitzt zu sicher auf ihrem Platz. Das erkennt selbst Voltaire. Darum ist sie aber doch nicht sicher vor seiner Spottsucht.

Barberina ist klug. Auch spart sie nicht mit ihren Kenntnissen, wie das die Mätressen großer Herren stets tun. Ihr Wissen stammt vom König.

An diesem warmen Sommerabend geriet das Gespräch schließlich auf die Liebe. Der König selbst trug die Schuld daran, als Voltaire ungeniert von den politischen Qualitäten der Madame Pompadour sprach. Der Dichter schielte dabei etwas spöttisch oder ermunternd - wer vermag in diesen Falten zu lesen! - zu Mademoiselle Campanini hinüber, und Friedrich hatte den schiefen Blick aufgefangen. Da sagt er zu Voltaire:

"Ein Weiberhof, Monsieur de Voltaire, wird immer etwas in die Regierung bringen, das nach dem schönen Geschlecht schmeckt - nämlich Grillen und Kapricen!"

"Eh, Sire! Solche Höfe lieben die Grazien!"

"Aber es ist noch schwerer, schöne Frauen zu regieren, als tapfere Männer, Monsieur!"

"Eure Majestät verstehen beides sehr gut", schmunzelt Voltaire.

Barberina lacht hell auf. Es klingt noch ganz so silbern wie einst.

"Um das zu können", spöttelt sie, "muß man beides sein: König und Philosoph, Monsieur de Voltaire! - Wer nur Philosoph ist, den regieren doch sehr bald die Frauen!"

Das traf! Der König stimmt in ihr Lachen ein. Die anderen lächeln nur, sie wollen es mit dem Günstling nicht verderben. Und die Anspielung der Tänzerin auf Voltaires Stellung zu seiner Freundin, der Marquise du Chatelet, scheint dem Dichter nicht gerade angenehm.

Einen Augenblick senkte er den Kopf mit der wallenden, altmodischen Lockenperücke, vor der lachenden jungen Frau. Dann sieht er sie ein wenig überlegen an, fragt ironisch:

"Sie denken gewiß an Sokrates, Mademoiselle?"

"Sicher, Monsieur de Voltaire!"

"Das ist ein schlechtes Kompliment für diesen Weisen!"

"Doch ein gutes für seinen Nachfolger, Monsieur de Voltaire!" Und wieder klingt laut das silberne Lachen durch den hohen Raum.

"Warum ein schlechtes, Monsieur de Voltaire?" fragt der König scherzend. "Madame Sokrates war eine Frau von vielen Verdiensten, man hat sie zu Unrecht verleumdet!"

"Ihr größtes, Sire, war, die Frau ihres Mannes zu sein."

"Eh bien, Monsieur de Voltaire, ist das etwa keines?" fragt Barberina, sieht ihn fröhlich, herausfordernd an.

"Aber ja, Mademoiselle, einer Frau größtes Verdienst ist allerdings oft - ihr Liebhaber!"

"Die Frauen können ein noch größeres haben." Dabei sieht der König Barberina zärtlich lächelnd ins Auge.

"Welches ist das, Sire?" Gespannt blickt sie zu ihm auf.

"Ihre Schönheit, Mademoiselle!"

"O, Sire, ein vergängliches Gut!"

"Nie - in den Augen der Liebe, Mademoiselle!"

"Sire, Liebe ist blind!"

"Wie die Gerechtigkeit auch, meine Schönste!"

"Aber die Gerechtigkeit, Sire, ist eine erfahrene Frau, doch die Liebe - man malt sie uns als Kind!"

"Weil dieses alte Kind die Vorsicht nie kannte, Mademoiselle!" wirft Voltaire ein, während es belustigt um seine langen, schmalen, blutleeren Lippen zuckt.

"Ein Kind, Monsieur de Voltaire, bezaubert alle Welt schon durch ein Lächeln, ein Blick von ihm genügt, es zum Herren aller Herzen zu machen. - Darum, Monsieur de Voltaire, stellen die Künstler die Liebe dar als Kind!"

"Doch, Sire, dieses Kind ist der Kompagnon des Alters der Irrungen!"

"Glückliches Alter!" seufzt der Obristleutnant Chazot.

"O, Monsieur le Lieutnant-Colonel", Barberina blickt zu ihm hinüber, "das brauchen Sie nicht so traurig zu sagen."

"Mademoiselle, Kinder können sehr unglücklich sein, wenn man ihnen ihre Wünsche versagt. - Und Kinder haben immer Wünsche!"

"Nach verbotenen Früchten meist, Chazot!" der König droht ihm mit vielsagendem Lächeln.

Das Gespräch verstummt einen Augenblick. Eine Verlegenheitspause. Man weiß um Chazots Werbungen und ihren Erfolg, man kennt auch des Königs Eifersucht.

Einen Augenblick nur währt dieses Schweigen. Barberina unterbricht es geschickt:

"Sire, wir sprachen von der Liebe. - Und da wir so glücklich sind, Frankreichs größten Philosophen, Frankreichs - Sokrates", selbst der König kann ein Lächeln nicht unterdrücken, "in unserer Mitte zu sehen, so möchte ich mir erlauben, Monsieur de Voltaire um seine Definition über die Liebe zu bitten."

"Mit Freuden, Mademoiselle ..." Der Dichter sieht einen Moment aller Augen, auch die des Königs, erwartungsvoll auf sich gerichtet. Da sagt er:

"Die Liebe, Mademoiselle, ist den Frauen Naturbedürfnis, den Männern ist sie Symbol!"

"Symbol? - Monsieur de Voltaire, Sie machen es den ungetreuen Gatten leicht! ... Und warum ist sie den Frauen keines?"

"Weil in der Frau die Mutter wohnt. Und die Stimme dieser Mutter ist die Natur!"

"Dann ist die Liebe der Frau eben ursprünglicher, echter, als die des Mannes!"

"Dafür ist die des Mannes kosmischer!"

"Ma foi, eine bequeme Moral - für die Männer, Monsieur de Voltaire! - Und doch, Sie haben recht", setzt die junge Frau nachdenklich hinzu, während ihre Augen wie verloren für ein paar Sekunden über den Tisch hinweg blicken, hinaus in die Nacht, die da durch die weitgeöffnete Tür dunkelt. - "Sie haben recht ...", sagt sie leise, "eine Frau kann nur einmal wahrhaft lieben, nur einmal im Leben. - Der Mann kann es öfter ... und mit derselben Inbrunst ..."

"Mademoiselle, es gibt Ausnahmen!"

Barberina zuckt zusammen bei des Königs Stimme. Er sieht sie an mit seinen durchdringenden Augen, daß sie den Blick unwillkürlich sinken lassen muß.

"Gewiß, Sire", lächelt sie rasch gefaßt, "wie ja bei jeder Regel!" -

Und als sie ihn jetzt anblicken kann, da findet sie einen eigenen Ausdruck in seinen Augen, als ob er wisse um ihre geheimen Gedanken. - Doch das kann eine Täuschung sein, beruhigt sie sich schnell. Und sie hat sich ganz in der Gewalt, als sie ihm den Blick gibt, auf den er wartet, denn sie erriet, daß er unruhig ist, ihre Äußerung auf sich zu beziehen.

"In einem nur, Sire", läßt sich jetzt der Graf Algarotti vernehmen, "ist sich die Liebe der Frau und die des Mannes gleich: im Glück und im Unglück, mag auch ihr Ursprung ein verschiedener sein."

"Und wie denkt unser großer Mathematiker über diese so gleiche und doch so verschiedene menschliche Leidenschaft?" Lächelnd wendet Friedrich sich an Maupertuis.

"Sire, sie hat unserer armen Wissenschaft der Zahlen und Linien noch immer gezeigt, daß sie die größere ist. - Vergebens suchten wir nach einer Formel für sie."

"Es gibt doch eine, Monsieur de Maupertuis!"

"Welche, Monsieur de Voltaire?"

"Eine, die Ihre Wissenschaft verspottet, denn sie widerspricht der Basis alles Rechnens - dem 'eins plus eins gleich zwei' -, heißt ihre kapriziöse Formel nicht: 'eins plus eins gleich eins!' ... oder - o Launenhafte! - meist keins?"

"Oh, Monsieur de Voltaire, wir sind hier nicht auf

Herrn von Maupertuis Akademie!" Barberina droht ihm scherzend mit dem kleinen Fächer.

"Aber in ihrer Unlogik liegt gerade die Allgewalt, die Macht der Liebe, an ihr sind die größten Geister gescheitert - wurde nicht Ovid selbst, der Meister der ars amandi, ins Exil verbannt?"

"Noch bessere Beispiele gibt es für ihre Behauptung, Graf", antwortet Friedrich Algarotti. "Der große Turenne! Er brach seinem König das Wort, gab seines Herrn Geheimnis der Mätresse preis!"

"Sire, sein Schicksal war milder, als das Antonius'! Verlor dieser rechte Arm Cäsars auf den Meeren von Attium doch an einem Tag Kleopatra und seinen Ruhm!"

"Ich kenne nur einen großen Mann, der nicht erlag der Allgewalt der Liebe!" Voltaire sieht lächelnd zum König hinüber. "Nur einen, bei dem die vergoldeten Pfeile des charmanten Kindes Wunden schlugen, die vernarben konnten!"

"Und wer war dieser große Mann, Monsieur?"

"Mademoiselle, meine Diskretion verbietet mir, seinen Namen zu nennen, denn er gehört - den Lebenden an!"

Voltaire erntet Beifall für die wohlgelungene Schmeichelei. Bei diesem Philosophieren waren alle die Schöngeister um des Königs Tafel längst über das Dessert hinausgekommen.

Plötzlich erhebt sich der König. Wieder nimmt er Barberinas Arm, geht mit ihr voran in das Musikzimmer. Friedrich führt sie zu einem Fauteuil. Neben sie setzt man die alte Komtesse. Die Herren gruppieren sich stehend um die beiden Damen. Der König ist schon vor sein Notenpult getreten, dem er dauernden Platz gegeben unter dem Gemälde, welches Barberina als Statue zeigt. Meister Pesnes Werk ist prachtvoll gelungen. Weiß und biegsam, in unendlicher Grazie leuchtet der vollendete Frauenkörper fast in Lebensgröße von der Wand. Und vor diesem nackten weißen Leib hebt sich Friedrichs scharf gezeichnetes Profil deutlich ab: Die hohe, nach hinten aufstrebende, geistvolle Stirn, die geschwungene Nase, die Lippen, die so weich sich öffnen und so trotzig schließen können.

Dort, vor dem Gemälde, steht Friedrich Abend für Abend, wenn er Gäste hat. Immer dasselbe Bild, hier draußen in Sanssouci: Der König bläst seine Kantaten, Arien, Sonaten, während seine Musikanten ihn begleiten. - Und an den Wänden fast immer dieselben Zuhörer: zwei Damen, eine junge und eine alte, fünf oder sechs Herren.

Nach dem Konzert, das er nie versäumt, ihnen zu schenken - denn er liebt Zuhörer, nicht nur für seine Verse - verabschiedet Friedrich seine Gäste meist sehr bald.

Wenn er dann allein geblieben, geht er hinüber in sein Arbeitszimmer. So wie heute abend auch. Er setzt sich vor den langen Schreibtisch mit den gewölbten Bronzefüßen. Füllt emsig Bogen auf Bogen. Er arbeitet an der Geschichte seines zweiten schlesischen Feldzuges.

Die Ruhe um ihn, der Frieden dieser stillen Nacht hier oben, sie passen gut zu dem, was er schreibt. Sie passen gut zu dem Traum von ewigem Frieden, den der junge Eroberer hier, in Sanssouci, träumt und der später so plötzlich zerstört werden sollte.

Nun legt er die Feder zur Seite. Er stützt den Kopf in die Hand. Sieht sinnend nieder. Er träumt einen anderen Traum. Aber auch der muß glücklich sein, denn um Friedrichs Lippen, in dem stillen, weichen Blick seiner Augen, liegt es wie ein Lächeln des Glücks.

So sitzt er eine Weile da. Dann greift er zu einem neuen Bogen. Wieder eilt die Feder in langen dünnen Strichen über das Papier. Aber sie schreibt nicht mehr so lange Linien, sondern ganz kurze, und eine unter die andere - Verse! Verse von der Liebe ...

Aber nicht nur bei dem König ist noch Licht um diese späte Stunde. Auch die Fenster von Voltaires Zimmer sind noch erleuchtet. Auch er sitzt an seinem Schreibtisch. Er schreibt zwei Briefe nach Paris. In dem einen steht:

"Ich habe von meinem Kabinett nur drei Schritte, um bei einem Mann zu sein, der voller Geist, Grazie und Phantasie ist ..." Und in dem anderen Brief heißt es:

"Könnten Sie nicht die Güte haben, der Madame de Pompadour vorzustellen, daß ich - ganz dieselben Feinde habe wie sie? ..." Und weiter unten:

"Morgen habe ich wieder Seiner Majestät schmutzige Wäsche zu waschen - nämlich seine schlechten Verse zu korrigieren ..."

Als Voltaire seine Briefe beendet hat, schlägt er sein Tagebuch auf, macht ein paar flüchtige Eintragungen:

"Es ist unbegreiflich", so schreibt er, "daß der König von Preußen der Barberina zweiunddreißigtausend Livres Gage gibt ... Sie erhält mehr als drei Staatsminister zusammen ... Aber man muß bedenken, daß er sehr häßlich ist und nicht tanzt ... Dieser königliche Dilettant liebt sie, weil sie die Beine eines Mannes hat ..."

Dies und noch mehr schrieb Voltaire. Die Worte standen da, breit, mit maliziösen Ecken und Haken, ähnlich den Falten, die um Voltaires häßlichen, spirituellen Mund lagen, als er sie noch einmal übersah. - Es war bestimmt, daß vierzig Jahre später die Welt sie lesen sollte, diese Zeilen, welche Voltaire in jener Nacht zu Sanssouci niederschrieb. In jener Nacht, welche die letzte dieses Sommers war, denn schon schüttelten sich die Bäume da draußen wie in leisem Frost, und am Morgen lagen die ersten welken Blätter auf der Terrasse. -

Die letzte Sommernacht, und die letzte auch, in der man zu Sanssouci von der Liebe gesprochen, und der König Verse der Liebe geschrieben ... Der Morgen brachte den Herbst. -

Eines Abends, es war wenige Tage darauf, saß Barberina allein in ihrem Boudoir. Sie hatte niemand heute empfangen. Mußte allein sein mit ihren Gedanken. Schon öfter hatte sie so das Bedürfnis nach Einsamkeit empfunden, sogar mitten in der Gesellschaft. Es war, als ob dann irgendeine geheimnisvolle Macht über sie kam, die sie trieb, allein zu sein mit sich und ihren Gedanken.

Rätselhaft schien ihr diese Macht, der sie vergebens zu widerstehen suchte, die über sie herfiel, sie hinwegzog, mit ihr wild davonfloh vor den Menschen. Noch nie aber hatte sie diese Macht so stark empfunden wie heute. Und wieder war sie ihr erlegen. - Sie sagte in den Nachmittagsstunden noch die Gesellschaft für den Abend ab. -

Wie sie da jetzt so allein saß, kehrten ihre Gedanken immer wieder dahin zurück, wo sie seit drei Tagen weilen wollten: bei jenem Gespräch in Sanssouci, bei den Worten Voltaires über die Liebe. - Hatte es nur eines leisen Anstoßes bedurft, das in ihrem Herzen wieder aufleben zu lassen, was sie längst erstorben glaubte? In diesen Jahren hatte sie gemeint, vergessen zu haben was sie gefürchtet, nie vergessen zu können. Triumphe als Künstlerin, Triumphe als Frau, Sinnesgenuß, Freude an schönen, glänzenden Dingen - das alles hatte diese Zeit ausgefüllt, sie zu einer glücklichen gemacht.

Sollte dieses Glück nur ein Trug gewesen sein? Hatte sie nur in einem Rausch gelebt, all diese Jahre hindurch, seit man ihr den erschossen, der ihr mehr war, als ein König je sein konnte? Zaghaft, aber mit sicheren Schritten, zogen diese Gedanken in ihr ein, jene Worte, die ihr wider Willen entschlüpft an des Königs Tisch, sie erschienen ihr mehr und mehr als eine Offenbarung; so auch waren sie über ihre Lippen gestiegen, unbewußt dem denkenden Verstand. - Sollte es wahr sein? Nur einmal, einmal nur im Leben, sollte das Weib wahrhaft lieben können? Sie schloß die Augen vor der Wucht dieses Gedankens. - Dann, dann mußte ihr Leben zerstört sein für immer! - Und dann wurde die Furcht zur Gewißheit, und ihr Vergessen war ein Vergessen im Rausch, ein Wahn, eine Betäubung!

"O Gott, o Gott, gib mir Klarheit …", murmelte sie, preßte ihren Kopf mit den Händen.

"Klarheit? - Hast du sie nicht?" flüsterte eine Stimme in ihr. - "Griffst du nicht nach allen, allen Gläsern, dich zu berauschen? - Verschmähtest doch die gemeinsten nicht, da dir jener Kelch voll köstlichen Weines in den Händen zerbrach! - Hast du nicht selbst Schuld daran, daß es zerbrach? - Als das Leben ihn dir bot, warum zögertest du? - Warum griffest du erst nach ihm, als es zu spät war? - Warum mußtest du dein Herz hängen an den Flitter der Welt, da es vor Liebe schlug? - Zu spät ergriffest du deinen Kelch, und zu hastig - da ging er in Scherben! - Du dachtest nur an dich, sein Unglück kümmerte dich nicht! - So wurdest du unglücklich!"

Mit geschlossenen Augen, die Hände aufs Herz gedrückt, das bleiche Gesicht mit den flackernden Locken nach hintenüber, so lag Barberina in dem Fauteuil am Fenster ihres Boudoirs. - Die Stunde war da, die sich angemeldet durch manches Zeichen.

Ein gelbes Blättchen wehte zum Fenster herein, fiel zu Füßen Barberinas nieder. Von der Birke kam es, dort auf dem Hof, neben dem Brunnen. Die neigte sich, ihr zartes Stämmchen bog sich vor dem herbstlichen Wind, ihre Blätter raschelten, fielen leise erschauernd zu Boden.

Früh dunkelte es. Nur ganz kurze Zeit leuchtete der Himmel noch einmal auf. Da war er wie rote Rosen.

Dann wurde es Nacht. Ihre Kälte zog ein durch das Fenster, aber die junge Frau fühlte sie nicht. Noch immer blieben ihre Augen geschlossen.

Die Zofe trat herein. Fragte die Herrin, ob sie die Kerzen anzünden sollte.

"Ja, mach Licht! - Licht!"

Barberina sprang von ihrem Sessel. Die Kerzen flammten auf. Immer heller wurde es. Da packte sie übermächtige Sehnsucht nach den Menschen. Sie sah nach der kleinen Uhr über dem Kamin. "Zu spät", dachte sie erschrocken.

Sie schickte die Zofe hinaus. Ruhelos schritt sie auf und ab. Sollte sie ausgehen? Allein? Wohin? - Der König liebte es nicht, daß man sie in dem Club sah, hatte sie gebeten, sich in solcher Gesellschaft nicht zu zeigen. - Der König! Sie fragte nicht nach dem, was er sagte, nicht mehr!

Hastig griff sie nach der kleinen silbernen Glocke. Sie schellte. Der eintretenden Zofe rief sie zu:

"Bestell die Berline! - Komm schnell zurück, du sollst mich anziehen!"

Nach wenigen Minuten kam die Zofe wieder. Der Herrin ging die Toilette nicht schnell genug; klirrend fiel der kleine Handspiegel zu Boden. Ungeduldig stampfte sie mit den Füßen. Endlich war das Lieblingskleid, das hellblaue mit den weißen Besätzen, geschlossen. Der große Diamantschmuck mit den dicken Saphiren - ein Geschenk des Bankiers Splittgerber - funkelte auf dem Dekolleté.

Der Wagen war vorgefahren. Im Hof. Barberina sprang hinein: "Zum Club!"

Die großen Lampen mit den silbernen Einfassungen leuchteten durch den Torweg. Der Wagen fuhr aus dem Haus, lenkte links ab, fuhr in die Straße der Linden - la rue des Palais. - Der Club.

Als sie in die hellen Zimmer schritt, kamen ihr die Herren entgegen. Ein ganzer Schwarm junger Leute umgab sie, einer suchte den andern zu verdrängen. Die Gesellschaft war nicht sehr exklusiv. Die Söhne reicher

Berliner Familien herrschten vor. Ein paar Offiziere. Viel Fremde aus aller Herren Länder, Polen, Dänen, Russen, Engländer, alle meist junge, wohlhabende Herren, welche von ihren Familien auf Reisen geschickt waren, die Welt zu sehen und an den Sitten und Kenntnissen anderer Völker zu lernen. So wollte es die Mode. Außer ihnen noch ein paar von des Königs französischen Komödianten und italienischen Sängern. Sehr wenige Damen. Französische Schauspielerinnen und Choristinnen. Aus der Gesellschaft nur zwei oder drei, von denen alle Welt mit vielsagendem Lächeln sprach und an deren Ruf ihnen selbst nichts mehr lag.

Der junge Baron von Cocceji, der Sohn des Großkanzlers von Preußen, stand neben Barberina. Mit trunkenen Augen hing er an ihrer Schönheit. Jedes Mal, wenn er sie sah, schien sie ihm neu, jedes Mal schöner. Seit Monaten umwarb er sie - ohne Erfolg. Er war häßlich, sein Gehalt und das väterliche Taschengeld klein. Ziemlich deutlich hatte die Tänzerin ihn fühlen lassen, daß auch die größte Ausdauer ihn nicht zum Ziel führen würde. In seiner Verliebtheit hatte er ihr eines Tages sogar seine Hand angeboten. Auch da verzichtete sie, es lockte sie nicht einmal, des Großkanzlers Schwiegertochter zu werden, des höchsten Beamten im Königreich.

Carl Ludwig hatte an diesem Abend wie gewöhnlich viel getrunken. Früher, bevor er Barberina kennengelernt, hatte er weder die Leidenschaft des Trunkes noch die der Liebe gekannt. Barberina weckte ihm beide, ohne es zu wollen.

Carl Ludwig stand neben ihr. Der Trunk gab ihm Mut. So raunte er ihr seine Liebesworte ins Ohr. Sie wandte sich ab. Er aber schritt ihr nach, wiederholte die alten Worte, die ihm immer neu erschienen, so neu wie der Anblick der geliebten Frau auch.

Er wurde kühner. Seinen gequälten Sinnen entrang sich ein Wort, so heiß und schlimm, daß Barberina sich unwillkürlich, wie zur Abwehr, ihm zuwandte. Sie sah ihm ins Gesicht. Mit einem Blick voller Stolz, voller weiblicher Hoheit. Sah seine verzerrten Züge, den Mund mit den sinnlich wulstigen Lippen, die noch geöffnet waren von dem Wort. Da stieg in ihr der Ekel auf, würgte sie, daß sie die Antwort nicht fand. So mächtig war dieser Ekel, der sie vor ihm und seinesgleichen erfaßte, daß sie erzitterte am ganzen Körper, daß sie fast zusammenbrach vor Wut und Abscheu.

Und dann drehte sie dem Sohn des Großkanzlers den Rücken, ihm und der ganzen Gesellschaft. Sie eilte dem Ausgang zu, floh vor den Menschen, so hastig, wie sie kurz vorher der Einsamkeit entflohen.

Der Diener wartete im Vorraum. Als er seine Herrin kommen sah, flog er auf sie zu, erschrocken über ihr verstörtes Aussehen.

"Meinen Wagen ...", stieß sie mit matter Stimme hervor.

Und während sie ein paar Minuten wartete, umringte man sie, bestürmte sie mit Fragen und Bitten. Sie schüttelte nur stumm den Kopf. Als der Diener zurückkam, riß sie sich los, eilte davon ohne ein Wort. Warf sich in den

Wagen. Zu Haus angekommen, fiel sie auf ihr Bett, begrub ihr Gesicht in den Kissen und schluchzte, daß ihr Körper gewaltig geschüttelt ward. Aber Tränen wollten ihr nicht kommen. Dem Schmerz, unter dem sie zusammenbrach, blieb solche Lösung versagt ...

Mitternacht war längst vorüber, da erhob sich Barberina. Sie hatte gerungen in diesen Stunden, hatte den schwersten Kampf ihres Daseins gefochten - den Kampf um ihr Leben. Und diese heiße Natur war unterlegen. Als sie jetzt sich erhob, schien sie gebrochen an Leib und Seele. Alt und müde, todmüde und mit erloschenem Blick wankte sie hinüber zu ihrem Schreibtisch. Sie war unterlegen, nun blieb ihr nur noch eins - das Ende! - Das war der einzige Ausweg, den dieser Spielball des Lebens und der Menschen fand. Ja, sie wollte, sie mußte dies Leben enden, unter dessen Last sie zu Boden gefallen. Der Entschluß stand fest in ihrer Seele, die durch ihn ganz ruhig geworden war nach dem tobenden Kampf. So ruhig, so gedankenklar wie in dieser Stunde war sie nie gewesen. Es war, als ob ihr Schifflein allein trieb auf einem weiten, weiten Meer, das keine Ufer kannte. Alle Schiffe um sie her, die ihren Weg begleitet, waren verschwunden. Die Ewigkeit hatte sie verschlungen. Weltentrückt, einsam und so fern allem Lebenden, so endlos fern trieb sie einher, unbekannten Küsten zu, die dunkel und schweigend da irgendwo in weiter Ferne ihrer harren mochten, die man betritt mit geschlossenen Augen, träumend. Freude und Schmerz, Glück und Leidenschaft - das lag alles zurück, in fernster Vergangenheit, Nebel hatten alle Bilder des Lebens verwischt.

Ihr eigenes Dasein, es erschien ihr wie eine Geschichte, die man ihr in längst entschwundenen Zeiten einmal erzählt. Alles um sie her war in dunkle, bodenlose Tiefen gesunken. Sie selbst stand hoch, dem Himmel näher, einem weißen, klaren, mit goldenem Licht gesättigten Himmel. Es war ihr, als ob sie nur eines Flügelschlages bedurfte, sich ganz zu lösen. Nicht das kleinste Gefühl des Schmerzes, der Furcht, der Reue durchzuckte sie. Wunschlos und stumm war sie. Nur eine innere Macht, die nichts mit ihr, ihrem Willen und Denken zu tun hatte, trieb sie an.

Mechanisch folgte sie ihr. Ihre Hand griff tief in die Fächer des Schreibtisches hinein, griff an einen kleinen Knopf. Ein Türchen sprang auf - das Geheimfach.

Als sie den Arm zurückzog, hielt sie in der Hand ein kleines, schmales Büchschen aus Gold, an dünner, goldener Kette.

Barberina legte es vor sich nieder auf den Tisch. Und während sie den kleinen Deckel öffnete, kehrten ihre Gedanken noch einmal zum Leben zurück, sie mußte an den denken, der ihr dies Büchschen gegeben. - In jener Nacht, der ersten nach dem Frieden, nach des Königs Rückkehr, hatte sie es auf der Brust des Königs gefunden. Und als sie sah, daß sein Inhalt aus kleinen dunklen Pillen bestand, mußte der König ihr gestehen, daß sie Gift enthielten. Im Feldzug hätte er das Büchschen stets getragen, verborgen auf der Brust. Und als sie in ihn drang, den Grund zu wissen, gestand er weiter, daß des Büchschens Bestimmung war, ihn davor zu bewahren, lebend in die Hände seiner Feinde zu fallen, wäre er je ihnen erlegen.

Da hatte sie ihn gebeten, es ihr zu schenken, das Büchschen, das auf seinem Herzen geruht, während jener großen und schrecklichen Zeit. Lachend hatte er es sich abbinden lassen. Sie mußte versprechen, es nur als ein Andenken zu bewahren. Das hatte sie fröhlich getan - nun wollte sie brechen, was sie versprochen.

Und als ihre Gedanken so zurückblickten auf das Leben, wie man beim Scheiden einen letzten Blick auf Küsten wirft, die man verlassen muß, da stieg mit des Königs flüchtigem Bild auch die Heimat vor ihr auf, die Familie. Ohne Bitterkeit, ohne Wehmut, ohne Freude gedachte sie der Geschwister. Auch Marianna war in der Heimat. Das Bild der Vaterstadt, die Gestalten der Brüder und Schwestern - sie rührten sie nicht. Alles blieb in ihr erstorben und kalt. Nur äußere Gedanken sprachen. Und sie, die schon dem Leben sich entrückt fühlte, dachte daran, in ihrem letzten Willen, dem Abschiedsbrief an die Welt, ihren Geschwistern all ihre Schätze und Güter zu schenken.

Barberina griff nach einem Bogen. Schnell reihten sich die kühlen Worte: "Nach meinem Tod bestimme ich …"

Und als sie fertig war mit den kurzen Sätzen, schloß sie das große Fach ihres Schreibtisches auf. Nahm Dokumente und Briefe heraus, die in wilder Unordnung das Fach füllten. Die Dokumente legte sie zu dem Testament, Urkunden über ihre Person, Familienpapiere, der Besitztitel für ihr Haus. Die Briefe zerriß sie. Einige von des Königs Hand waren darunter. Ohne sie noch einmal anzusehen, riß sie die kleinen Billets in Stücke. Ein paar von ihnen fielen zu Boden, zerrissene Worte: "Geliebte …"

"Ihre schönen Augen …"

"Bis morgen …"

Aus dem Grund des Faches zog sie ein graues Paket. Es war versiegelt. "Acta der Tänzerin Campanini", las sie. - Der Magister!

Nie hatte sie den grauen dicken Umschlag geöffnet. Seit sie das Paket erhalten, lag es unberührt, vergessen dort, wohin sie es einst geschlossen vor zwei Jahren.

Achtlos, mechanisch, mit fernen Sinnen, riß Barberina den Umschlag auf, den Kontrakt zu vernichten, wie sie es mit den Briefen getan.

Der Inhalt flatterte auf den Schreibtisch. Ein dickes, großes Papier lag oben - der Vertrag. Sie hob ihn auf, zerriß ihn.

Nun griff sie zu dem andern Papier. - Sie hielt einen Brief in der Hand. Las die Aufschrift:

"Mademoiselle Barberina Campanini, Berlin …"

Die Handschrift! -

Es durchzuckte sie: Wie ähnlich der des Toten. Heiß stieg ihr eine Blutwelle auf. - Wer schrieb diesen Brief, den sie nie empfing? - Und schon hatte sie den Brief entfaltet, las die Worte:

"My dear, dear Babby! …"

"Beß!!" schrie sie auf. Sie drückte die Hand gegen die Schläfe. - Woher dieser Brief? Ihre Augen starrten auf die Überschrift. - Ja, das war seine Handschrift - es war kein Traum, es gab keinen Zweifel -, sie hatte es in den Händen, das Papier, hörte es knittern, las mit offenen Augen.

"My dear, dear Babby! …"

Und wie sie noch immer auf diese Worte starrte, unfähig einer Bewegung, unfähig weiterzulesen, sah sie, wie sich neben die Worte eine Zahl schob, eine Jahreszahl. Verständnislos las sie die Zahl: 1745 ... Nach einer ganzen Weile erst dämmerte es langsam in ihr auf: 1745 ... da - war - Beß - schon - ein Jahr - tot!

Sie ließ die Hand mit dem Brief sinken, sah sich scheu um nach allen Seiten, wich rückwärts bis an die Tür, die Arme auf die Brust gedrückt. Mit entsetzten Augen blickte sie in das Zimmer, sie hielt den Atem an, horchte auf, voller Angst und Grauen.

Aber ihr Schrecken war grundlos. Nichts war im Zimmer, kein Geist, kein Gespenst, dessen leisen Hauch sie zu spüren vermeint. Die Kerzen nur, schon fast heruntergebrannt, flackerten hin und her, warfen den Schatten ihres eigenen Körpers übergroß an die Wand. Kein Laut, nur das Knistern des Briefes in ihrer Hand und das hastige Pochen ihres Herzens klang ihr durch den Raum.

Barberina strich mit der Hand über die Augen. -

Nein, sie träumte nicht, das war ihr Boudoir, dort der Schreibtisch und hier, hier hielt sie das Papier, diesen Brief, der aus einer anderen Welt gekommen schien. Sie richtete sich auf, zwang sich zum Mut, schritt schnell an den Tisch, schraubte die kleine Lampe höher, glättete mit zitternder Hand den Brief, hielt ihn dicht unter die Lampe. -

Da stand es, klar und deutlich: 1745! ...

Nun faßte sie sich ein Herz, und wie durch Nebel las sie, mit erstarrten Lippen:

Datchet (Schottland),
3. März 1745

My dear, dear Babby!
Nun ist es fast ein Jahr vergangen, seit man mich auf so grausame Weise von dir trennte. - Ein Jahr! Und doch ist es mir, als sei es gestern gewesen! Wie ich gelitten in dieser langen und doch so kurzen Zeit - laß mich schweigen davon.

Dies ist wohl der zwanzigste Brief, den ich an dich richte. Keiner von allen seinen Vorgängern erhielt je eine Antwort. Und doch weiß ich, daß du gesund bist, in Berlin weilst, und es dir gut geht. Die Zeitungen sprachen oft von dir und waren deines Lobes voll.

O, Babby! Gebe der allmächtige Gott, daß dieser Brief endlich die mit tausend heißen Wünschen ersehnte Antwort bringen möge! - Ich glaube, und meine Freunde sind derselben Ansicht, daß jemand in Berlin die Briefe unterschlug. Möge er verdammt sein, der, in dessen Hände vielleicht auch dieser Brief fallen wird. Möge er so unglücklich werden, wie ich es wurde, möge man ihm einst auch das rauben, was ihm das Liebste ist auf der Welt! -

Kommen diese Zeilen je in deinen Besitz, so antworte mir sofort, mein ewig Geliebtes, und schreibe mir, daß du mich noch so liebst wie einst, daß du weder die Stunden voll unaussprechlichen Glücks vergessen, noch das heilige Versprechen, das wir uns gegeben.

Dein unglücklicher
Beß.

Barberina starrte auf den Brief vor ihr, auf diese so wohlbekannten Züge dessen, den sie tot geglaubt. Langsam erwachte ihr Bewußtsein. - Beß lebte! Das war seine Handschrift, das waren seine Worte, der Kosename, den nur er gebraucht. - Und da empfand sie ein unsägliches Glück, ein Glück, das so gewaltig war, so überraschend kam in ihr grenzenloses Weh, daß sie vor dem Schreibtisch zu Boden sank und unter Lachen und Weinen den Brief an ihre Lippen drückte. Dann rang sich ein Jubelschrei von ihren Lippen, der in die Stille der Nacht drang wie ein Schrei der Erlösung und noch lange nachzitterte in vielstimmigem Echo.

Noch immer lag sie auf den Knien, den Brief an die Lippen gepreßt, die Augen voller Tränen, da pochte es leise an die Tür. Es war die Zofe, die den Schrei der Herrin gehört und besorgt und erschrocken zu ihr eilte. Ihr Anblick brachte Barberina ganz zur Wirklichkeit zurück. Sie sprang auf, beruhigte lachend die Zofe, zog einen blitzenden Ring vom Finger und schenkte ihn ihr. Dann schickte sie das Mädchen hinaus.

Kopfschüttelnd kehrte die Zofe in ihr Zimmer zurück. Sie verstand ihrer Herrin Gebaren nicht. Beim Schein der Kerze betrachtete sie die funkelnden Diamanten, während sie vor sich hinmurmelte: "Diese Weiber! - Ja, ihr Metier reibt sie auf vor der Zeit … aber man verdient doch mehr bei ihnen wie bei den Anständigen …"

Barberina aber hatte sich wieder an den Sekretär gesetzt. Einen nach dem andern nahm sie die Briefe von Beß vor, die der graue Umschlag enthalten.

Der erste, den sie entfaltete, lautete:

*Hamburg,
Montag, 29. Juni 1744*

Geliebte!

Ich bin hier angekommen und muß mich morgen nach England einschiffen, aber ich kann nicht anders, ich muß dir noch einmal schreiben. Ich war so unglücklich durch die Antwort Seiner Majestät, daß ich nicht recht verstanden habe, ob es mir verboten ist, Dir zu schreiben, so lange ich in den Staaten des Königs bin, oder so lange du in ihnen weilst. Aber ich glaube es hieß, so lange ich in seinem Land bin, und so wage ich, dir zu schreiben.

Was habe ich gelitten, als man dich von mir riß! Und was wird dich der Abschied gekostet haben! O Gott, wie hart ist das Schicksal mit uns, meine reizende Babbyli. Wenn ich doch Gelegenheit gehabt hätte, Seine Majestät zu sprechen. Alles wäre anders gekommen. -

Wenn wir auch getrennt sind und so weit einer vom andern, so sollst du dich doch ganz fest auf mich verlassen, als ob ich bei dir wäre. Ich bin zu fest in meiner Liebe, und die Bande, die uns halten, sind zu stark, als daß die Zeit sie trennen könnte. Eine Leidenschaft hört bald auf, aber eine große, heilige Liebe nie! Ich kann für mich eintreten: Mag die Zeit, da wir uns nicht sehen, noch so lang sein, ich werde der bleiben, der ich bin. Ich verlasse mich auf dich, meine Seele, wie auf mich selbst, und ich weiß, ich werde mich nicht täuschen. Wenn es dir erlaubt ist, mir zu schreiben, hoffe ich, oft Nachricht zu bekommen.

Denke an mich, wenn du den Wind brausen hörst, vielleicht bringt er dir meine letzten Grüße. Für mich, mein Idol, wäre der Tod nur willkommen! Es gibt viel französische Kaperschiffe, die selbst bis zur Mündung der Elbe kommen. Aber dort unten hoffe ich ein Kriegsschiff meines Volkes zu finden, das mich an Bord nimmt.

Der Sturm heult! - Adieu, o Götter! - Ich bin dein, sei du die Meine für immer. Adieu, Liebstes, geliebtes Weib, adieu, Seele meiner Seele, Leben meines Lebens, my dearest Babby, farewell! Denke in dieser Stunde an etwas, hörst du?

Der Unglückliche

Die Augen umflort von Tränen, die ihr über die Wangen rollten, griff Barberina mit zitternder Hand zu dem nächsten Brief. Kaum konnte sie lesen, was da stand:

Görz,
April 1744

My eyer dearest wife, my lovely sweet Molly!
Mit welchen Worten könnte ich dir meine Leiden schildern, als du auf so schreckliche Weise von mir gingst. Ich weiß, auch du hast viel gelitten, meine Seele! Aber du warst nicht allein, wie ich, der ich nun niemand mehr habe, der mich trösten könnte.

Denn Walter ist tot. Er erlag der mörderischen Kugel, die er auffing, mich zu retten. Nur wenige Stunden lebte er noch. In seiner Todesstunde gestand er mir, daß er es war, der uns verriet in Venedig. Und ich vergab ihm, auch in deinem Namen, Geliebte.

Mit seinem Leben hat er gebüßt, und ihm dankst Du es, Babby, daß Dein Geliebter lebt. Kurz bevor er hinübersank in den ewigen Schlaf, hat er mir alles geschenkt, was er besitzt, er flüsterte, es solle zu unserm Glück sein; ein Advokat wurde an sein Sterbelager gerufen, dem er seinen Willen diktierte.

Mein armer unglücklicher Freund ruht nun fern der Heimat in fremder Erde. Auf den kleinen Friedhof in Görz bettete ich ihn. Aber in meinem Herzen wird er ewig leben, in treuem, dankbarem Gedenken.

Mein Herz wird mir schwer, da ich von diesem stillen Platz scheiden soll, auf den ich die ersten Blumen des Frühlings gelegt. Aber mein Herz auch reißt mich fort, Dir nach, meine Geliebte! - Nun bin ich reich. - Ich werde dem König von Preußen meinen ganzen Reichtum zu Füßen legen, daß er sich alle Tänzerinnen der Welt kaufen kann - nur daß er Dich freigibt, Dich, die mir mehr ist, als alle Schätze der Erde!

Ich eile Dir nach, meine Geliebte!
Beß.

Nun ward es licht in Barberina. Beß lebte, weil der Freund ihn mit seinem Leben gerettet! Er war es gewesen, und nicht der Geliebte, den sie fallen gesehen in der Morgendämmerung! - O, daß sie es gewußt hätte damals, als sie auf dieser qualvollen, endlosen Reise war. - Sie wäre geflohen bei ihrer Ankunft oder hätte sich dem König zu Füßen geworfen! - Der König! - War er es nicht, der den Geliebten von ihr ferngehalten, trug er nicht die Schuld an diesem ganzen Unglück ihres Lebens und mußte er es nicht sein, der es verhindert hatte, daß diese Briefe und alle die andern dort auf dem Tisch sie erreichten?

Einen Augenblick dachte sie nach, dachte an den König. Aber dann wandten sich ihre Gedanken wieder dem Glück zu, diesem ungeheuren Glück, das sie erfüllte, als ihr die Kunde geworden von des Geliebten Leben. - O, sie mußte zu ihm, sofort, noch heute nacht mußte sie reisen. Nach England, nach Schottland, denn stand es nicht geschrieben, daß er auf sie warte sein Leben lang? Was waren drei, vier Jahre! - Sie würde ihn finden! Das Schicksal, das ihn einst ihr raubte, konnte nicht so grausam sein, sie den Geliebten nicht mehr am Leben antreffen zu lassen, jetzt, da es ihr Beß zurückgegeben.

Barberina sprang auf, griff nach der silbernen Klingel. Da fiel ihr ein, daß der König ihre Flucht bald erfahren, daß man sie anhalten würde, ehe sie noch seine Staaten überschritten. Und sie wußte, gutwillig würde er sie nimmer ziehen lassen! - Was sollte sie tun? Sie konnte nicht bleiben, übermächtige Sehnsucht trieb sie auf die Suche nach Beß. Da wurde ihr offenbar, daß sie in der Gewalt dieses Mannes war, der sie liebte, daß sie seine Gefangene war. - Ah - wie sie ihn haßte, diesen König, der die Gewalt und das Ansehen seiner Krone dazu gebraucht, ein schutzloses Weib zu zwingen, ihm zu dienen. Barbaren hatten so gehandelt wie er, Barbaren, die nur das Recht des Stärkeren kannten. Er wollte ein Dichter sein, ein Philosoph, der Herrscher eines modernen, freien Landes?

Was sollte sie tun? Wer riet ihr das Rechte, wer half ihr?

Da entschloß sie sich, einen eiligen Brief an Beß zu schicken, einen andern an Freunde in London, derer sie sich entsann, von ihrem Londoner Aufenthalt. Sie schrieb an Beß. Nahm die Adresse in seiner schottischen Heimat.

Einen langen, zärtlichen Brief. Erzählte ihm von dieser Jahre Qualen, die sie nicht zu tragen vermeint, da sie ihn tot geglaubt. Sie bat ihn, unverzüglich nach Hamburg zu reisen, wo er sie erwarten solle. Die freie Stadt böte ihnen beiden Sicherheit. Von dort wolle sie mit ihm fliehen, wohin er wolle, nur fort - fort von den Menschen, fort aus der Gewalt eines Mannes, den sie haßte. - Sie wüßte noch nicht, wie sie ihre Flucht von Berlin einrichten könne. Sie würde eine passende Gelegenheit abwarten. Seine Antwort sollte Beß an Mademoiselle Vincent, ihre Modistin, senden.

Dann schrieb Barberina noch ein paar Zeilen an einen Freund in London, Mr. Luxborough, der auch Beß nahe stand. Sie bat ihn, Erkundigungen über Lord Stuart Mackenzie einzuziehen und seinen Aufenthaltsort zu erfahren. Teilte ihm ausführlich den Grund ihres Schweigens mit.

Als die beiden Briefe verschlossen und versiegelt waren, lehnte sich Barberina nachdenklich zurück. Wieder kehrten ihre Gedanken zu dem König. Sie wollte mehr erfahren. So griff sie zu Beß' übrigen Briefen, kurze Zeilen voller Sehnsucht und Liebe, alle jüngeren Datums wie der erste Brief, den sie gelesen. Dabei fand sie eine Notiz, unterzeichnet von Herrn von Kircheysen, dem Polizeipräsidenten Berlins. Aus der ging hervor, daß ihre Korrespondenz konfisziert war auf Befehl Seiner Majestät! - Da war bestätigt, was sie angenommen, was Beß gefürchtet! Auch einen Brief von Beß an den König fand sie, in französischer Sprache. Und der gab ihr die letzte Erklärung dessen, was ihr noch unklar gewesen:

Sire,
Ich weiß wohl, daß ich nicht viel Aussicht habe, wenn ich mir die Freiheit nehme, mich heute an Eure Majestät zu wenden, denn die Angelegenheit, um die es sich handelt, ist eine von denen, welche die Welt oft als Schwäche verurteilt.

Ich muß gestehen, daß ich bei diesem Gedanken den Mut verlieren würde, weiter zu schreiben, zumal wenn ich an die unendliche Entfernung denke, die zwischen einem so erhabenen Ton wie dem Eurer Majestät und einem einfachen Privatmann liegt, wüßte ich nicht, daß ich die Ehre habe, zu einem König zu sprechen, den seine Geisteskraft und der hohe Flug seiner Gedanken weit über die Vorurteile der Welt an einen Platz gestellt haben, der wenn möglich noch höher und ruhmreicher ist, als die Stelle, die ihm die Natur gab.

Und das ist der Grund, der mir die Kühnheit gibt, Ihnen, Sire, vorstellig zu machen, daß es mir niemals in den Sinn kam, mich dem Willen Eurer Majestät entgegenzustellen. Ich glaube, daß der Brief, den ich an Mylord Hyndford, den Gesandten meines Landes, schrieb, klares Zeugnis hierüber ablegt. In diesem Brief sagte ich, daß ich in dem Fall, daß Eure Majestät - nachdem Sie von der bevorstehenden Heirat zwischen Demoiselle Barberina und mir unterrichtet waren - bei dem Entschluß blieben, daß die Demoiselle nach Berlin komme, bereit sei, selbst die Demoiselle zu den Füßen Eurer Majestät zu führen.

Ich erlaube mir, Sire, Eurer Majestät zu sagen, daß es in England nichts Ungewöhnliches ist, wenn ein Mann aus den ersten Kreisen ein Mädchen niedrigster Geburt freit, denn das hat gar keinen Einfluß auf die Kinder, da die Frauen den Rang ihrer Ehemänner teilen. Ich kann wohl versichern, daß ich mich erst nach langen Erwägungen entschlossen habe, diese Ehe einzugehen, auch könnte ich als Ehrenmann nicht mehr zurück, selbst wenn ich es wollte.

Ich bitte Eure Majestät ganz untertänigst um Vergebung, daß ich mich gezwungen fühlte, mit dieser Erklärung lästig zu fallen und zu Füßen Eurer Majestät um die Gnade zu flehen, die Demoiselle von ihrer Verpflichtung gegenüber Eurer Majestät zu lösen. Es wäre überflüssig zu sagen, zu wie großem Dank mich eine solche Gnade Eurer Majestät mein Leben lang verbinden würde.

Das auf der Welt, was mir am meisten am Herzen liegt, hängt nur von Eurer Majestät Großmut ab, und ich erwarte die Entscheidung mit der Unterwerfung und Ergebenheit, in der ich stets unverändert mit sehr tiefem Respekt verharre als

*Eurer Majestät gehorsamer Diener
Stuart Mackenzie.*

Dieser Brief trug eine Randbemerkung von des Königs Hand. Barberina las:

"Kricht sie nich. Sol aus Meinen Etats, so schnel als möchlich. Sol ihr nich schreiben."

Als sie diese Antwort entziffert, sprang Barberina auf.

Wut und grenzenloser Haß packte sie, ließ sie die Hände zu Fäusten ballen und drohend erheben.

"Ah!" rief sie mit bebender Stimme. "Du sollst es mir büßen! - O, Rache, Rache will ich nehmen an dir, der du mich betrogst, mir mein Glück raubtest!"

Erregt lief sie in dem Zimmer auf und ab. Die Kerzen waren längst erloschen. Barberina trat an das Fenster.

Der Tag dämmerte herein. Grau war der Himmel. Ein feiner, steter Regen rieselte herab, hüllte alles in sein Grau. Unten, im Garten des Hofes, stand die junge Birke. Fast entblättert war sie. Trübe und trostlos streckte sie den nackten Stamm empor, von dem die Zweige kraftlos herunterhingen. Zu ihren Füßen lag es wie Gold - die Blätter, die sie über Nacht verloren. Voller Sehnsucht nach dem Geliebten starrte Barberina hinaus. Aber sie sah nicht den Regen, den grauen, hoffnungslosen Himmel. Sie dachte nur an ihn, der da draußen in der Ferne wohl weilte, gebrochen vielleicht an Leib und Seele. Sie wollte schreien nach ihm, seinen Namen hinausrufen in den weiten Himmel - die Angst um ihn, um sein Leben, würgte sie.

Und plötzlich kam die Wut wieder. "Rache, Rache …", tönte es in ihr, von einer Stimme, der sie folgen mußte, blindlings. "Sie wird ihn finden", flüsterte sie, "meine Rache, und treffen, daß er sein stolzes Haupt neigen soll im Schmerz, daß er unglücklich werde, der Verräter, so unglücklich, wie er mich machte und den Geliebten …"

Und Haß und Rachsucht raunten in ihr Ohr das Mittel, den Weg, zeigten ihr die Stelle, wo der verwundbar war, dem der Stoß galt.

Im Morgendämmern schrieb Barberina noch einen dritten Brief. Nur zwei Zeilen enthielt er:

Wenn Sie das wollen, worum sie gestern abend baten, so kommen Sie!
B.

Sie faltete den Brief, drückte ihr Petschaft auf, schrieb die Adresse:
"Monsieur le baron Carl Ludwig de Cocceji."

Dann schellte sie nach der Zofe, gab ihr auf, die beiden Briefe nach England mit der Eilpost zu schicken und den Brief an den jungen Baron ihm persönlich abzugeben.

Ermattet fiel sie auf ihr Bett. Sie schloß die Augen. Aber der Schlaf kam nicht. Die Gedanken in ihrem schmerzenden Hirn jagten einander, kreuzten sich, ließen ihr keine Ruhe. Und als sie endlich, endlich einschlief, quälten sie wirre Träume. Nach einer Stunde schon erwachte sie. Mit zerschlagenem Körper, schwerem, dumpfen Kopf, und wie im Traum ließ sie sich ankleiden.

Erst als man ihr den Baron von Cocceji meldete, wurden ihre Sinne klar. Da wußte sie, daß es nicht ein Traum gewesen, was sie diese Nacht erlebt.

Nach einer Weile ging sie hinüber in den Salon. Carl Ludwig stand vor ihr, verbeugte sich tief, sein Gesicht von Röte übergossen, die ihm bei ihrem Anblick aufstieg. Einen Blumenstrauß überreichte er ihr, konnte die Augen nicht aufheben.

Sie hatte eine kurze Unterredung mit ihm. Verlangte etwas, das er unmöglich erfüllen konnte. Da stand sie auf, verabschiedete ihn. Als sie aber an der Tür war, stürzte er ihr nach, flüsterte:

"Doch - doch - ich tu's!"

Nun ließ sie ihm ihre Hand, die er mit Küssen bedeckte. Über ihre müden Züge glitt ein leises, befriedigtes Lächeln. Sie hatte es gewußt! Ihre Augen, so matt nach dieser Nacht, glänzten auf, ein Bild schoß auf den Knienden: Ihre Rache! ...

Fünfzehntes Kapitel

Zwei Wochen später, Ende September, war der Beginn der Berliner Saison. Eine Vorstellung im Opernhaus eröffnete sie. Der König hatte bestimmt, Grauns Oper "Das galante Europa" zu spielen. Die Prima Ballerina, Mademoiselle Campanini, sollte an diesem Abend einen Solotanz ausführen, auf den alle Welt nicht nur aus Kunstinteresse gespannt war. Das Auftreten der Favoritin war wie immer das Ereignis des Abends, um so mehr, als der König sein Erscheinen versprochen hatte.

Das Haus hatte sich schnell gefüllt. Die Damen und Herren der ersten Berliner Gesellschaft waren erschienen. Nur die Logen und die vordersten Parkettreihen waren noch leer. Der Intendant hatte sie für den Hof reservieren lassen. Und während man mit dem Anfang der Vorstellung wartete, bis der König und mit ihm die Hofgesellschaft erschienen, vertrieb man sich plaudernd die Zeit. Fast überall sprach man von der Tänzerin. Im Flüsterton teilte man sich mit, daß der König auch in diesem Sommer, wie in dem vorigen, in Begleitung der schönen Italienerin in Pyrmont geweilt hätte, daß sie in Sanssouci und Potsdam selten an des Königs Tisch fehlte.

Ein paar Damen sprachen leise von der Königin, der sie ihr tiefstes Mitleid schenkten. Die arme, hohe Frau hätte sich nun ganz von allen offiziellen Festen zurückgezogen, seit es stadtbekannt geworden, daß die Barberina sogar öffentlich bei Hof verkehrte. -

Pikante Histörchen liefen hin und her, man steckte die Köpfe zusammen, tauschte vielsagendes Lächeln aus …

Da meldete ein Fanfarentusch die Ankunft des Königs.

Alles erhob sich von den Sitzen, während der König gefolgt von den Prinzen und Prinzessinnen des Hofes, den Hofchargen und Gästen den Saal betrat. Schnell ging Friedrich zu einem Fauteuil, der in der ersten Parkettreihe stand. Er trug die einfache blaue Uniform mit dem Stern auf der Brust. Wenige Minuten später gab er mit dem Krückstock dem Kapellmeister das Zeichen zum Anfang.

Der erste Akt ging schnell vorüber. Man schenkte ihm wenig Beachtung und nur zerstreut Beifall. Alles wartete ja auf den neuen Solotanz der Barberina. Selbst der König schien die Musik wenig geachtet zu haben. Auch er - so raunte man einander zu - wäre nur "ihrethalben" gekommen, und es ließe ihn recht kalt, was dort oben der italienische Tenor zu singen hatte von dem galanten Erdteil.

Die kleine Pause, die dem ersten Akt folgte, schien endlos. Die abgeblendeten Lampen, welche die Bühne zu beleuchten hatten, wurden jetzt heller, die Musik setzte ein; eine schnelle, hüpfende Melodie. Da öffnete sich der Vorhang nach beiden Seiten und unter dem Beifallssturm des Hauses, zu dem der König selbst den Anfang gegeben, sprang die Ersehnte bis vor die Rampe, verbeugte sich dankend und lächelte nach allen Seiten. Dann trippelte sie ein paar Schritte zurück und begann ihren Tanz.

Sie sah reizend aus, wie sie über die Bühne dahinflog, daß die kleinen Füße den Boden kaum berührten! Ein spanisches Kostüm trug sie, dessen kräftige Farben ihrem weißen Hals, den schlanken entblößten Armen und ihren schwarzen flatternden Locken den schönsten Rahmen gaben. Wild warf sie den Kopf zurück, bog den Körper nach hinten über.

Dann wieder tänzelte sie im Spitzenschritt mit erhobenen Armen über die Bühne, drehte sich, während sie in die Höhe sprang, in rasender Geschwindigkeit um sich selbst, wirbelte zurück und vor, beugte sich tief auf den Boden, richtete sich wieder empor, daß die schmalen schwarzen Sammetbänder von den Schultern glitten, ihre Brust, die marmorgleiche, ganz frei wurde. Pirouetten, Tournées und Coupés folgten rasch aufeinander. Und als jetzt die Musik schwieg, die Tänzerin in graziöser, hinreißender Schlußstellung schwer atmend, mit gerötetem Gesicht, blitzenden Augen und lächelndem Mund in die Schlußpose sank, da brach ein Beifall los, der das Haus erschütterte. Blumen und Kränze flogen auf die Szene, zu ihren Füßen. Mitten auf der Bühne stand sie da, hoch aufgerichtet, von ihrer Höhe sah sie herunter auf die tobende Menge, trunkenen Auges, eine Siegerin.

Stürmisch verlangte man eine Wiederholung, nachdem der König "da capo" gerufen hatte. Aber Barberina rührte sich nicht. Vergebens hob Meister Graun, der selbst dirigierte, den Stock. Die Tänzerin sah ihn nicht an. Ihre Blicke weilten noch immer auf dem König. Lange, lange sah sie ihn an, voller Stolz den Kopf zurückgeworfen, in den halbgeschlossenen Augen einen Ausdruck von Verachtung, ein spöttisches Lächeln um die Lippen.

Und dann geschah das Unerwartete, das Unglaubliche, das, was alle diese des Beifalls nicht müde werdenden Hände, diese geschwätzigen Zungen erstarren ließ, als wäre ein plötzlicher, ungeheurer Frost über sie gekommen.

Ein Mann stürzte auf die Bühne, auf die Tänzerin zu, die noch immer unbeweglich in der Mitte stand, ihre Augen mit jenem merkwürdigen Ausdruck auf den König gerichtet. Der Mann fiel vor der Tänzerin auf die Knie, hob eine Hand zu ihr auf, die andere auf sein Herz gepreßt. In der tiefen Stille hörte das atemlose Publikum die Worte ihn stammeln, heiser, fast flüsternd:

"Ich liebe Sie ... ich liebe Sie!"

Da beugte Barberina sich hinunter zu ihm, nahm lächelnd seine Hand, zog ihn auf, lehnte sich in seinen Arm und schritt mit ihm dem Ausgang zu. Hinter einer Kulisse verschwanden die beiden.

Wie gelähmt starrten die Zuschauer ihnen nach, keines Wortes, keiner Bewegung fähig.

Und plötzlich sahen sie den König sich erheben und mit ihm den ganzen Hof. Die Augen weit geöffnet, den Kopf mit dem tief in die Stirn gedrückten Hut gesenkt, nicht rechts, nicht links blickend, so ging der König die Gasse bis zur Tür entlang. Schwer stützte sich seine Hand auf den Stock, dessen Stoßen durch den Saal klappte - und schien es nicht, als wankte der König, wie er da vorbeischritt, an den sprachlos sich Erhebenden?

Kaum hatte der Hof den Raum verlassen, da ging der

Sturm los. "Der junge Cocceji!" tönte es von allen Seiten. "Er war es!" ... "Welch Skandal!" ... So schwirrte es durch die aufgeregte Menge. Alles drängte den Ausgängen zu.

Da bahnte ein alter Mann sich hastig seinen Weg, ehrfurchtsvoll machte man ihm Platz. -

"Der Großkanzler! ..."

Von der Last des Alters gebeugt, die Blicke vor Scham zu Boden gesenkt, so kam er daher, der höchste Beamte Preußens, ging den schwersten Gang seines Lebens. Sein markiges Gesicht mit den weißen buschigen Augenbrauen war von dunkler Röte übergossen, die Lippen vor Weh und Zorn fest aufeinander gepreßt. - Man schwieg, als er vorüberschritt, grüßte auch ihn stumm, gepackt von dem Anblick dieses unglücklichen Vaters.

Und während alle die Zuschauer der Liebesszene - welche einen Erfolg gehabt, wie nie eine zuvor, auch wenn sie von den besten französischen Komödianten gespielt wurde - nach Haus eilten, die große, unglaubliche Neuigkeit zu erzählen, und während der Skandal von Haus zu Haus zog, wie ein Feuer durch die Straßen und Gäßchen lief, rollte ein einsamer Wagen in der Richtung nach Potsdam davon. Der König saß darin - allein. Versonnen blickte er durch das Fenster. Herbstlaub fiel von den hohen Bäumen auf den Wagen herab, wehte hinüber auf die weiten Stoppelfelder. Schwere graue Wolken zogen tief über sie dahin, wie drohende Vorläufer eines mächtigen Heeres, das mit allen seinen Schrecken im Anzug ist. Nur vereinzelt und spärlich lagen noch ein paar goldene Flekken auf diesen abgeernteten, abgeblühten Feldern, aber auch sie wichen den anstürmenden grauen Wolken. Staub und Blätter wirbelten auf unter den Hufen der vier schnellen Pferde, hüllten den Wagen raschelnd in Dunst.

"Kanaille ..., Kanaille ...", drang es zischend über die blassen, schmalen Lippen des Königs. Und er, der Philosoph, der scharfe Denker, der sich leicht zurechtgefunden in den gewundenen Gängen der Metaphysik und der die abgründigen Wege Descartes und Newtons gewandelt als ein schwindelfreier - er konnte es nicht fassen, nicht enträtseln, das Problem, von diesem Weib gestellt. Sein scharfer Geist, der triumphiert über mächtigen, verschlagenen Feinden - er kapitulierte vor einer schönen Frau. -

"Welche Schande ..." Er strich sich mit der feinen, nervösen Hand über die Stirn, schloß die Augen, sank zurück in das Polster. Und während er noch leise Worte murmelte, Worte wie "Kanaille", "treulose Kreatur", stieg vor ihm ihr Bild auf, wie er sie gesehen dort oben auf der Rampe. Er sah ihre dunklen Augen herabblitzen, stolz und verächtlich, sah, wie ihr herrlicher Körper sich reckte in seiner ganzen, göttlichen Schönheit.

Und da fühlte er, wie sich etwas krampfte in seiner Brust, daß er die Hand auf die schmerzende Stelle legen mußte. Um seine Lippen zuckte es wie von Kampf und Weh. Die Augen, noch fest geschlossen, schienen tiefer zu sinken. Müde und alt wurden plötzlich seine Züge, und grau und schattenhaft, wie draußen das sterbende Land, von dem die Sonne gewichen.

Der Wagen fuhr weiter. Seine vier Pferde zogen ihn im Trab durch Potsdam hindurch, daß er hoch aufsprang von den harten Steinen. Der König aber rührte sich noch immer nicht. Seine schmächtige Gestalt in die Ecke gelehnt, lag er da.

Und als der Wagen die Höhe von Sanssouci erklommen und vor dem Portal der korinthischen Säulen hielt, da stieg der König aus. Schwer stützte er sich auf den Schlag. Am Stock schritt er die Stufen hinauf, gebeugt, mit verlorenem Blick, ein alter Mann. Unter seinen Füßen, auf den weißen Marmorstufen, raschelten die bunten, welken Blätter ...

Dieser Nachmittag hatte ihm das Weib genommen, das er liebte, der Abend raubte ihm den Freund. Denn da erfuhr er, daß der, welcher seiner Seele das gewesen, was Barberina seinem Herzen, ihn betrogen hatte ... Voltaire, der große geniale Dichter, der ergebene, zärtliche Freund - er war ein gemeiner Spion.

Und beides überwand er: die Liebe und die Freundschaft, denn er hatte einen starken Geist und einen ehernen Willen.

Aber ein Einsamer wurde er seit jenem Tag. Und einer, der mißtrauisch war gegen die Menschen, und Frauenlachen hörte Sanssouci nicht mehr. Und wenn später nach langem, langem Schweigen die sanfte Stimme der Flöte sich wieder durch die stillen Säle wagte, leise und zagend, schien sie trauernd zu klagen um Verlorenes ...

Beß war verschollen. Der Brief von Mr. Luxborough, den Barberina bei ihrer Rückkehr von jener stürmischen Vorstellung fand, erzählte ihr, daß der Geliebte vor zwei Jahren aus Verzweiflung nach Amerika gesegelt sei. Dort hätte er sich als Kämpfer seinen Landsleuten angeschlossen. Nur spärliche Nachrichten seien von ihm an seine Freunde gekommen. Und seit mehr denn einem halben Jahr hätte man nichts mehr von ihm gehört. Mr. Luxborough schrieb noch zum Schluß, daß er sich sofort an den Gouverneur in Amerika gewandt hätte, Erkundigungen über Beß einzuziehen und ihm den Brief auszuhändigen, den Barberina ihm gesandt und der von Schottland an die Adresse von Beß's Schwester, Piccadilly, London, nachgeschickt worden sei. Mr. Luxborough, der wärmstes Interesse zeigte, warnte Barberina vor allzuschnellen Hoffnungen, um ihr Enttäuschungen zu ersparen. Was in seiner Macht läge, würde er tun, um Beß aufzufinden, wenn er noch unter den Lebenden weilte, was bei den fortwährenden Kämpfen in dem gärenden Land und bei dem Ausbleiben aller Nachrichten von ihm schwer anzunehmen sei ...

Als Barberina den Brief zu Ende gelesen, den sie klopfenden Herzens erbrochen, dessen Inhalt sie mit fliegenden Blicken durcheilt hatte, da verfiel sie ganz der Enttäuschung, die er ihr bereitet. In den Tagen nach der Entdeckung von Beß' Briefen war sie mutig geworden, verjüngt und voller geheimer, sehnender Hoffnungen, den Geliebten wiederzusehen. Die Rache an dem, der ihr Glück zerstört, vereint mit diesen Hoffnungen, hatte ihr eine wunderbare Kraft verliehen und eine Begeisterung, die sie zu der herrlichen Leistung gebracht hatte, mit der sie selbst sich übertroffen, das Publikum und ihn, den König, hingerissen hatte zu tosendem Beifallssturm. In solcher Trunkenheit der Kunst, des Erfolges, der seligen Hoffnung hatte sie den Blitz geschleudert, den Blitz der Rache.

Und nun, wie sie jetzt da saß, zusammengebrochen fast - schien es nicht, als ob das Feuer dieses Blitzes auch sie versengt hatte? War das junge Weib mit den Augen, in denen Mutlosigkeit, ja Verzweiflung lag, war das jene Siegerin, jene wilde, verzückte Spanierin, die noch vor wenigen Stunden da oben gestanden, einen König zu ihren Füßen?

Von der Tür her drang leises Pochen und Rufen. Zärtliche Schreie voll Sehnsucht und Qual. Barberina aber hörte sie nicht. Und als sie immer stärker wurden, immer dringender und verzweifelter, auch dann hatte sie kein Ohr für die sehnenden Rufe, die wilden Klagen. Die Tür blieb verschlossen. Und vor ihr lag der junge Cocceji, wand sich in Liebesqualen, bat, beschwor das geliebte Weib, ihm die Pforte zu dem Glück zu öffnen, daß er sich erkauft hatte, als er das tat, was sie ihm befohlen, als er, Vater, Stand und Ehre vergessend, auf die Bühne gestürzt war zu den Füßen der über alles Geliebten.

Die ganze Nacht lag er da draußen, wahnsinnig vor Liebe und Begehren. Ab und zu drangen seine Schreie und Klagen durch das stille Haus.

Als der Morgen kam, wich Carl Ludwig noch immer nicht von der Tür. Aber Barberina machte nicht auf, ihn zu erlösen. Die saß dort, wo sie gestern gesessen. Vor ihr lag der Brief. Die Stunden waren ihr vergangen ohne Schlaf, in dumpfer, trauernder Verzweiflung. Zum zweiten Mal hatte sie den Geliebten verloren, aber diesmal war sie fast unterlegen dem Schmerz, der sie so plötzlich überfiel nach dem beseligenden Glück, das sie empfunden, als sie erfahren, daß der Totgeglaubte lebte. Und wenn sie noch einmal die kleine goldene Büchse des Königs zurückschob in ihren geheimen Winkel, so dankte sie das dem befriedigenden Gefühl wohlgelungener Rache an dem, der die Schuld trug an ihrem Unglück; und noch das grimmig freudige Bewußtsein hielt sie, daß auch er litt in dieser Stunde. Sie hatte ja, ein Weib, in dieses Herz geblickt, das sich verschlossen der Welt und den Menschen.

Am Nachmittag sollte sie verhaftet werden. Und Carl Ludwig auch. Auf Befehl des Königs. Das hatte der Großkanzler durchgesetzt, als ihm der Sohn erklärt, er werde das "lüderliche Weibsbild" heiraten, wie der Vater die nannte, vor deren Tür er den Sohn fand.

Barberina und Carl Ludwig hatten gerade noch Zeit zur Flucht gefunden. Jetzt waren sie auf dem Weg nach Sachsen. Gleich hinter der Grenze, im Schutz der grünweißen Pfähle, die denen gehörten, die Preußens ärgste Feinde waren, ließ sich der Sohn des Kanzlers von Preußen mit der Tänzerin, der früheren Mätresse seines Königs, trauen. Das war das zweite Opfer, das er seiner Liebe brachte. War wohl noch größer als das erste. Diese Heirat hatte Barberina gefordert. Denn ihr Rachedurst war noch nicht gestillt, war sogar noch angewachsen, als der sie verhaften und ins dunkle Gefängnis von Spandau werfen lassen wollte, der einst zu ihren Füßen gelegen, als sie gehört, daß Friedrich ihr Porträt auf die Retirade seiner Grenadiere hatte hängen lassen.

Die Extrapost, welche vier Wochen nach jenem denkwürdigen Zwischentanz im Opernhaus aus Sachsen in Berlin ankam, brachte Baron und Baronin von Cocceji heim. Wie ein Lauffeuer durcheilte die Residenz die Kunde von der Vermählung der Barberina. Ein neuer Skandal, und schlimmer noch als der erste.

Barberina aber achtete des Klatsches nicht. Wie früher wohnte sie in ihrem Haus in der Bährenstraße. Fuhr an der Seite ihres Gatten im Phaeton die Linden entlang, in schweren Pelzen, die der König ihr geschenkt. Baronin von Cocceji wohnte aber allein in ihrem Haus. Der Gemahl durfte sie nur besuchen wie andere Herren auch.

Das war ein Ärgernis! Und nun versuchten König und Kanzler mit allen Mitteln ihrer unfehlbaren Gewalt die beiden zu trennen, die "welsche Dirne" aus dem Land zu jagen oder sie auf Festung zu bringen.

Aber alle Mühen, alle Versuche waren vergebens. Es gab Gesetze in Berlin! - Waren nicht die Papiere der beiden in bester Ordnung? Gab es einen Paragraphen, eine gut kirchlich geschlossene Trauung zu anullieren? Im preußischen Gesetzbuch, das der alte Baron von Cocceji selbst so vorzüglich revidiert hatte - der Kanzler war der weisesten Juristen einer - gab es keinen. Es gab keine "welsche Dirne" mehr, keine Ausländerin, denn es gab keine Demoiselle Campanini mehr, sondern nur eine Baronin von Cocceji.

Und König und Kanzler mußten die Waffen strecken. Zähneknirschend taten sie das. Nun beschlossen sie, Carl Ludwig das Amt zu nehmen - er saß im Rat - und ihn nebst Gemahlin des Landes zu verweisen.

Eines Tages aber erhielt der König einen Brief von der Baronin Barberina von Cocceji. In diesem Brief sprach die Absenderin in sehr respektvollem Ton von einem kleinen

Untertan, den sie baldigst den Staaten Seiner Majestät zu schenken hoffte. Da der Termin dieses in Aussicht gestellten Geschenkes schon in wenigen Monaten stattfinden sollte, wurden Seine Majestät nachdenklich. Und der Erfolg seines Nachdenkens war der, daß eine Kabinettsorder den Geheimbden Rat Carl Ludwig von Cocceji - statt ihn des Amtes zu entsetzen, wie der Vater gehofft - zum Vizepräsidenten von Schlesien ernannte und ihn nach dem zukünftigen Ort seines Wirkungskreises, nach Glogau, versetzte.

Der kleine Untertan aber, dessen bloße Ankündigung diese gnadenreiche Order bewirkt hatte - er erblickte nie das Licht dieser Welt. Wie leicht ist es noch immer gewesen, einen Philosophen hinter jenes Licht zu führen! -

Nun ist noch des weiteren von dem bewegten, bunten Schicksal der Tänzerin Campanini oder der Baronin von Cocceji zu erzählen, daß sie als Frau Vizepräsidentin in Glogau einzog, ein großes Schloß zum Wohnsitz erhielt, das dicht an dem Rasenstrand der Oder lag und vor dem ein schwarzweißes Schilderhäuschen mit einem Grenadier darin stand.

Ein großes Haus machte sie nicht, die Frau Vizepräsidentin. Nur gerade so viel Besuche empfing und machte sie, wie die hohe Stellung es erforderte. Sonst lebte sie einsam. In den weiten, hohen Gängen des alten Schlosses strich sie ruhelos einher, ein nächtlicher Schrecken der Domestiken.

Und Carl Ludwig trank weiter. In der kleinen Kneipe am Marktplatz war er der häufigste Gast. Im dicken schlesischen Bier, in saurem schlesischen Wein ertränkte er die Sehnsucht nach - seiner Frau. Denn jene Tür, vor der er gelegen in Liebesqualen, vor der sein Vater ihn gefunden, sie blieb auch heute noch fest verschlossen, sobald der Abend sich herniedergesenkt.

Er hatte sie errungen, die Braungelockte, die Schwarzäugige mit dem weißen, lockenden Körper: Sie war seine Frau geworden. Und doch mußte er werben um sie wie einst, wie damals, als sie noch jenes schöne Edelwild in des Königs Garten gewesen, an das sich junge und alte Wilddiebe pirschten.

In der kleinen Kneipe am Marktplatz sitzt er, der Herr Vizepräsident. Der letzte Gast. Der Wirt schlief ein, die Stadt ist längst zur Ruhe gegangen. Er aber sitzt noch immer vor dem hohen Krug, starrt in ihn hinein, der ihm braun und trüb den Trost birgt, der ihm die alte, alte Sehnsucht stillen soll, die nicht ersterben will. Carl Ludwig stiert in den Krug, den oft gefüllten, der nur leer während der kurzen Amtsstunden. Leise, wie verwundert schüttelt er den Kopf.

Und während das Schnarchen des Wirtes durch das niedrige Kneipenzimmer dringt, denkt Carl Ludwig:

"Wie rätselhaft! ... Allen, allen gab sie sich, allen, ohne daß sie ihr den kleinen Reif an den schlanken Finger steckten. - Ich aber, ich gab ihn ihr - und darf sie nicht besitzen! ... Hundert fremde Männer hielten sie in ihren Armen, ich aber, ihr Ehemann, klopfe vergebens an ihre Kammer ..."

Und wieder schüttelt Carl Ludwig den Kopf. So sehr er

grübelt und schüttelt - er findet nicht des Rätsels Lösung. Da hebt er den Krug von neuem, leert ihn, weckt den Wirt, läßt neuen Stoff sich geben.

Und so sitzt er die ganze Nacht, saß er gestern, vorgestern - seit er nach Glogau gekommen.

So auch wird er weiter sitzen, beim Krug. Ein stiller Grübler und Trinker.

Und kommt ebenso wenig über sein Rätsel, sein Problem hinweg, wie der Philosoph von Sanssouci über das seine ...

Jahre waren vergangen. Barberina lebte einsam auf ihrem Schloß zu Glogau. Das Alter, das bis dahin nicht gewagt, mit seinen unbarmherzigen Krallen diese seltene Schönheit anzutasten vor der die Welt in Andacht gekniet und ein König erbebt hatte, es hob langsam die dünnen, langen Arme, um auch diese Blume der Natur zu zerstören.

Und das Alter hatte einen Verbündeten: den Schmerz. Der half bei der langsamen, zähen Arbeit. Die junge Frau stand jetzt in der Mitte ihres vierten Jahrzehntes. Noch immer war sie schön. Schön und elegant. Zum Neid Glogauer Damen, zur Bewunderung Glogauer Herren. Aber sie war doch schon eine Rose, die das Köpfchen hängen ließ, von der sich leise, leise Blatt um Blatt lösen wollte. -

Sie lebte einsam. Und fern ihrem Mann und allen andern Männern. Ihre einzige Freude waren die Briefe von Mr. Luxborough. Jedesmal zitterte ihre Hand, wenn sie einen neuen Brief erbrach. Aber stets nur die alte Kunde. Der Geliebte, dessen Bild sie immer noch in ihrem Herzen trug - er blieb verschollen. Und doch gab sie die Hoffnung nicht auf. Die war wie der Tau auf der Rose, der sie nächtlich erfrischt und erhält ...

Wie endlos wurden diese Jahre! Der Herbst löste den heißen Sommer ab, und der Frühling den kalten, grimmen Winter. Dann sprang das Eis der Oder. Von den weiten Feldern, auf die Barberina von der Höhe ihres Schlosses blickte, wurde mählich, Stück für Stück, das große weiße Linnen gezogen, das auf sie gebreitet war, als sie einschliefen. Braun und gelb wachten sie auf, die weiten Felder, die Oder ergoß sich auf sie, erfrischte sie, weckte sie ganz von dem langen, schweren Schlaf. Und wenn sie dann grün sich färbten, das Wasser der Oder aber blau, blau wie der weite Himmel, dann zog auch mit dem Frühling wieder neues Hoffen in Barberinas sehnendes Herz. Sie blickte hinaus, hinüber in die endlose Ferne, leise bewegten sich ihre Lippen, murmelten Wünsche und zärtliche Worte. Sie fand keine Worte, den anzuflehen, der all das geschaffen haben mochte, was sich da unten vor ihr ausbreitete in ewiger Kraft und stiller Schönheit. Das Leben hatte sie nie in seine Kirchen geführt, die Menschen aber hatten ihr selbst Altäre gebaut, sie zur Priesterin gemacht - da blieb ihr der verborgen, an dessen Dasein sie sich nur ganz dunkel erinnern konnte aus Tagen, da sie zu klein gewesen, um seine Größe fassen zu können.

Und wieder war ein Frühling gekommen. Der aber war nicht nur erfüllt von dem Lärmen der erwachenden Natur und dem Krachen der Eisschollen an den Pfählen der Oderbrücke, dicht unter dem Schloß. Ein Rufen, Brausen und Waffenklirren zog durch die Lande. Über die Brücke marschierten Grenadiere, dumpf rollten die Kanonen, schallten die Hufe der Husarenpferde.

Dieser Frühling brachte Krieg. Den Krieg, der im vergangenen Jahr begonnen und so glorreich für Preußen geendet hatte. Noch hallte in aller Ohren die Siegeskunde von Lobositz und Pirna.

Aber dieser Frühling brachte, noch bevor der neue Krieg begonnen, noch bevor der erste Schuß gefallen, schreckliche Nachrichten. Vier Weltmächte, Österreich, Rußland, Schweden und Frankreich, dazu die bedeutendsten Reichsfürsten rüsteten sich, Preußen, das allzu mächtig geworden und ein Dorn im Auge der uralten Reiche, niederzuzwingen, es zu zerschmettern und wieder zu dem zu machen, was es gewesen. - Vier Großmächte! Gegen ihre gewaltigen Armeen wird selbst der große König machtlos sein, von ihnen erdrückt werden!

Und während draußen auf den Landstraßen die Grenadiere marschierten, die bewährten Kanonen rollten, die Husaren mit den krummen, scharfen Säbel trabten, versammelten sich die angstvollen Bürger in den Kirchen, deren Glocken sie herbeiriefen, zu beten für das Land, für den König. Mit der weihevollen, glaubensstarken Stimme der Orgel verbanden sie die Worte, die aus schreckerfüllten Herzen stiegen:

Es zieht, o Gott, ein Kriegeswetter
Jetzt über unser Haupt einher,
Bist du, o Herr, nicht unser Retter,

So ist's für unser Land zu schwer ...
Laß uns der Feinde Spott nicht werden,
Die Stolz und Neid zu uns geführt.
Seid böse, Völker, rüstet euch!
Sei du für uns, so fehlt ihr Streich! ...

Wenn sie dann aus den Kirchen kamen, die Bürger, griffen sie zu Spaten und Flinte. Glogau war Festung. Die Wälle wurden erhöht, die alten Flinten probiert.

Auf die Siegeskunde von Prag kam die schreckliche Nachricht von der furchtbaren Niederlage König Friedrichs bei Kollin. Der König auf dem Rückzug! Er, der stolze Sieger unvergeßlicher Schlachten, auf der Flucht! Da fiel Mutlosigkeit über die Menschen, sie verzagten, sie, die nur durch ihren König lebten, mit ihm siegten, mit ihm fielen. Ein Mann, ein einziger, ein schmächtiger, kleiner Mann im blauen Tuchrock, er war das Haupt, das Herz und Hirn aller dieser Millionen von Körper, die durch ihn erwacht waren, mit ihm alterten, mit ihm starben, wie sein Land auch.

Das waren Monate voller Bangen und Trauer, die auf Kollin folgten! Es war, als ob die Natur mittrauerte. Naß, kalt und stürmisch wurde der Juni.

Ende dieses Monats war es, an einem solchen stürmischen, kalten Abend, da man Türen und Fenster schließt und flüsternd, mit heimlichem Grauen von der schweren Zeit spricht, während der Wind im Schornstein heult, der Regen an die Läden prasselt, als Barberina, die schon im Negligé, ein Kurier gemeldet wurde. Er käme direkt aus

Berlin, habe eine dringende Nachricht für die Baronin von Cocceji.

Barberina war allein. Carl Ludwig war, wie allabendlich, im Wirtshaus. Sie warf einen Umhang um die Schultern, setzte sich hinter die Lampe mit dem großen chinesischen Schirm, das Buch in dem sie gelesen auf den Knien.

Der Kurier trat ein. In dem Halbdunkel des Zimmers war sein Gesicht nicht zu erkennen. Den Kragen seines nassen Rockes hatte er noch hochgeschlagen. Kaum war er ins Zimmer getreten, hatte die junge Frau begrüßt, als er mit einem Blick auf die Zofe leise sagte, daß seine Botschaft nur für die Frau Baronin bestimmt sei.

Barberina winkte dem Mädchen zu. Leise verschwand es, schloß die Tür hinter sich. Erwartungsvoll sah Barberina zu dem Kurier auf, suchte sein Gesicht. Da sprang der fremde Mann plötzlich auf sie zu, fiel nieder zu ihren Füßen, riß den Kragen der sein Gesicht halb verdeckte auf, faßte nach ihren Händen. Mit einem Schrei des Entsetzens suchte die vor Überraschung Zitternde ihm ihre Hände zu entreißen, aufzuspringen und Hilfe zu suchen, da sah sie in dem Schein der Lampe, der voll auf das Gesicht des knienden Mannes fiel, daß er es war, er, der Geliebte, der da vor ihr lag! ...

Sprachlos starrte sie nieder zu ihm, gelähmt, keines Wortes fähig, mit einem Herzen, dessen Schlag ausgesetzt ...

Er aber zog ihre eiskalten, erstarrten Hände an seine Lippen, stammelte: "Babby! ... Beloved, beloved Babby!"

Und als sie seine Stimme vernahm, diese Stimme, deren Klang ihre Ohren bewahrt wie eine wundersame, süße

Melodie, erwachte sie. Sank wortlos nieder zu ihm, schloß die Augen, ihr Kopf fiel auf seine Schultern, ihre Wange gepreßt an die seine ...

Liebesworte, die alten, unvergessenen, flüsterte er ihr zu. Sie fühlte, wie seine Wärme in sie drang, wie ihr Herz wieder sich regte, laut schlug vor unendlichem Glück und Jubel ...

So lagen sie beide - lange - lange.

Die Zeit schien stillzustehen. Durch das tiefe Schweigen drangen nur die raschen, sausenden Atemzüge. Und dann fühlte Beß, wie seine Wange feucht wurde von den heißen Tränen der Geliebten. Da drückte er sie fester noch an sich, hob sie in seine Arme wie ein Kind, die Schlanke, Federleichte, fand ihren Mund, der sich in den seinen vergrub. In unaussprechlicher Seligkeit blieben sie hängen in diesem Kuß, unter dem ihre Sehnsucht schmolz, die Sehnsucht dieser langen, einsamen, verlorenen Jahre.

Diese Nacht konnte sie den Geliebten noch verbergen. Sie ruhte an seinem Herzen. Am nächsten Morgen, bei Dunkelheit, sollte er fort. In der kleinen Stadt durfte er nicht bleiben. Da hatten sie beschlossen, später in dem einsamen Schloß zu Barschau, auf einem der Güter, die Barberina in Glogaus Nähe angekauft, zu wohnen.

Der Geliebte hatte sein weiches, zartes Gesicht bewahrt. Nun war es schmaler geworden. Und älter und schattiger. Da war sie auf den Gedanken gekommen, ihn in Frauenkleider zu stecken. Heimlich besorgte sie ihm Perücke und Kleider. Durch das Hinterpförtchen stieg Beß, eine ältere, in grau gekleidete Dame, in Barberinas Wagen.

Der brachte ihn bis zum nächsten Dorf. Dort nahm er die Post nach Breslau. Von Breslau schrieb er an die Baronin von Cocceji, stellte ihr seinen Besuch in Aussicht, als alte Freundin aus London, als Lady Robinson.

Barberina ließ ein Zimmer herrichten für die alte Freundin. Und eines Tages kam sie an, die Lady, stieg an einem Stock, einen Schleier über dem Gesicht, die Stufen hinauf.

Drei Tage blieb Lady Robinson in Glogau. Dann fuhren die beiden Damen nach dem Schlößchen Barschau. Das Wetter, das nun schön und sommerlich geworden, lockte die Damen aufs Land ...

Nun begann die schönste Zeit in Barberinas und Beß' Leben.

Während draußen, weit, weit von ihrem Schlößchen, der Krieg tobte, der König den schlimmsten, schwersten Kampf focht, sein Land, seine Krone zu verteidigen, lebten die beiden einen einzigen, langen Sommertag.

Dicht stand der Park um das zierliche Haus mit dem tiefen Dach, dem spitzen, von schlanken Pilastern getragenem Portal. Ruhig, weltentlegen, fern allem Lärm der Zeit und dem Kriegsgetöse, ein vergessener Winkel, in dem nur Worte der Liebe und erlöster Sehnsucht erklangen, lag Barschau.

Weite Felder goldenen Korns umgaben den Park. An ihren wallenden, endlosen Wogen fuhren sie vorbei, traumverloren, mit Augen, die feucht schimmerten, die zärtlich von dem geliebten Gesicht hinüberstrichen auf den weiten, glücklichen Frieden um sie her.

In kleinen Weilern hielten sie an, tranken aus demselben Glas, lächelten einander zu.

Dann kehrten sie heim. Von weitem grüßte das trauliche Dach durch die mächtigen, dunklen Kronen der uralten Bäume. Leise rauschten die Blätter der Linden. Ihr süßer Blütenduft umfing sie. Trunken vor Liebe und Glück stiegen sie Arm in Arm die Stufen hinauf, setzten sich gegenüber an den Tisch. Ein altes Bauernmädchen bediente sie. - Wie schmeckte das einfache, ländliche Mahl! Wenn liebe, zärtliche Augen ineinander ruhten, sich nicht lösen mochten, die Hände sich berührten, daß die beiden erbebten bis ins Innerste!

Und dann kam die Nacht, die endlose und doch so kurze Nacht. Da ruhten sie, die Körper umschlungen von Armen, die sich nicht trennen konnten. In ihre Locken hatte er sein Gesicht gelegt, sog nimmermüde den Duft der Geliebten, diesen köstlichen Duft, der ihn erfüllte und berauschte.

Und sie hatte den Kopf in seinen Arm gebettet, ihren Rücken eng in seinen Körper geschmiegt. Namenlos selig waren diese Nächte. Voll Frieden und Glück. Warm und weich war die Sommernacht, von den Feldern zog der Geruch des Landes durch das offene Fenster ein, stark und schwer. Er schloß ihnen die müden Augen, in denen nur ein Bild blieb: das des andern.

Und warm und weich und reif und stark wie die wogenden, erblühten, reifenden Felder, wie dieser heiße, schwere Sommer, war ihre Liebe auch, die sie auf der Höhe ihres Lebens - dem Sommer - tranken. War wie ein schwerer, goldener Pokal voll köstlichen alten Weins, der nimmer leer ward.

Aber auch dieser Sommer ging zu Ende. Der Herbst kam, glühend in tiefsten Farben. Schon raschelten die Blätter unter ihren Füßen, wenn sie im Park ihre Lieblingsstelle aufsuchten. Wenn sie vorbeigingen an verwitterten Göttern, die heimlich lächelnd aus dichtem Blättergewirr ihnen nachblickten.

Bis zum Winter blieben sie. Da mußten sie sich trennen. Er zog nach Breslau, wo sie ihn, so oft sie es kann, besuchen wird. Nun hatte sie nur noch einen Wunsch, den sie mitgenommen als Frucht des langen Sommers: die Scheidung von ihrem Mann.

Aber als sie mit Carl Ludwig davon sprach, ihm ihr ganzes Vermögen bot, sie freizugeben, lachte er nur und schüttelte den Kopf. Das sollte ihre Strafe sein dafür, daß sie sich ihm versagt: an ihn sollte sie gekettet sein ihr Leben lang. Da verließ sie ihn, als sie sah, daß er unerbittlich war.

Sie zog nach Breslau. Dort wohnte sie mit Beß zusammen. Die Stadt war voller Kriegslärm, und in ihr lebten sie, am flackernden Kamin, den ganzen Winter. Bis der Frühling kam und sie wieder nach Barschau konnten ...

Und es kam eine Nacht, frühlingsmild, dunkel und voller Sehnsüchte. Da lag sie wieder an seiner Brust, jung wie der Frühling da draußen. Und als sie beide eingeschlafen, ermattet, trunken, trat der an ihr Bett, der diesem nicht enden wollenden Glück den jähen Tod bringen sollte ...

Die leise flackernde Kerze in dem erhobenen Arm, in

der Brust die Sehnsucht, zog er vorsichtig, wie ein Dieb, den Vorhang zurück, der die barg, zu der ihn der Frühling getrieben. - Carl Ludwig war es.

Hell fiel der Schein auf das Bett. Da wankte der Mann vor dem Bett; sein Arm mit der Kerze erbebte. - Was sah er? - Entsetzt starrte er auf die Schlafenden. - Da lag sie, die er allein gewähnt, in den Armen eines Mannes! - Zum erstenmal in seinem Leben fiel sein Blick auf diesen nackten weißen Körper, dessen schlanke lockende Formen sich ihm unverhüllt boten.

Und dieser Anblick raubte ihn den Rest von Besinnung, den ihm die übermächtige Sehnsucht nach diesem Weib noch gelassen.

Klirrend fiel die Kerze zu Boden. Carl Ludwig aber kniete auf dem, den er neben seiner Frau gefunden. Die Hände hatte er um dessen Hals gekrallt. Eisern fest krampfte er ihn zusammen, minutenlang. Der Körper unter seinen Knien bäumte sich auf und nieder, ein Gurgeln drang aus der zugeschnürten Kehle.

Und dann fühlte er, wie es unter ihm still ward. In diesem Augenblick gellten Schreie neben ihm. Nackte Arme rissen ihn fort von seinem Opfer. Er stieß sie zurück, schlug mit der Faust nach dem Weib, dessen warmen nackten Körper er gefühlt. Und nun hörte er, wie der Erdrosselte ein letztes Röcheln ausstieß, sich streckte, steif und tot. Und erst, als er sich überzeugt, daß kein Leben mehr in dem schlug, dessen Mörder er geworden, da ließ er ihn, eilte davon, stürzte hinaus in die Felder, verfolgt von gellenden Schreien.

Tagelang irrte er umher. Aber sein Gewissen schlug nicht von dem Mord. Immer wieder rief es in ihm, daß er recht getan, den umzubringen, den er in den Armen derer fand, die ihm gehörte vor Gott und den Menschen.

Barberina aber lag zwei Tage und zwei Nächte zu Füßen des Toten. Bis man sie hinwegzog mit Gewalt und die Schwerkranke in ein anderes Zimmer trug.

Sie schwebte eine Woche lang zwischen Leben und Tod. Monate brauchte sie, um so weit wiederhergestellt zu werden, daß sie das Bett verlassen konnte.

Und als sie auf war, ging sie gebeugt - ihr Haar ergraut, ihr Blick erloschen - nach dem Grab des Geliebten. Lange, lange, bis die Sonne verschwinden wollte, kauerte sie neben dem Hügel. Und da fanden sich ihre Hände, ihre Lippen zum Gebet.

Auf die Knie war sie gesunken. Ihr gebeugter Rücken bog sich noch mehr hernieder zur Erde, wo tief, tief unten der Geliebte ruhte. Auf ihrem grauen Haar lag der glühende Schein der Abendsonne. Ihre Lippen murmelten Worte, kindlich heilige Worte, die nie, nie über sie gedrungen seit ihren Kindertagen. Und diese einfachen Worte, gelallt in der Sprache der Heimat, sie gaben den Frieden diesem totkranken, gebrochenen Herzen.

Am Fuß des Hügels fand sie ihn, einen Frieden, der plötzlich über sie kam, als sie eine unsichtbare mächtige, sanfte Hand über sich gespürt, die über den grauen Scheitel gestrichen so weich und zart, wie die Strahlen der letzten Sonne. -

Am nächsten Morgen war der Priester bei der Baronin

von Cocceji. Wie lange hatte er gewartet, daß ihm diese Einladung wurde, im Herrschaftshaus seines kleinen Sprengels.

Es war ein gar sanfter Priester. Ein wohlbeleibter, friedfertiger Herr, auf dessen vollem, rotem Gesicht unendliche Güte und Verstehen lagen.

Und er verwunderte sich sehr, als er die Baronin kennenlernte. Das war die Frau, deren Lebenswandel ein so sündiger gewesen nach allem, was man ihm erzählt, deren Liebhaber in ihrem eigenen Bett verschieden sein sollte am Herzschlag? - War es möglich? - Gottes Allmacht ist groß! Eine frommere, ehrfürchtigere, demütigere Katholikin hatte er nie gesehen ...

Und sein weiches, gutmütiges Priesterherz begann zu loben den, dessen Weisheit unergründlich, dessen Ratschlüsse unerforschlich waren. Voller Güte ergriff er die schmale, weiße Hand der Dame, die sogar er im stillen bigott nennen mußte, er, der Priester.

Und sanft und reichlich quollen die Trostworte aus seinem geübten Mund mit den breiten fleischigen Lippen ...

Barberina als Statue im Ballett Pygmalion

Schluß

Ein hoher Erntewagen schwankte dem Tor des Gutshofs zu. Auf der Höhe seiner goldenen Last saßen ein paar singende, lachende Dirnen mit flatternden Haaren so golden wie das reife Korn. Stangen hielten sie, schwenkten sie in den Händen, mit bunten Bändern bewimpelt. An der Seite des Wagens zogen die Burschen einher. Die jungen, gebräunten Gesichter mit den blitzenden Augen, dem lachenden Mund sahen zu den Dirnen hinauf. Scherzworte flogen hinauf und herunter, ein fröhliches Lied erscholl, ein Lied von reifer Frucht und junger Liebe, aus den kräftigen Kehlen der Burschen erscholl es. Da fielen die Mädel ein mit ihren hellen, frohen Stimmen ...

Schwer hing das reife Korn zu den Seiten des Weges. Beugte sich tief herab auf die Erde, verlangend, sich zu betten in ihren weiten, warmen Schoß. Müde senkt es die dicke Frucht herab, müde der Last, die sein schlanker Halm nicht mehr tragen konnte.

In der Ferne tauchten andere Wagen auf, strebten langsam dem Gutshof zu. Waren schwer beladen wie der erste. Und auch von ihnen drang Singen und Lachen herüber, auch auf ihnen saßen blühende goldblonde Dirnen, ließen die bunten Bänder flattern, ihre Stimmen erschallen im Wind. Wagen auf Wagen hielt seinen Einzug auf dem Hof. Lange Tische und Bänke schlug man auf, rollte mächtige Bierfässer herbei. Aus den Ställen klang das Brüllen der Kühe, die nach den Mägden verlangten. Das Kläffen der Hunde, das Schreien des Federviehs, mischte sich in die Klänge der Abendglocken, die aus der Ferne herübertönten.

Und als die Glocken verklungen waren, traten Burschen und Dirnen zum Tanz auf. Auf einem Leiterwagen saßen die Dorfmusikanten, die Fiedel kreischte auf, die Trompete brummte, die Klarinette trällerte. Und während das junge Volk den Reigen schritt, lachend und singend, saßen die Alten an den langen Tischen, klappten mit den Holzkrügen den Takt.

Plötzlich verstummte alles. Der letzte Schrei der Fiedel zitterte noch in der Luft, die Burschen blieben stehen, die Hand des Mädchens noch gefaßt, den Kopf gebeugt. Sechs graue Gestalten in langen Gewändern schritten an ihnen vorüber, langsam, feierlich. Sechs Frauengestalten, anzusehen wie Büßerinnen. In den gefalteten Händen hielten sie ein schwarzes Büchlein mit einem goldenen Kreuz darauf. Ein Rosenkränzlein hing aus den Fingern hernieder.

Fünf von ihnen schritten voran. Die sechste, die ihnen folgte in kleinem Abstand, ging tief, tief gebeugt, mit müdem Schritt und gekrümmtem, altersschwachem Rücken. Ihre Augen hingen schon an der Erde. Unter der grauen Haube quoll schneeweißes Haar hervor.

Und als sie jetzt an den stummen Burschen und Mädchen vorüberschritt, hob sie einen Augenblick den Kopf, zu danken für den ehrfurchtsvollen Gruß des Gesindes.

Eine Sekunde nur hob sie das greise Haupt, da blickten aus dem welken, gefurchten Gesicht zwei große schwarze Augen, tief, tief schwarz unter dem Schnee der weißen Locken.

Der Zug der grauen Büßerinnen war im Schloß verschwunden. Aber erst nach einer geraumen Weile wich die Erstarrung von den geputzten Dirnen und Burschen. Langsam und falsch schrie zaghaft die Fiedel auf, fand sich erst wieder zurecht, als das beruhigende Brummen der Trompete erklang, das ihr neuen Mut gab.

Da faßten die derben Hände auch wieder nach den drallen braunen Armen, die schweren Füße fanden sich wieder in den Takt, die Lippen wußten wieder die Worte des Liedes, des Liedes von reifer Frucht und junger Liebe …

Vor dem Betstuhl lag die Greisin mit den tiefdunklen Augen. Die Haube hatte sie abgelegt. Über ihre Schultern quollen die losgelösten weißen Locken.

Die Komtesse Barberina von Campanini, geschiedene Baronin von Cocceji, hielt ihre tägliche Abendandacht. Sie war sehr fromm. So fromm, daß sie nicht allein Gräfin geworden, sondern es sogar bis zur Äbtissin gebracht hatte. Nicht eines Klosters, aber eines "Adeligen Fräulein-Stifts".

Und das kleine Schlößchen, so still und verschwiegen gelegen zwischen hochstämmigen Linden und Kastanien, einst das Asyl der Liebe - es war dem Ehrgeiz seiner Herrin gefolgt. Den Gott der Liebe, der sich mit Mars in das Jahrhundert geteilt, das nun zu Ende gehen wollte, hatte es davongejagt, seinen Altar zerstört. Das kleine Schlößchen, einst das Asyl der Liebe - es war emporgestiegen zu einem Asyl der Tugend …

"Virtuti Asylum."

Diese stolze Inschrift trug seine Herrin ja in kostbarem mit den herrlichsten Diamanten geschmücktem Kreuz auf der Brust. Und da hatte das Schlößchen sich flugs dieselben stolzen Worte auf sein Eingangsportal malen lassen. -

Die Komtesse Barberina von Campanini kniet noch immer vor dem Betstuhl. Ihre müden Lippen murmeln Gebete. Täglich bittet sie den Allerbarmherzigen, ihr den Frieden zu geben, den sie nicht finden kann, nach dem ihr Herz schreit seit vierzig Jahren.

Noch immer wollen jene Schatten nicht weichen, die sie vergebens beschwört. Und ihrer sind es so viele. Deutlich treten die bleichen Gesichter heraus aus dem Dunkel. Der junge Prinz von Carignan - er starb zu ihren Füßen, den Dolch im Herzen -, Arundell, Kalenberg, der Magister, und - Beß ... Noch andere lugen über die Schultern aller dieser Opfer, Gesichter längst Vergessener, welche starben, da sie liebten ...

Alle, alle gingen sie dahin, ließen sie allein zurück, Erinnerung und Reue im Herzen. Schon lange ist auch er untergegangen, der große König, ist in Einsamkeit gestorben ...

Was ist geblieben von jener glänzenden Zeit? - Nichts als die Erinnerung ... Die neue Zeit kam, spottete der alten und riß nieder, was diese gebaut. Ströme von Blut unterwuschen Königsthrone, bis sie stürzten. Unglaube rüttelte an Gottes Thron bis er wankte.

Und sie blieb, die Komtesse. Blieb, weil sie eine große Sünderin gewesen. - So sagte der Herr Pfarrer. O, er wußte genau, haarscharf zu unterscheiden zwischen Gut und Böse, der junge Himmelsstürmer. Gott hatte ihn ihr gesandt in seiner unendlichen Güte, sie zu erleuchten, die oft gestrauchelt und eine große Sünderin gewesen. - So sagte der Herr Pfarrer.

Und so war es entstanden, das "Virtuti Asylum".

In dem Schlößchen aber, einst ein Obdach der Liebe, verblieben ein paar Dinge, die nicht mehr ins Tugendasyl gehörten. Man vergaß sie wohl. Und während die Greisin ihre Gebete murmelt, beginnen sie sich zu regen ...

Oben, auf dem Schrank, wackelt es leise hin und her, klipp, klapp - klipp, klapp, grinst schadenfroh herunter - Voltaire.

Seine kleine Büste, einst überreicht als Souvenir, nun überzogen von vierzigjährigem Staub.

Aus den blinden Scheiben der Bibliothek leuchten goldene Worte hervor, die auf den Lederrücken alter Bücher stehen. Freche, unheilige Worte. Titel von Büchern, in denen nicht die Leidensgeschichte steht, die das kleine Buch mit dem goldenen Kreuzlein birgt, das die einzige Lektüre im Tugendasyl bildet, sondern in denen Leidensgeschichten der Liebe stehen.

Aber dort oben, an der Wand, fängt ein großes Gemälde an, sanft hin und her zu schwingen. Ein Damenporträt scheint es zu sein. Und ist doch keins. Denn es stellt einen Mann dar in Frauenkleidern. Den Mann, der im Bett der Komtesse erdrosselt war.

Und jetzt erheben sich die Augen der Knienden wie zufällig zu dem Bild, dem leise schwingenden. Da springt sie auf, hält die Hände vors Gesicht. Greift mit zitternder Hand zum Krückstock, eilt hinaus aus dem unheimlichen Zimmer. Tastet sich die Gänge entlang, ruft mit ersterbender Stimme nach dem jungen Pfarrer, nach ihm, dem es noch immer gelang, die Schatten zu beschwören.

Vergeblich aber ist ihr Rufen. Da läuft sie hinaus in den Garten. Vorbei an den nun schon zerfallenen Göttern und Amoretten, vorbei an den verwilderten Rosenbosketts irrt die Greisin …

"Hochwürden! … Hochwürden!" schallt ihre kraftlose Stimme durch den Park.

Keine Antwort. Alles bleibt still. Aus der Ferne nur dringen dumpfe Schläge herüber. Die Bauern, drüben beim Erntefest, schlagen den Spund in ein neues Faß. Und das Lied tönt herüber, das Lied von reifer Frucht und junger Liebe …

Da bricht die alte Komtesse zusammen. Gerade zu Füßen einer Aphrodite, der die Zeit die Arme raubte. Hilflos blickt die Göttin auf die Liegende herab, die hilflos wie sie selbst. Noch einmal schallt es durch den Park:

"Hochwürden! … Hochwür …"

Und dann ist die Komtesse Barberina von Campanini eine Tote …

Kaum war der letzte Atemzug getan, da ist der Herr Pfarrer zur Stelle.

Neben ihm ein junges, grau gekleidetes Stiftsfräulein, dessen Wangen erglühen wie die Röslein um den Sockel der Göttin Aphrodite.

Der Herr Pfarrer hatte dem Stiftsfräulein die Beichte

abgenommen, dort hinten, wo versteckt von dunklen Büschen eine Marmorbank steht.

Daß die Beichte so lang' gedauert, das tat das Lied, dem die beiden zugehört, das Lied von reifer Frucht und junger Liebe ...

Ende.

Nachwort.

Vergilbte Blätter, schon fast zerstört von Alter und Rattenzahn, erzählten mir der schönen Barberina Geschichte. Trockene Dokumente aus der Zopfzeit sind es und zärtliche Briefe, Berichte von gewissenhaften Bürokraten aller Herren Länder und flüchtige Apercus espritvoller Zeitgenossen. Die gaben die alte Geschichte, die Geschichte einer Frau, der alle Qualitäten gegeben waren, auch politisch eine Rolle zu spielen, in jener Zeit, da Frauen die Politik machten. Denn diese Frau hätte es sicher nicht schwer gehabt, eine Clairon, eine Pompadour oder wenigstens eine Hamilton zu werden, wenn sie nicht eins besessen hätte: das Herz eines Weibes! Das verdarb ihr die politische Karriere. So kam es auch, daß ihr Roman nicht der Roman einer Favoritin wurde, deren Namen die Geschichte mit verächtlicher Ehrfurcht nennt, sondern nur der eines Weibes, einer schönen Frau, die ein wenig zuviel Sentiment hatte.

Und solche Frauen hat die Welt stets am liebsten gehabt. Wenn Barberina nicht das Unglück gehabt hätte, jenen Mann kennenzulernen, von ihm geliebt zu werden, den man schon zu Lebzeiten einen "Großen" nannte, auch dann hätte es sich gelohnt, einen Blick zu tun in das Leben einer Frau, die schön war und doch ein Herz hatte. Mich reut Mühe und Zeit nicht, die mich das Herumstöbern in Archiven, Bibliotheken und Speckkammern gekostet hat